资助项目

陕西省交通运输厅交通科研项目：陕西省推动货运物流高质量发展路径研究
（项目编号：19-02R）

中央高校基本科研业务费资助项目：西部乡村交通网络溢出效应及优化研究
（项目编号：300102232505）

货运物流高质量发展
理论探索与陕西实践

孙启鹏 ◎著

Theoretical Exploration and Shaanxi
Practice of High Quality Development of

FREIGHT
LOGISTICS

中国财经出版传媒集团
经济科学出版社
Economic Science Press

图书在版编目（CIP）数据

货运物流高质量发展理论探索与陕西实践／孙启鹏著.
—北京：经济科学出版社，2022.9
ISBN 978 - 7 - 5218 - 4091 - 9

Ⅰ.①货… Ⅱ.①孙… Ⅲ.①货物运输 - 物流 - 经济
发展 - 研究 - 陕西 Ⅳ.①F259.274.1

中国版本图书馆 CIP 数据核字（2022）第 184446 号

责任编辑：杨　洋　赵　岩
责任校对：靳玉环
责任印制：范　艳

货运物流高质量发展理论探索与陕西实践
孙启鹏　著
经济科学出版社出版、发行　新华书店经销
社址：北京市海淀区阜成路甲 28 号　邮编：100142
总编部电话：010 - 88191217　发行部电话：010 - 88191540
网址：www.esp.com.cn
电子邮箱：esp@esp.com.cn
天猫网店：经济科学出版社旗舰店
网址：http://jjkxcbs.tmall.com
北京季蜂印刷有限公司印装
710×1000　16 开　23.5 印张　360000 字
2022 年 12 月第 1 版　2022 年 12 月第 1 次印刷
ISBN 978 - 7 - 5218 - 4091 - 9　定价：92.00 元
（图书出现印装问题，本社负责调换。电话：010 - 88191510）
（版权所有　侵权必究　打击盗版　举报热线：010 - 88191661
QQ：2242791300　营销中心电话：010 - 88191537
电子邮箱：dbts@esp.com.cn）

前　言

"十四五"以来，陕西省货运物流业快速发展，行业规模持续扩大，货运量、快递业务量等跃居国内前列。陕西省委省政府高度重视货运物流业发展，支持货运物流基础设施建设，改善产业发展环境，推进货运物流与商贸流通、现代农业等产业深度融合，大力发展多式联运、城市绿色货运配送、农村物流等新业态，中欧班列"长安号"聚集和辐射能力进一步增强，货运物流市场规模快速扩大、货运物流业发展质量有效提升，对陕西经济和社会发展的支撑保障作用显著增强。

货运物流业已成为"十四五"乃至未来交通运输发展的重点领域。陕西省面临共建"一带一路"、新时代推进西部大开发形成新格局、黄河流域生态保护和高质量发展、乡村振兴等重大机遇，货运物流发展必须提高政治站位、强化责任担当，扎实做好"六稳"工作、落实"六保"任务，如何深入贯彻习近平总书记来陕西考察重要讲话精神和国家交通运输事业发展的战略部署，找准陕西省货运物流业高质量发展的方向，明确陕西省货运物流高质量发展的任务，梳理开展重大示范工程，提高货运物流效率和服务品质，需要长期、系统、深入的研究。

因此，本书根据交通运输部推动货运物流高质量发展的整体要求，重点围绕陕西省多式联运快速持续发展、农村物流高质量发展、城市绿色货运配送高效发展三个领域开展研究工作。通过对交通运输部、陕西省相关政策的全面解读，系统梳理陕西省货运物流高质量发展的现状及存在的问题，提出可操作性和适应性较强的发展路径和具体对策，并将高质量发展的目标、内容及陕西试点相关示范融入报告中，使陕西省货运物流高质量发展目标和思路更加完善，推动实现陕西省货运物流高质量发展新突破。本书将为陕西面向"交通强省"的货运物流高质量发展奠定坚实基础，为陕西省多式联运、农村物流、城市配送企业创新发展模式、提升运营效益、实现可持续发展提供参考方案，为全国货运物流高质量发展提供"陕西方案"。

本书由长安大学经济与管理学院孙启鹏教授著。长安大学马飞教授、刘德智副教授、李兆磊副教授、尚震老师分别对理论探索篇、城市绿色货运配送篇、农村物流篇和多式联运篇在理论研究、实地调研及文字修订等方面作出了贡献。其中，李兆磊负责本书的相关协调工作。

CONTENTS 目录

农村物流篇

城市绿色货运配送篇

NO 1

理论探索篇

第 *1* 章

高质量发展的内涵及水平测度

1.1 高质量发展的生成逻辑

1.1.1 高质量发展的历史逻辑

过去我国长期陷入经济短缺和供应不足的窘境，人们对物质和精神的需求还没有得到充分满足。党的八大提出，我国的主要矛盾已经是人民对于建立先进的工业国的要求同落后的农业国的现实之间的矛盾，已经是人民对于经济文化迅速发展的需要同当前经济文化不能满足人民需要的状况之间的矛盾①。党的十一届六中全会提出，在社会主义改造基本完成以后，我国所要解决的主要矛盾，是人民日益增长的物质文化需要同落后的社会生产之间的矛盾②。从这两次重要会议提出的社会主要矛盾可以看出，经济发展高速度、大规模，是当时急需的条件，即需要通过加速发展，加快提高社会生产力，提高满足人民物质文化需要的能力。改革开放以来的中国经济增长可以分为两大阶段，在 2000 年之前中国经济更加重视数量型增长，核心任务是解放和发展生产力，增加物质财富（袁艺，2022），不断扩大经济总量规模，解决"有没有"问题，增强我国综合国力和人民生活

---

① ② 正确认识我国社会主要矛盾的转化 [EB/OL]. 人民网, 2018 – 3 – 30.

水平（曾颜柠，2022）。但是，在我国经济快速发展的过程中，要素禀赋结构却在不断地改变（任保平，2019）。从以往的经验来看，中国经济发展水平越高，其增长速度就越慢，这是永远不可能背离"铁律"的（任保平，2019）。

经过改革开放 40 多年的快速发展，我国经济总量规模达到举世瞩目的程度，生产力、综合国力和人民生活水平有了大幅度提升（曾颜柠，2022），基本可以满足人民日益增长的物质文化需要，从某种程度上看，党的八大、十一届六中全会提出的主要社会问题基本上都得到了有效地解决。社会主要矛盾也发生了转变，党的十九大报告指出，我国社会主要矛盾已经转化为人民日益增长的美好生活需要和不平衡不充分的发展之间的矛盾①，并首次提出了高质量发展的概念，这是中国对中国特色社会主义经济发展内涵和方式的最新理论拓展。逢锦聚等（2019）也认为我们要抓住这个时期的历史节点，实现从高速发展到高质量发展，这就是抓住机遇、迎接挑战的必然要求。这意味着，人民的需要不仅体现在数量上，而且体现在"美好"的质量上，过去经济的、高速度大规模发展已经不能完全适应新的社会主要矛盾，因而党中央主动提出经济高质量发展的要求（张占斌，2022）。可以说，中国从高水平发展到高质量发展，既是我国 40 多年来持续快速发展的必由之路，是打破结构矛盾、资源环境瓶颈、提高质量、提高效率、更加公平、更加可持续发展的必然选择，也是我国实现社会主义现代化的必由之路，是跨越关口的迫切需要（周文，2021）。党的十九大报告指出，我国现阶段的经济发展方式由集约型、高效率型发展转变为高质量发展阶段。与追求高速发展的粗放速度相比，现阶段的我国经济更加重视发展的质量，同时也注重效率（孙彦波，2022）。高质量发展的根本在于经济的活力，只有具有主动性、开拓性的发展才能不断取得进步，只有激起发展的主观能动性，发展才能充满效能（王虹宝，2022）。

综上所述，中国经济从高速发展到高质量发展，具有历史发展的必然趋势。中国经济发展从经济增长到经济发展，再到经济的可持续发展，再到经济的高质量发展，这样的历史发展历程，充分反映了中国高质量发展

---

① 我国社会主要矛盾变化的重大意义 [EB/OL]. 人民日报网，2018 - 1 - 4.

的历史逻辑。各时期的发展状况与其所在的经济和社会的发展状况是一致的。一是在经济增长阶段，强调以经济要素的投入和规模扩大为基础，以资本的积累、财富的增加为目标，解决"有没有"的问题，符合脱离贫穷社会的需求。二是在经济发展阶段，注重结构调整、效益提高、制度建设，注重结构和经济效益的提高，主要解决"多和少"的问题，符合我国进入小康社会的需要。三是从可持续发展的角度出发，注重经济资源的利用率，注重可持续发展，关注点聚焦在"有"的永续性问题上，符合社会对经济发展的需要。四是高水平的经济发展，它更注重创新引领、动力转换和结构优化，注重发展的质量和效益，追求全面、协调、共享的特点，符合全面建设社会主义现代化国家的总体要求。另外，从国际视角来看，"先量后质"的后发展追赶方式也完全符合历史发展的客观规律，世界上几乎所有的发达国家都经历了这样的历史发展阶段。

1.1.2　高质量发展的理论逻辑

在理论逻辑研究方面，谭崇台（2014）认为，发展经济学从诞生之初，就把经济发展的质量问题涵盖在内，其中人口发展、人口转型、人口素质、资源环境与经济发展的关系、资本积累、技术进步、外贸等方面的理论研究，均不同程度地体现了经济发展质量的要求。叶初升（2014）认为，发展经济学关于普惠增长和包容性增长的相关理论，可以帮助我们更好地了解经济发展的质量。吕灿等（2022）以产品空间理论为基础，从微观的产品层面出发，通过对1995～2018年间中国产品空间变化的分析表明，经济高质量发展的逻辑是通过产品升级引起产品空间密度增加，从而使产品复杂度得以提升，进而促进产业升级得以实现，经济结构得以优化，高度体现了数量与质量的统一。王虹宝（2022）分别从发展战略理论、创新发展理论、协调发展理论、绿色发展理论、开放发展理论以及共享发展理论六个维度解读经济高质量发展内涵。王琳（2021）对中国共产党的经济发展质量思想进行了系统的梳理与提炼，并指出其演变过程遵循了马克思主义逻辑、"始终以人民利益为根本价值取向"的社会主义逻辑，以及中国特有的"意识形态具有高度自觉性和高度适应性"逻辑。聂长飞

（2022）认为高质量发展理论并非空穴来风，它是在学习、借鉴、吸收相关发展经济学理论的前提下，借鉴马克思主义政治经济学、中国特色社会主义政治经济学等经济发展思想提出的。

总之，高质量发展离不开大量基础理论的支撑。包括人口质量理论、资本积累理论、产品空间理论、中国特色社会主义政治经济学、人口学、经济学、产品学等理论。综合以上研究成果，本书对我国高质量发展的理论做简要概述。中国特色社会主义政治经济是高质量发展的理论基础，同时高质量发展也是中国共产党关于发展经济问题的最新理论成果，是历代共产党人智慧的集中体现。发展经济学是以发展中国家为主体的，其相关的理论观点对于我国高质量发展的理论也具有一定的参考价值。另外，在唯物辩证法看来，量变与质变并非对立，而是辩证统一，质变必须以量为基础、以质为前提，中国经济进入高质量发展的时期，就反映出了唯物辩证法的"质与量"互变规律。从马克思的政治经济学观点出发，古典的经济理论包括：经济增长方式理论、劳动二重性理论和剩余价值理论等，这些理论都与经济发展质量相关，是经济发展理论的一个重要理论源泉。

1.1.3 高质量发展的现实逻辑

当前，世界正处于一场世纪罕见的巨变之中，技术与产业的变革是其主要的影响因素，而全球化的退潮与全球产业链供应链的整合则是造成这场巨变的最大变量（王一鸣，2020）。党的十五大首次提出"两个一百年"奋斗目标[①]，党的十八大描绘了全面建成小康社会、加快推进社会主义现代化的宏伟蓝图，向中国人民发出了向实现"两个一百年"奋斗目标进军的时代号召[②]。党的十九大对实现"两个一百年"奋斗目标作出全面部署，并对第二个百年奋斗目标设定了两个具体的发展阶段。在以习近平同志为核心的党中央的坚强领导下，在中国共产党成立一百周年这一重大关头，我们党和全国各族人民齐心协力，实现了我们的第一个百年目标。下一

---

① 党的十五大首次提出"两个一百年"奋斗目标［EB/OL］. 成都日报网，2021 – 7 – 1.
② 高举团旗跟党走，奋力实现中国梦［EB/OL］. 中青在线，2013 – 6 – 18.

步，就是要在今后一个世纪里，实现我国的社会主义现代化。全面实现社会主义现代化是新时期发展的必然要求（张占斌，2021）。从国内层面看，中国特色社会主义在长期的奋斗中步入了一个新的阶段，其最显著的特征就是我们的社会主要矛盾已转变为人们对美好生活的需求不断提高与发展不均衡之间的矛盾。随着中国步入21世纪，高质量逐渐成为国民经济发展的基础性和关键性因素，逐步摒弃了数量型增长方式，将高质量发展作为经济发展模式创新的基础，探索高质量发展道路，推动中国经济高质量发展（任保平，2018）。党的十九大报告中指出，中国经济已经从高速发展向高质量发展转变，这标志着中国经济正逐步进入一个以质量为核心的新阶段。推进经济高质量发展，是中国社会主要矛盾不断变化的根本需求，是实现社会主义现代化的重要途径，是贯彻中国经济发展的基本原则，是实现国家真正富强的根本（魏敏，2018）。

综合以上研究，本书认为，高质量发展是适应新时期我国社会主要矛盾不断变化提出的战略，是推进新时期我国现代化建设的重要战略。与此同时，中国经济自改革开放以来快速发展，具有高投入、高消费、外延扩张、以量取胜的特点，客观上需要转变发展方式，促进经济高质量发展。从世界范围来看，中国经济面临着新的技术革命、工业转型、全球化退潮、大国博弈加剧、新冠疫情等短期影响，面对新的发展机遇与挑战，提升中国经济的核心竞争力，亟须中国经济进入高质量发展的时代。

要想成功地跨过中等收入陷阱，必须推进高质量发展。从世界范围来看，很多发展中国家都已经陷入了"中等收入陷阱"，即使已经跨越了"高"的门槛，也有"回归"的情况。陷入"中等收入陷阱"的主要原因有两个：一是从经济发展角度来看，一个国家在发展中缺少新的发展动力；二是在发展的大背景下，社会矛盾的尖锐使得一个国家经常处于政权变动和长期动乱中。这两个方面都是发展质量低下的重要体现，甚至可以说，低水平发展与中等收入陷阱是一体的。对中国来说，在新中国成立、改革开放之后，借助技术后发制人的优势，实现了经济的迅速发展。但是，"质量"不足也是十分明显的，主要表现为：经济结构不完善，技术瓶颈凸显，收入分配差距不断扩大。要想实现现代化，必须通过高质量发展来解决这些问题。我们要把发展质量提高到一个新的水平，不然就会陷入中等收入的陷阱。

推进高质量发展，才能更好地满足人民群众对美好生活的需求。随着经济的发展，城乡居民的收入水平、住房水平、教育水平、医疗保障水平以及文化旅游水平的不断提高。在新的发展阶段，城市和农村居民对生活品质和品位的要求也在不断提高。但是，供给端的实际情况却不容乐观，某些领域的发展远远达不到高水平，更无法满足人民对生活品质的基本需求。比如，食品药品安全问题一直没有得到妥善解决，群众反映的问题比较多，有的问题严重到对人民的生命和财产产生了无法挽回的负面影响；看病难、看病贵、上学难等问题，使老百姓的获得感、幸福感受到极大的影响；城市低端住房缺乏电梯、轮椅通道等生活便利条件，在人口日益老龄化的今天，已经成为影响广大家庭生存质量的一个重大问题。所以，要实现高质量发展，解决好这些问题，才能提高人民的生活水平。

大力推进高质量发展，是夺取国家战略制高点的关键。第二次世界大战后 70 余年的发展与演进，使世界的政治、经济形势发生了巨大的变革，世界面临着一个世纪罕见的重大变革。这一变化的关键有两个方面。一方面，新技术革命的大量运用，推动了生产和生活方式的改变，也给社会的结构带来了深刻的改变。另一方面，由于旧的矛盾不断累积，新的冲突促使世界上许多国家尤其是大国进行了战略调整，重新确定了自己的国家战略，某些大国的经济民族主义倾向也随之加剧。在这样的"变局"中，国家的相对地位必将发生改变，这主要取决于国家的经济实力。中国虽然是世界第二大经济体，但其规模较小、高端产业数量较少、实力较弱、核心技术创新能力较差，在世界范围内的地位还不牢固。要想扭转当前"大而不强"的状况，必须加快中国的发展速度，把握新技术和产业变革的机会，提高产业、技术水平和在世界范围内的竞争优势，为中国在"变局"中的国际地位奠定基础。

1.2 高质量发展的理论内涵

党的十九大以来，国内外有关专家、学者对高质量发展的内涵做了大量的探讨，文献的数量也有了很大的增长，从 2018～2020 年开始，研究的深度和广度都有了很大的提高。通过在知网上检索"高质量发展内涵"这一关键词，分别从经济学、发展理念及政策实践三个视角整理前人的研究，并由此提出了本书的观点。

1.2.1　经济学视角的高质量发展内涵

在经济学视角方面，任保平（2018）首先从经济学的"质量"属性入手，对高质量发展进行了微观与宏观的阐释。在微观上，从劳动生产率、价值量和商品经济总体规律和产品质量之间的关系出发，对高质量发展的逻辑进行了剖析和阐述；宏观上，从质量循环再生产、生产力质量、经济增长质量及对外贸易的质量四个角度来剖析和解释高质量发展的逻辑。金碚（2018）首先从经济学的"质量"观解释了经济发展的本性，在一定的经济形态下，追求更高的质量目标，并提出了"经济发展能否满足人们对美好生活的需求"的评判标准；其次从动态机制上比较了经济快速发展和高质量发展之间的差异，指出了高质量发展的新动力机制，即以创新驱动供给侧结构性改革，以人民对美好生活的向往为目标推动更高质量的需求，这与高速增长阶段相比更具本真价值。李伟（2018）认为，高质量发展要求高质量供给、高需求、高质量配置、高投入产出、高质量分配和高质量的经济循环。张俊山（2019）从政治经济学的观点，对"基本质"这个概念进行了阐释，提出了"为人民提供物质生活的活动过程"，也就是经济"基本质"，经济发展的质量就是"基本质"的实现。周文、李思思（2019）从生产资料和生产方式的关系出发，指出在新的经济发展阶段，物质资料的生产方式也会随之变化。同时，还提出了要解决生产力的内在因素矛盾，要进一步深化改革，以及对生产关系进行调整。徐康宁（2019）认为高质量发展的关键在于提高产品的品质和效益，即要解决的是产品的低质量。杨耀武等（2021）认为，与经济的快速发展相比，高质量发展更侧重于要素质量的提高，以及在增长进程中引入新的因素，并通过市场分配来提高效率。丘艳娟（2020）从"质量"这一政治经济学的角度出发，以及从量的角度出发，提出了新时期经济高质量发展需要更高的质量和更高的效率。在不否认经济总量的基础上，从量与质的统一上揭示了生产的关系，并进一步分析了高质量发展是以人为本的发展。

综上所述，从经济学的角度来阐释高质量发展的含义，应从经济的"质量"这一基本概念出发，认为高质量发展是生产力发展和生产关系改革的有机结合，是以人民为中心的发展道路。从宏观上看，高质量发展主要体现在产品与服务的品质上；从中观上看，主要体现在工业、地区发展的品质；宏观上体现为国家经济的总体素质与效益。从某种意义上说，新时期经济发展的"含金量"离不开质量与效益。习近平总书记在处理"质"与"量"这一辩证关系时，明确提出要推进高质量发展，不仅要注重量的提高，还要注重质的提高，要在质的提高中实现量的有效增长。改革开放后，中国的经济得到了快速的发展，一些指标也在国际上名列前茅。但是，我们也必须清醒地认识到，发展质量不高、效益不高的问题依然很严重，以前只注重量的增长，而忽视质的提高，重视规模的扩大，忽视效益的提高。新时期要推动高质量发展，要树立质量第一、效益第一的理念，把发展质量和效益放在更重要的位置，努力实现由外延型增长向内涵增长、粗放型增长向集约型增长转变，以质量成本最小化、质量效益最大化为目标，不断增强可持续发展能力。

1.2.2 发展理念视角的高质量发展内涵

现已有众多学者从发展理念视角解读高质量发展内涵。中央财政工作领导小组办公室副主任杨伟民表示，高质量发展就是指能满足人民对美好生活需求的发展。人民日报提出高质量发展是指创新成为第一动力，协调成为内生特征，绿色成为普遍形态，开放成为必然，共享成为基本目标①。另外，许多学者从发展理念的视角来定义高质量发展的内涵。田秋生（2018）指出，高质量发展的实质与内涵，是一种能够更好地满足人民对美好生活的需求、获得感、幸福感、安全感、社会福利等方面的新发展理念和发展模式。高培勇（2019）认为高质量发展是指更好地满足人们对美

---

① 社论：牢牢把握高质量发展这个根本要求 [J]. 人民日报, 2017 - 12 - 21.

好生活的需要，体现新发展理念，并从各个层面提出推动经济高质量发展的具体路径，如改善供给结构、提升供给质量、深化改革行动等。王永昌等（2019）认为，高质量发展是指按照创新、协商、绿色、开放、共享五个发展新理念，实现高水平、低投入、资源配置效率高、经济社会效益好的可持续的发展。张军扩等（2019）基于社会主要矛盾变化和新发展理念提出，高质量发展是一种满足人民美好生活需要的经济发展模式，是全面体现创新、协调、绿色、开放、共享的新发展理念。逢锦聚等（2019）认为，高质量发展是指创新与效率的发展、国民经济结构协调的发展、经济发展方式的优化、绿色的发展、人与自然的和谐发展，是开放的发展、满足人民幸福生活的发展。李梦欣和任保平（2019）认为，高质量发展是以创新为核心依托，协调平衡成为内在要求，绿色发展成为普遍形式，开放合作成为必由之路，共享成果成为价值导向的发展。

综上所述，新发展理念是发展的指挥棒、交通信号灯，是发展的先导，是发展思路、方向和着力点的集中反映，是在我们党深刻总结国内外发展经验教训、深刻洞察国内外发展大势的基础上形成的，同时也是马克思主义发展观在新时代的继承和发展。发展理念的科学性和正确性直接影响到发展的效果。高质量发展阶段意味着发展观念的深刻变化，意味着发展方式的根本性变化。高质量发展是以创新为动力、以协调为内生特点、以绿色为形态、以开放为路径、以共享为根本目的的发展，也是能够更好满足人民日益增长的美好生活需要的发展。高质量发展的实质就是实现高效率、公平、绿色、可持续发展，以满足人民对更高生活的需求。要努力实现经济、政治、文化、社会、生态五个方面的高质量发展。但要注意促进经济、政治、社会、生态等各方面的协调发展，以某一领域的停滞不前为代价，换取某种或某些领域的优质发展是不可持续的。因此，必须把新发展理念有机地结合起来，把人民的利益放在第一位，把人民的幸福生活作为发展的根本目的，解决发展不均衡与不充分的矛盾，使之能够更好地指导我国的高质量发展。

1.2.3 政策实践视角的高质量发展内涵

党的十八大以来，逐步形成了习近平新时代中国特色社会主义经济思想，其核心是新发展理念。目前我国已经由改革开放初期的经济高速增长转向中低速增长，进入经济新常态，在这样的背景下党的十九大首次提出了"高质量发展"的概念，高质量发展不仅追求经济增长速度，更加注重质量和效益①。党的十九届六中全会通过的《中共中央关于党的百年奋斗重大成就和历史经验的决议》（以下简称《决议》）强调，必须实现创新成为第一动力、协调成为内生特点、绿色成为普遍形态、开放成为必由之路、共享成为根本目的的高质量发展，推动经济发展质量变革、效率变革、动力变革②。2021 年 11 月 24 日，人民日报刊登刘鹤署名文章《必须实现高质量发展》，刘鹤就中国将如何实现高质量发展作出详细剖析，并从人民、经济、企业、创新、市场化法治化、生态六个方面对高质量发展的内涵要求做了全面的阐释。

高质量发展必须坚持以人为本。我国经济新的增长点和动力蕴含在解决好广大人民群众关注的突出问题中。高质量发展是指使最广大人民的社会福利最大化。以习近平同志为核心的中国共产党，在我国进入新的发展时期时，把实现人民的共同富裕放在了更加突出的位置上。要努力实现高质量发展，努力实现共同富裕，就必须充分发挥全社会的主观能动性，提高全社会人力资本质量和专业技能，扩大中等收入群体，不搞平均主义，避免掉入福利主义陷阱。

宏观经济稳定增强是高质量发展的集中体现。宏观经济是一个连续发展、不可中断的过程。要实现高质量发展，必须在供给端加大力度，在结构上实现经济的稳定。从经济快速发展到高质量发展，是一个风险高发的阶段，要坚持底线思维，防范化解各类重大风险特别是系统性风险，着力用高质量发展来从根本上防范化解各类风险，实现稳增长和防风险的长期均衡。

高质量发展的微观基础是培养具有竞争力的企业。要实现高质量发展，就必须以培养具有核心能力的高素质企业为主要的经济政策起点，切实夯实高水平市场体系的微观基础。企业经营得好，居民有就业，政府有税收，金融有依托，社会有保障。然而，要使企业富有竞争力，就需要创新。

---

① 我国经济已由高速增长阶段转向高质量发展阶段 [EB/OL]. 中国质量新闻网，2017 - 10 - 20.

② 中共中央关于党的百年奋斗重大成就和历史经验的决议 [EB/OL]. 中华人民共和国中央人民政府网，2021 - 11 - 16.

高质量发展要靠创新来推动。习近平总书记强调，要把创新作为国家现代化建设的中心①。创新驱动是高质量发展的必然属性，而高质量发展则是以创新为主要动力的发展，只有以创新为基础，才能实现我国经济从外延式发展到内涵式发展，要坚持创新驱动发展战略。

高质量发展要坚持市场化法治化国际化。要实现高质量的发展，就必须完善市场机制，营造良性竞争环境，减少制度交易费用，建立统一开放、竞争有序的高水平的市场体系。要在高层次的国际竞争中不断提高中国的高质量发展，推动规则、监管、标准等制度开放，提高中国的市场吸引力及中国企业的国际竞争力。

高质量发展是生态优先、绿色发展。绿色发展是指以生态为本的发展。高质量发展的基础是绿色。习近平总书记多次讲到，"绿水青山就是金山银山"②。要实现高质量发展，必须在碳达峰碳中和的框架下，逐步、有序地向全面绿色低碳转变。在推进绿色低碳发展的过程中，必须解决环境问题，推动绿色低碳技术的重大突破，加快绿色产业结构、生产方式和空间格局的形成。

1.3 高质量发展与经济增长的关系

1.3.1 高质量发展的特征

在高质量发展特征研究方面，师博、张冰瑶（2018）从新经济、新动能的视角分析了经济高质量发展的特点，即经济增长速度平稳，经济结构合理，生态环境友好。林兆木（2018）从经济发展的角度出发，认为高质量发展是指低消耗、低污染、低排放、低排放的经济发展。李伟（2018）从供给与需求的视角出发，将高质量发展定义为"资源配置效率高、生产要素投入少"的发展。黄群慧（2018）从中微观经济结构的视角出发，将

---

① 必须实现高质量发展（学习贯彻党的十九届六中全会精神）——刘鹤［EB/OL］. 中国共产党新闻网，2021－11－24.

② "绿水青山就是金山银山"理念的科学内涵与深远意义［EB/OL］. 求是网，2020－8－14.

高质量发展定义为服务品质更高，中等产业结构、区域结构更高端，宏观经济良性循环的发展。魏文江（2021）总结了高质量发展的四大特征，分别为产业结构的合理化和高级化、科技创新成为经济发展的第一动力、供给侧结构性改革推动高质量发展、人民群众生活质量有效提升，财富分配差距保持在合理范围内。任保平（2020）从发展目标、内涵、价值判断、发展需求四个方面分别论述了高质量发展与高速度发展的关系，并将其定义为：经济总量和规模达到一定程度后，经济结构优化，新旧动能转换，经济社会协调发展，人民生活水平明显提高。聂长飞（2022）从人民性、多维性、动态性、特色性四方面总结了高质量发展的特征。

高质量发展是新时期我国经济发展的一种新的发展模式，其特点与过去的发展模式迥异。综合专家学者的研究，本书认为主要体现在以下几方面。

第一，高质量发展是一个动态的过程。随着我国经济社会的发展，它的内涵、外延也在不断地充实和扩大。根据历史唯物论的基本观点，人们对美好生活的要求是由时代的历史条件所决定的，人们对美好生活的需要也在不断地提高和改变，因此，它的内涵和评估标准也在不断地发生着变化，这就给高质量发展注入了强大的动力。

第二，高质量发展是多元的。在评价标准方面，不能仅以经济发展速度和数量作为衡量指标，而应考虑到教育、医疗、文化、安全、生态环境和基础设施等方面的物质需求。

第三，高质量发展突出差异性。由于中国的人文环境、要素禀赋、经济发展阶段等因素的不同，其定位和角色也不尽相同，因此，在实现高质量发展的主要目标、考核标准、基本路径和政策措施上也要有自己的特色，不能一成不变。

第四，高质量发展的实质是人的发展。推进高质量发展的根本目的在于解决发展中的不平衡和不充分问题，满足人民的多样化需要，提高人民的生活水平，提高社会福利水平，降低社会成本，提高社会保障水平。其基本目标是实现人民共同分享经济发展的成果。

第五，高质量发展的首要驱动力是科技创新。过去，我国的经济快速发展主要依靠要素投入的粗放增长，而这一发展模式带来的环境问题、资源问题和生态问题等，虽然推动了经济的快速发展。在我国目前要素禀赋发生变化、环境约束不断加强的情况下，要想实现经济可持续发展，必须依靠科技创新来提升全要素生产率。

第六，供给侧结构性改革推动高质量发展。产权制度是我国经济体制的重要表现，目前我国要加强对产权的保护，以激励各经济主体的积极性。改革和健全金融体制，以市场为导向，改革金融体制的产权，减少金融交易的费用，促进金融资源的有效配置。另外，提高人口素质是提高劳动生产率的重要手段。通过提高国民教育，改善供给侧的劳动力供应，从而提高劳动生产率。

1.3.2　新时代经济增长的特征

进入新的发展阶段，最显著的特点就是向高质量发展转变。"转"是实现高质量发展的关键，这不仅是一个发展阶段的转变，更是一个发展模式与特点的转变。对此，一些专家学者针对新时代经济增长做了相关论述。其中，王雪峰（2020）通过对我国高质量发展的历史必然性和内涵进行分析，归纳出当前高质量发展阶段以人为本、共享发展，创新驱动、新业态涌现，存在增长放缓、消费增强，结构优化、质量提升四大特征。张占斌（2022）认为经济高速增长更多强调增长，经济高质量发展更多强调质量，并总结出高质量发展的五大特征，即发展模式由规模增速型向质量效率型转变，产业结构由中低端向中高端转变，增长动力由传统要素驱动转向新兴要素驱动，资源配置由市场发挥基础性作用转向发挥决定性作用，经济福祉由先好先富起来转向包容共享共富。

在此基础上，本书总结了新时期我国经济发展的特点。

由数量增长型转向质量提升型。改革开放后，我国由经济贫乏起步，40多年的快速发展和产能的快速膨胀，基本填补了"数量缺口"，"有没有"的矛盾得到了很好的解决。同时，随着我国居民收入和中低收入人群的不断扩大，消费结构不断向高档、服务化、多样化、个性化方向发展，居民对产品质量、品牌的要求也越来越高，"质量缺口"依然很大，"好不好"的矛盾也越来越明显。如果说"数量缺口"是经济快速发展的动力来源，"数量追赶"是其首要任务，那么，要想在高质量发展的过程中弥补"质量缺口"，就必须把"质量追赶"作为主攻方向，使我国的经济发展取得明显的质量优势。

由规模扩张型转向结构优化型。在快速发展阶段，经济发展主要依赖于产能规模的扩大，而随着钢铁、煤炭、石化、建材、有色等产能的不断涌现，传统工业的大规模扩张已经基本完成。发展方式要从"铺摊子"向"上台阶"转变，要把重点放在提高产业的价值链和附加值上，从加工制造向研发、设计、标准、品牌、供应链管理等高附加值部分转移，迈向全球价值链中高端。"上台阶"，既要从低技术、低附加值的产品过渡到高科技、高智能产品，以适应市场对产品的要求，同时也要把生产要素由产能过剩的地区向有市场需求的地区、低效益地区向高水平地区转移，从而提高资源的配置效率。

由要素驱动型转向创新驱动型。随着劳动年龄人口的不断减少，土地和资源的供需形势发生了变化，生态环境的硬性制约也加强了，"数量红利"逐渐消失，"要素驱动"主要依赖于生产要素的高强度投资方式已经不能满足需求。以劳动年龄人口为例，根据国家统计局的资料，中国劳动适龄人口在 2010～2021 年呈逐年下降趋势，累计下降了 4000 余万人①。目前，我国经济发展的主要推动力已经从大规模、高强度的生产要素投入转向了科技创新和人力资本提升所产生的"乘数效应"。

由高碳增长型转向绿色发展型。改革开放以来，我国经济快速发展，但也伴随着大量的资源、能源、环境污染等问题，对环境造成了极大的压力。在经济发展的过程中，国家确定了生态环境保护的基本方针，并制订和执行了可持续发展战略。党的十八大以来，我国将"五位一体"战略规划的重点放在了生态文明建设上。近几年，我国的绿色转型也有了长足的进步。相比 2005 年，中国人均 GDP 能耗降低 48.4%，CO_2 排放量下降 48.1%，实现了 2009 年全球减排 40%～45% 的目标，实现减排 56.2 亿吨左右②。

① 国家统计局：我国劳动年龄人口 8.8 亿，较 10 年前减少 4000 多万人 [EB/OL]. 中国财经网，2021－5－11.

② 截至 2020 年底，我国单位 GDP 二氧化碳排放比 2005 年下降 48.4% [EB/OL]. 光明网，2021－10－27.

1.3.3 高质量发展与经济增长的关系

中国的经济已经从高速发展向高质量发展转变，这个时期的发展目标需要更多地关注经济发展的和谐，而不是单纯地追求数量和规模的迅速膨胀。张冰瑶（2019）研究表明，我国高质量发展水平和经济增长总量呈倒"U"型变化趋势，但绝大部分城市处于经济高质量发展与经济增长总量同步并进的地区。高质量发展是数量和质量相结合的产物。经济发展的高速度，着重于经济总量的迅速膨胀；但要实现高质量发展，必须在保证一定数量增长的前提下，把重点放在增长效率、结构优化、动力机制和发展模式上。要进一步深化经济高质量发展，既要系统性地培育经济发展动力，优化经济结构，构建全方位对外开放新格局，推动经济发展的绿色发展，还必须从制度上统筹协调经济发展质量与经济增长数量的关系（师博，2019）。要实现由经济高速发展到高质量发展，必须以改革为中心，实现新旧动能转换（任保平，2019）。量与质在经济发展过程中有着密切的关系，但也存在着一定的偏重，前者注重量的膨胀，从速度和规模上揭示出经济增长的数量效应，而后者则注重在经济发展过程中的质的提高，从过程、结果和前景等角度来体现经济增长的质量（钞小静和惠康，2009；任保平，2013）。经济增长质量是指在一定时期内，经济发展质量的提高，如果没有总量的增长，就无法谈到质量的提高（任保平，2012）。最理想的经济增长应该是量和质的有机结合，达到量和质的统一（钞小静和惠康，2009）。中国目前正处在转型发展与减速阶段，对经济增长的依赖性与其说是数量上的，不如说是对效率和质量的依赖性（Mei & Chen，2016），诸如国家对国内生产总值、国民收入等经济发展总量指标的关注方向已从单一的"量"转向"质"，推动"节约型""环保型"社会的建设（Ni et al.，2014）。

综合上述研究，本书将高质量发展与经济增长的关系概括为以下几方面。

第一，高质量发展是一项重要的经济发展战略。发展战略与发展的方向、重点、目标等有关。高质量发展是我国经济发展的新时代、新变化、新要求的战略选择，长江经济带发展战略、乡村振兴战略等经济发展战略，虽然这些战略都涉及了发展的质量，但却没有一个战略能够覆盖全国、覆盖各个领域、统领全局。而高质量发展战略，则是全面的、综合的发展战略，是当前各类经济发展战略的统领与升华，其他发展策略必须与之相适应。

第二，高质量发展是一项重要的经济发展思想。发展理念与发展的价值取向、原则和目标追求有关，是发展思路、方向和重点的综合反映。以"质"为发展的理念，是以新时代、新变化、新要求为基础，对我国经济发展的价值取向、原则遵循、目标追求作出的重大调整和提升，是创新、协调、绿色、开放、共享的新发展理念的高度聚合和集中体现。这就要求以质量为中心，以"质量第一，效率优先"的方针，确定发展思路，制定经济政策，实施宏观调控，提高质量，提高效益。从本质上讲，发展的高质量是一个条件极值问题。发展的制约因素是高品质，发展速度高是目标函数，而要素投入与发展方式则是实现路径。在保证高质量发展的同时，最大限度地提高经济的高速增长，使"增长速度"成为"极大值"，是我国经济社会发展的基本理念和内在要求。

第三，高质量发展是我国经济发展模式的一个重要组成部分。目前的发展模式主要分为两种：一种是粗放型外延式发展；另一种是集约型内涵式发展。前者依赖于高投入、高消耗来实现高产量，而相对忽略了效率和品质。后者则侧重于效率，与前者相比是一种进步，在资源使用上有了质的属性，但与发展的高品质需求仍有差距。从根本上说，它并没有脱离投入、输出和生产功能，而是解决了两个问题，即单位投入的产量及如何提高资源的使用效率。发展的质量，从发展的成果上看，应当体现在提高人民福祉的效果上，也就是更好地满足人民对美好生活的需求。而高质量发展作为一种新的发展模式，已经超越了单纯的产品功能或投入输出的范畴，而是从强调产出效率的角度出发，强调了产品的内涵与品质。

第四，高质量发展是一种新的经济发展理念。中国自改革开放以来，在思想、战略、道路、模式、政策等方面都经历了许多次的变化。20 世纪 90 年代初，邓小平同志把发展作为头等大事，强调发展的重要性和紧迫性①。

---

① 邓小平中国发展思想与科学发展观［EB/OL］. 北方网，2004 - 8 - 21.

21世纪初期，党中央提出了科学发展观，突出了以人为本、全面协调、可持续的发展理念①。党的十八大以来，以习近平同志为核心的党中央抓住发展新趋势，顺应时代新要求，提出高质量发展，推动发展理念、发展方式、发展战略全面创新和提升，进一步丰富了发展是硬道理的时代内涵。高质量发展成为新时代经济发展的硬道理，并构成习近平新时代中国特色社会主义经济思想的一个重要组成部分②。

1.4　高质量发展的水平测度

1.4.1　高质量发展影响因素分析

在高质量发展的影响因素方面，已有众多学者从不同方面作了相关研究。魏蓉蓉（2019）认为，金融资产的高效分配是促进区域高质量发展的最直接推动力，也是促进区域高质量发展的重要因素。刘尚希（2019）从高质量发展的反面来看，认为高质量发展需要"人"，人力资本和公共服务的不断积累能够为科技和创新创造有利条件，以保证高质量发展。王慧艳、李新运等（2019）对我国科技创新推动经济高质量发展的绩效作了实证分析，结果表明：研发投入、人均GDP和对外开放程度都会对我国经济增长产生明显的影响。张景波（2020）通过对2009～2018年中国各城市的统计资料进行实证分析，发现财政支出、对外开放以及二者的综合效应都对经济高质量发展产生了积极的影响。赵儒煜（2020）采用熵值法研究发现，城市化水平、经济规模、投资水平、消费水平、外资利用水平以及政府干预是推动当前经济高质量发展的主要力量，环境污染仍然是制约高质量发展的因素。宇超逸（2020）运用2SLS等多种评估方法对数字金融对经济增长质量的影响进行了实证分析，结果显示，数字金融可以改善经济发展的质量，尤其是在欠发达地区，其作用更加明显。史丽娜（2021）

---

① 科学发展观［EB/OL］. 央广网，2019-11-12.

② 迈向更加光明的发展前景——党的十八大以来推进高质量发展述评［EB/OL］. 千龙网，2022-9-12.

认为物质与精神的协调发展对高质量发展的影响日益凸显，创新能力不足、开放与共享程度不够深入是制约高质量发展的重要原因。王虹宝（2022）通过 Hausman 检验确定模型，探究了市场化水平、科技创新、教育发展、消费水平对经济高质量发展的影响，并明确了各个因素的影响系数和作用机制。唐娟（2022）通过对中国经济效率的测量，采用面板 Tobit 模型分析表明产业结构、创新和对外开放等因素可以促进中国经济的高质量发展。在经济发展不均衡和不充分的情况下，经济发展、绿色环保和公平共享等因素对经济发展有很强的制约作用。孙伟（2022）在分析高质量发展和协同发展内涵的基础上，引入各种可能的影响因素进行实证检验，得出产业结构、人力资本、政府科技支出、政府交通运输支出对协同度具有显著正向作用，政府教育和一般公共服务支出呈负向影响。王文举（2021）运用系统 GMM 方法对我国高质量发展的影响进行了实证分析，结果显示，地方政府设定的经济发展目标越高，其对高质量发展的推动作用就越小。李裕瑞（2022）研究表明人口集聚、投资水平、数字经济、交通区位 4 个要素对经济高质量发展具有明显的促进作用。

综观以上学者的研究发现，在影响因子的分析中，既有研究涉及如数字经济、基础设施、人力资本、科技创新、环境污染、城市化、开放共享、教育发展、消费水平、产业结构、政府科技和交通运输支出、企业家精神等单项因素对高质量发展的影响，也有些研究综合上述几种单项因素进行综合分析。本书将当前影响高质量发展的主要因素总结为五大类。其一为人力资本，从人口老龄化的角度来看，过去支撑经济长期快速发展的人口红利因子正在逐步消失。发挥高质量的人力资本红利将成为高质量发展阶段的重要推动力。其二为技术进步，由传统的加大资源投入方式向注重效益的高质量发展转变，这要求技术进步提高生产效率，提高产品质量。与此同时，技术的加速发展，也可以促进价值链的延伸与提升，以顺应世界工业的不断升级。其三是高效的制度安排，通过合理的制度安排，可以使权力、责任和利益激励相容，从而使人们更加主动地参与进来。合理的制度设计可以促进创新，促进竞争，促进资源配置，促进经济向高质量发展转变。其四是对外开放，对外开放为要素的跨地区流动和资源的高效分配提供了条件。中国对外开放，既能扩大国内市场，又能有效地利用世界上的各种要素，弥补自身的不足。其五是资源与环境质量，经济发展以能源消耗和污染为代价，资源约束日趋严格，空气污染依然严重，水体污染和土壤污染突出。优化资源利用结构、构建资源节约型社会、改善生态环境、改善居住环境等，是实现高质量发展的必然要求。

1.4.2 高质量发展指标体系构建

近年来，党中央、国务院、国家有关部委以及省委相继出台关于建立高质量发展评价指标体系方面的政策文件，努力推动高质量发展。2017年底，习近平总书记在中央经济工作会议中强调，"必须加快形成推动高质量发展的指标体系、政策体系、标准体系、统计体系、绩效评价、政绩考核"①。2018年11月，党中央、国务院印发了《关于推动高质量发展的意见》，要求加快形成推动高质量发展的统计体系。2018年2月，国家统计局根据《构建衡量和推动高质量发展统计体系工作方案》要求，从发展质效、结构优化、动能转换、风险防范、民生福祉等五个方面，初步提出了27个指标的《衡量和推动高质量发展统计指标体系框架》，随后，紧紧围绕创新、协调、绿色、开放、共享的新发展理念，从六个方面28个主客观指标提出了详细的《推动高质量发展的统计指标体系（修订稿）》。2019年2月，国家统计局印发了《构建推动高质量发展统计体系的实施意见》，提出了人均生产总值等36项推动高质量发展的主要统计指标。2018年6月，国家发改委形成《关于推动高质量发展的实施意见（2018－2022年）〈征求意见稿〉》，从综合、创新、协调、绿色、开放、共享六个方面选取30项主要指标，明确提出推动高质量发展的指标体系。基于深层次的发展定位，构建指标评价体系成了目前测度高质量发展的主流方法。为了加快推进我国社会主义现代化强国建设，有必要对我国经济发展质量的水平进行测度，比较分析经济发展数量和经济发展水平的演变路径

---

① 习近平这样论述高质量发展［EB/OL］. 求是网，2019－7－30.

异同及区域发展演化格局的演变态势，从而更好地促进经济高质量发展。基于以上目的，本书对现有学者的测度方法进行了简要的汇总分析。已有的实证文献对高质量发展既有单一指标的测度、也有多维度指标体系的衡量。

单一指标方面，国外学者（Solow，1956；Jorgenson & Griliches，1967）构建的经济模型均将全要素生产率作为经济增长的动力源泉。我国也有一些学者采用单一指标来衡量高质量发展，如研究人均实际 GDP 对高质量发展的影响（陈诗一和陈登科，2018）、将全要素生产率作为高质量发展的重要体现（贺晓宇和沈坤荣，2018；李平，2017；徐现祥等，2018）。考虑到环境因素、能源消耗对高质量发展具有重要影响，有学者认为，绿色全要素生产率是衡量我国经济社会发展水平的重要指标（余泳泽等，2019；上官绪明和葛斌华，2020）。由于高质量发展的基本特点是多维性（金碚，2018），因此，这种度量方法存在着明显的偏差，需要构建多维复合的指标评价体系（刘志彪，2020）。

在多维评价指标体系上，很多学者认为高质量发展具有多维、多层次的特点，试图从多维视角来衡量高质量发展的指标体系。从总体上看，建立多维度指标体系，运用现代综合评估方法来度量高质量发展，是当前学术界较为流行的一种实践。然而，在现有的多维指标评估文献中，各个维度及各指标的选择存在很大的差别。如钞小静和任保平（2011）从结构、稳定性、福利分配、资源环境四个方面建立了 28 个基本指标构成的经济发展质量评估指数。师博和任保平（2018）从经济发展的基本面与社会的成果两个方面建立评估指标体系。魏敏和李书昊（2018）从经济结构、创新驱动、资源配置等十个方面建立了中国高质量发展指数，并对 2016 年 30 个省级高质量发展进行了评估。马茹等（2019）从供给、需求、效率、经济运行和对外开放五个方面来衡量中国各省区市的发展水平。史丹和李鹏（2019）从创新驱动、协调发展、绿色生态、开放稳定、共享与和谐五个方面来衡量中国 2000～2017 年高质量发展指数。刘亚雪等（2020）以五个发展概念为基础，加入"稳定"这一维度，从而对 2001～2017 年 99 个国家的高质量发展情况进行度量。基于五大发展思想，众多学者建立了我国高质量发展的评估指标体系（李金昌等，2019；张侠和高文武，2020；

侯祥鹏，2021；吕祥伟和辛波，2020）。聂长飞和简新华（2020）基于"四高一好"的度量标准，建立了 71 个基础指标构成的评价体系。苗峻玮和冯华（2020）构建了宏观、中观、微观三个层次的评价指标体系。林珊珊（2022）建立了一套由经济发展、创新驱动、民生福祉、绿色生态和安全保障五大子系统 20 项基础指标构成的高质量发展度量指标体系。

从现有研究成果看，我国目前存在着多种评价指标体系，这些指标都呈现出多维性、动态性特征。但由于体系分类不同，不同学者关注的重点也不同，对高质量水平的反映不够客观。同时，由于指标选择的随意性、统计口径的差异、主观指标获取的不确定性、数据处理方法的差异，使得各指标体系反映的内容大相径庭，没有可比性，在严密性、普适性等方面存在一定缺陷。因而，目前尚未建立科学有效公认的评价指标体系。综观上述学者的研究，可以根据指标的特点分为三类：第一类是顺应时代发展要求，以五大理念为指导思想；第二类是综合经济特征和社会发展成果的综合评价体系；第三类是以经济、社会、创新、区域、生态等多方位指标为研究对象。另外，也有学者试图探讨重要指标与高质量发展之间的关系，如创新驱动、绿色发展、数字经济、金融规模。今后学者在构建高质量评价指标体系时，应综合考虑高质量的多维性、动态性，全面、综合地划分子体系，选择指标时要权衡，淡化经济增速相关指标，注重人民幸福感、人与社会和谐、绿色生态环境等长远目标，广泛汲取前人经验，建立一套规范统一的测度体系。

1.4.3 高质量发展水平测度方法

在高质量发展水平测度研究方面，魏敏、李书昊（2018）利用熵权 Topsis 方法，对中国 2016 年省级高质量发展的各个子系统及其整体水平进行了度量，并对其空间规律进行了研究。鲁邦克等（2019）利用组合权重主成分法，测算和分析了 2013～2017 年全省高质量发展水平。张震（2019）综合运用主观赋权法 AHP 和客观赋权法 EVM，对 2016 年的副省区经济高质量发展进行了测度，以弥补主观赋权法和客观赋权法的缺陷。

李梦欣（2020）将创新化以及信息化纳入观测指标，并选取主客观结合赋权的方法对经济增长质量进行测度。王虹宝（2022）分别利用组合权重法以及耦合协调度模型，以五大发展理念测度结果为基础，测度东北三省经济高质量发展综合发展情况。林珊珊（2022）采用熵权 Topsis 方法，通过耦合协调度、Kernel 密度、Markov 链等分析，刻画高质量发展的整体状况、地区差异与动态演进。佟孟华（2022）综合运用二次加权动态评价法、定基功效系数法测度 2011～2019 年中国 30 个省份的经济高质量发展水平并分析其演进趋势、地区差异、结构差异、收敛性和障碍因素。张恬（2022）通过使用改进的熵权法对绍兴 2006～2019 年经济发展质量进行了测度，该方法既能克服主观赋权法中主观因素的影响，又能以熵权法为依据，对各指标的差异性进行评估，使得评估更精确，更贴近实际。

通过对高质量发展测度方法进行整理研究，发现现有文献主要采用的方法有主观赋权法（AHP）、客观赋权法（熵权法）、主成分分析法、熵权法、TOPSIS 法（双基点法）、组合赋权法（熵权 TOPSIS 法）、综合评价法等。而已有文献则根据不同的情况选用了各自适用的方法，以求能够较为准确地反映各指标的权重。本书通过对已有研究进行整理，总结出常用的测度方法的基本逻辑及其优缺点，如表 1-1 所示。

表 1-1　　　　　　　　　　　高质量发展水平主要测度方法

测度方法	基本逻辑	优势	劣势
熵权法	是一种客观赋权法，其最根本的逻辑是：权重与指标数据的差别呈正比例关系，以此最大限度地拉大评价对象间的差距，实现识别与区分评价对象的目的。包括实数熵和区间熵两种计算方式	可以根据各个指标的差异度，采用信息熵来确定各个指标的权重，从而降低了人为因素对权重的影响，如主观赋权法、层次分析法等	指标之间的相关性不能很好地反映出来；可能存在专家主观偏见的劣势
主成分分析法	是一种客观赋权法，获取高质量发展各准则层的量化结果，并且可以反映出各指标对总指数的贡献度大小	可以消除各评价指标间的相互关系，降低指标选取的工作量，采用少量的综合指数取代原有的指标，同时又能保持大部分的信息，具有较广的计算范围，易于在计算机上实施	主成分的实际意义界定困难，且权重存在负数的情况；可能存在专家主观偏见的劣势

测度方法	基本逻辑	优势	劣势
主观赋权法	专家咨询法、层次分析法是目前较为成熟的主观赋权法。其基本原则是：对重点指标给予更多的权重，并根据自己的经验和对现实状况的主观判断来确定各个指标的权重	可以按照不同的重要性来确定不同的权重，对重要的指标给予较高的权重，对不重要的指标给予较低的权重，这样才能更好地反映出权重的本质	在决策和评估中，专家直接根据经验给出权重，带有较强的主观性，研究结果存在偏差，在实际使用中存在局限性
TOPSIS 法	TOPSIS 法也叫双基点法。同时引入正理想点和负理想点作为评价基准，通过比较各测度值与最优方案和最劣方案之间的相对距离，算出得分并进行排序	更加均衡、客观地考察评价对象，使得评价结果更具科学性；稳定性好，相对合理，可操作性强，相对于加权平均、灰色关联分析等单基准方法，TOPSIS 法在大规模、多属性决策中更具优势	每一项指标所要求的数据，都是有一定难度的。另外，为了更好地描述出一个指标的影响程度，需要两个以上的研究对象
熵权 TOPSIS 法	熵权 TOPSIS 法是一种组合赋权法，采用熵权法进行权值计算，通过熵权法求出各个指标的权重，再将其与加权值进行乘积，得出新的数据，再用新的数据进行 TOPSIS 分析	测度结果具有客观、合理的特点，在多属性多维度指标的决策分析中得到了广泛的运用	—
耦合协调度	耦合协调度研究了两个或多个系统交互作用的程度，其中包含了耦合和协同两个方面，耦合度是系统之间的联系，耦合度越高，系统之间的相关关系就越大；协调度反映了各个子系统之间的协同效应，协调度越高，系统之间的积极激励效果就越大	耦合协调度则融合了耦合度和协调度，能够同时描述各体系之间的发展和协调程度	—

第 2 章

货运物流高质量发展的内涵及水平测度

2.1 货运物流高质量发展的理论内涵

货运物流从高速度到高质量发展是由量变到质变的转型过程。这一转变使得物流效率得到提高、物流产业结构更加合理、物流企业提供的服务更加便民，同时实现生态环境的更加绿色。高质量发展归根到底是民生导向，就是要满足人民日益增长的美好生活需要的发展。科学地把握高质量发展的核心内涵，是推进我国货运物流高质量发展的基本前提。金碚（2018）认为，高质量发展是一个表面上看起来很容易理解的概念，它的基本特点是多维度且丰富的。货运物流高质量发展的根本在于提升行业的活力、动力、创新力和竞争力，不断提高货运量和周转量。从微观角度看，要实现货运物流高质量发展，必须提高运输效率，降低物流成本；从中观角度来看，应注重货运物流产业结构的升级，合理调配宝贵资源；从宏观上看，要平衡发展，不断地提高资源要素的利用率。综合考虑现有文献，同时对高质量发展核心内涵进行解读，结合货运物流自身特点，可以从以下三个层面解读货运高质量发展的深刻内涵。

2.1.1 系统平衡层面货运物流高质量发展内涵

货运物流高质量发展具有系统性和全面性，货运物流高质量发展的目标包括模式创新、结构调整、集约高效和环境优化等。刘志彪（2018）也认为相对于高速度发展，高质量发展的评价是多维的，非常复杂。因此，货运物流高质量发展的内涵体现在多个维度，不是货运量和周转量等简单的增长，而是经济、社会、生态等方面的全面提升，需要着重解决货运物流产业的发展中突出的不平衡、不充分问题。例如，衡量货运物流高质量发展的标准包含协调性、创新性、持续性、开放性等方面，这些标准的评价也涉及多个维度。系统观视角下的货运物流高质量发展就是要让创新成为第一动力、协调成为内生特点、绿色成为普遍形态、开放成为必由之路、共享成为根本目的。

2.1.2　均衡发展层面货运物流高质量发展内涵

推动货运物流高质量发展，要对质量内涵进行评价，由于物流属于服务型产业因此目前没有较好的工具用于评价货运物流质量。现有的货运物流质量评价主要是通过定义货运量、周转量等指标来进行评价，即货运量越高、周转量越大，就表明货运物流发展效率越高，发展质量越高。但高质量的货运物流发展不应该是单一标准下的，要注重发展的均衡性。构成货运物流高质量增长的关键性指标应多采用综合评价指标体系，评价指标有如协调性、创新性、持续性、开放性等，或者从生态质量进行分析，指标涉及绿色发展质量等内容。在高速增长阶段，货运物流高质量发展至少包括两方面的内容：一方面从物流发展的过程看，高质量发展是指模式创新，品牌建设、产业结构优化；另一方面从物流发展的结果看，高质量发展是指物流发展带来物流效率和服务品质的变化，以及资源高效利用和生态环境友好。因此，只要货运物流产业发展过程中重视均衡发展，重视与其他产业的协同，不断提高资源利用效率、降低生态环境代价，货运物流质量就会提高。

2.1.3　民生指向层面货运物流高质量发展内涵

货运物流高质量发展的微观基础是提供更高效率、更高质量的物流服务，这是货运物流高质量的直观体现。货运物流的最终目的是满足人民的实际生产生活需要，完成跨地区的物资流动，也就是说物资周转量可以直观地体现货运物流的发展质量。随着发展水平提高，进入高质量发展阶段，从需求结构的变化看，人民群众对物质文化生活的需要变成了对美好生活的需要，需求层次迅速上升，对于高品质服务的需求也在快速增长。在微观层面，质量通常是指货运物流的效率、货运量等，而高质量发展阶段则对货运物流的品质提出了更高要求。因此，从民生视角看，货运物流高质量发展要提升质量的合意性，解决好坏的问题，解决满意不满意的问题。从更好满足人民日益增长的美好生活需要的角度看，货运物流服务质量的提升是货运物流高质量发展的核心，也是最主要的抓手。完善冷链运输，发展绿色物流，进行模式创新等都是对物流服务质量的一种提升，进而满足更为广泛的民生需求。

总之，货运物流高质量发展不仅包括经济增长，还包括与经济增长紧密相关的社会、环境等因素。货运物流高质量发展则需要具备均衡的发展观，协同其他产业，共同完成高质量发展。货运物流高质量发展要充分满足人民日益增长的美好生活的需要，其中就包括生态环境、冷链运输等内容。

2.2 货运物流高质量发展政策演化进程

高质量发展是 2017 年中国共产党第十九次全国代表大会首次提出的新表述，表明中国经济由高速增长阶段转向高质量发展阶段，并提出了建设交通强国、质量强国的战略目标，对交通运输标准化工作提出更高要求。目前为止，国家层面以及各省份都出台多项促进货运物流高质量发展的相关政策。

2.2.1 国家层面货运物流高质量发展政策

近年来，国家十分重视货运物流高质量发展，出台了 10 项关于促进货运物流高质量的发展政策，具体文件内容如表 2-1 所示。

表 2-1 中国物流高质量发展政策文件汇总

年份	政策文件
2019	《发展改革委等关于推动物流高质量发展促进形成强大国内市场的意见》
	《国务院办公厅转发交通运输部等部门关于加快道路货运行业转型升级促进高质量发展意见的通知》
	《国务院办公厅关于促进平台经济规范健康发展的指导意见》
	《网络平台道路货物运输经营管理暂行办法》
2020	《交通运输部办公厅关于充分发挥全国道路货运车辆公共监管与服务平台作用支撑行业高质量发展的意见》
	《关于进一步降低物流成本的实施意见》
2021	《关于巩固拓展交通运输脱贫攻坚成果全面推进乡村振兴的实施意见》
	《推动道路货运行业高质量发展部际联席会议制度》
	《推进多式联运发展优化调整运输结构工作方案（2021—2025 年)》
2022	《关于加快推进冷链物流运输高质量发展的实施意见》

2019 年 2 月印发的《发展改革委等关于推动物流高质量发展促进形成强大国内市场的意见》中提到要深刻认识到物流高质量发展的重要意义、构建高质量物流基础设施网络体系、提升高质量物流服务实体经济能力和内生动力等。物流高质量发展是经济高质量发展的重要组成部分，也是推动经济高质量发展不可或缺的重要力量。

2019 年，习近平总书记在全国生态环境保护大会上指出要"推动货运经营整合升级、提质增效，加快规模化发展、连锁经营"[①]。同年 3 月，国务院新闻办公室举办的新闻发布会提到，建设交通强国，离不开具有竞争力的综合交通运输网络，降本增效，深化供给侧结构性改革是交通运输业高质量发展的重点[②]。

2019 年 5 月，《国务院办公厅转发交通运输部等部门关于加快道路货运行业转型升级促进高质量发展意见的通知》，明确提出要以供给侧结构性改革为主线，坚持远近结合、标本兼治、改革引领、创新驱动、综合治

① 习近平：推动我国生态文明建设迈上新台阶 [EB/OL]. 中国政府网，2019-1-31.
② 降本增效：推动交通运输高质量发展 [EB/OL]. 光明网，2019-3-29.

理，加快建设安全稳定、经济高效、绿色低碳的道路货运服务体系，来促进道路货运行业高质量发展。

2019 年 8 月，《国务院办公厅关于促进平台经济规范健康发展的指导意见》明确要求，推动建立健全适应平台经济发展的新型监管机制，着力营造公平竞争市场环境。

2019 年 9 月，交通运输部、国家税务总局发布了《网络平台道路货物运输经营管理暂行办法》，构建了网络货运经营监督管理的制度体系，对网络货运经营者的法律定位、行为规范及管理部门的监管责任等提出了明确要求。同时，建立了网络货运运行监测管理制度及经营者信用评价机制，完善了信息共享及违法行为查处工作机制。

2020 年 4 月出台的《交通运输部办公厅关于充分发挥全国道路货运车辆公共监管与服务平台作用支撑行业高质量发展的意见》提到，拓展货运平台服务功能、加快货运平台技术升级与数据质量提升，切实提高道路货运数字化服务和监管能力，引领带动道路货运行业安全高效发展，为交通强国建设提供有力支撑。

2020 年 6 月，交通运输部有关负责人针对《关于进一步降低物流成本的实施意见》，为推动经济高质量发展，形成强大国内市场，降本增效工作将从结构性、制度性、技术性、管理性、服务性几个方面进行。

2021 年 6 月，交通运输部发布《关于巩固拓展交通运输脱贫攻坚成果全面推进乡村振兴的实施意见》，促进农村交通高质量发展 2025 年具备条件建制村基本通物流快递。从建管养运和行业治理等方面提出支撑保障乡村振兴战略实施的主要任务。

2021 年 10 月国务院印发《推动道路货运行业高质量发展部际联席会议制度》，研究制定营造公平竞争市场环境、推动道路货运行业高质量发展的有关政策，形成工作合力，共同推动各项措施落地；协调完善道路货运基础设施体系，推广先进车辆技术装备和运输组织模式，提升道路货运集约化发展水平等事项。

2021 年 12 月国务院印发《推进多式联运发展优化调整运输结构工作方案（2021－2025 年)》，提出大力发展多式联运，推动各种交通运输方式深度融合，进一步优化调整运输结构，提升综合运输效率，降低社会物流成本，促进节能减排降碳。

2022 年 4 月交通运输部等五个部门联合发布《关于加快推进冷链物流运输高质量发展的实施意见》，以推动冷链物流高质量发展为主题，以深化供给侧结构性改革为主线，以改革创新为根本动力，以满足人民日益增长的美好生活需要为根本目的，着力完善冷链运输基础设施，提升技术装备水平，创新运输服务模式，健全冷链运输监管体系，推进冷链运输畅通高效、智慧便捷、安全规范发展。

2.2.2 省级层面货运物流高质量发展政策

"十四五"以来，各省份高度重视道路货运和物流工作，先后围绕道路货运行业转型升级和高质量发展、农村物流网络节点体系建设、推动"公铁空"多式联运发展、推动城市绿色货运配送等方面印发了一系列文件，开展了一系列试点和示范工程。具体内容如表 2-2 所示。

表 2-2　　　　　　　各省物流高质量发展政策汇总

年份	政策文件
2019	《关于深化资源共享合作进一步推动农村物流高质量发展的实施意见》
2020	《关于推动物流高质量发展的实施方案》
2021	《广州市精准支持现代物流高质量发展的若干措施》
	《陕西省"十四五"物流业高质量发展规划》
	《促进商贸物流高质量发展若干措施》
2022	《陕西省推动公路高质量发展的意见》
	《促进商贸物流高质量发展的实施意见》
	《关于支持物流业高质量发展的政策措施》
	《促进农村客货邮融合推进农村物流高质量发展助力共同富裕示范区建设专项行动》
	《关于加快物流业高质量发展的意见》

2019 年陕西省印发《关于深化资源共享合作进一步推动农村物流高质量发展的实施意见》提到应统筹规划农村物流服务网点资源、大力推进农村物流网络体系建设、持续推动农村物流基础设施建设、不断提升农村物

流装备技术水平、加快张合农村物流市场经营主体，以此来推动农村物流高质量发展。

2020 年重庆市《关于推动物流高质量发展的实施意见》正式出台，将物流与先进制造业、现代农业和商贸实现深度融合发展，实现业务高效协同和供应链快速响应等纳入其中，并提出相关要求。

2021 年广州市印发《广州市精准支持现代物流高质量发展的若干措施》，围绕强化现代物流发展用地保障、优化优质项目用地供给、加大优质项目落地保障服务力度等方面提出 15 条具体举措，加快广州建设"全球效率最高、成本最低、最具竞争力"的国际物流中心。

2021 年 11 月陕西省发展改革委印发《陕西省"十四五"物流业高质量发展规划》，全面加强陕西省现代物流供应链体系建设，推动物流业高质量发展。推动传统商贸物流提档升级等四大重点工程，进一步优化省内物流节点布局，完善"通道＋枢纽＋网络"运行体系，夯实物流业高质量发展的基础支撑。

2021 年 12 月陕西省商务厅、省发展改革委等 10 部门联合出台《促进商贸物流高质量发展若干措施》，为构建新发展格局提供有力支撑，多措并举促进陕西商贸物流高质量发展。

2022 年 4 月陕西省人民政府印发《陕西省推动公路高质量发展的意见》，以加快交通强省建设，构建现代综合交通运输体系，提升交通基础设施服务水平，强化陕西省区域竞争新优势，全面适应经济社会发展新要求。

2022 年 5 月宁夏回族自治区商务厅、发展改革委、交通运输厅、公安厅、农业农村厅等 10 部门联合印发了《促进商贸物流高质量发展的实施意见》，针对我区商贸物流产业如何实现高质量发展，出台 10 条针对性较强的具体措施。

2022 年 6 月潍坊市人民政府办公室印发《关于支持物流业高质量发展的政策措施》，发挥潍坊市区位、交通和产业优势，加快完善现代物流体系，推动全市物流业迈向智慧化、规模化、绿色化。

2022 年 8 月浙江省邮政管理局、交通运输厅、发展改革委、财政厅等 11 部门印发《促进农村客货邮融合推进农村物流高质量发展助力共同富裕示范区建设专项行动》，明确推进农村客货邮融合发展，着力优化农村寄递物流网络体系，助力"快递进村"。

2022年8月荆门市政府办公室印发《关于加快物流业高质量发展的意见》，围绕提升区域物流中心地位、物流服务能级、内联外通水平、物流组织效率、智慧物流发展质量5个方面提出了17条具体措施。

近年来，政府高质量发展相关政策陆续出台，政策演化进程如图2-1所示。通过对这些政策文件的梳理，可以看出高质量发展政策聚焦于协同发展、绿色发展、创新发展、高效发展，主要侧重在深化供给侧结构性改革、深化交通运输改革、推进绿色物流发展、创新监管方式、加快运输组织模式创新、发展物流新服务模式、提升物流组织集约化水平、实施降本增效等方面，越来越呈现出经济、政治、社会、文化、生态"五位一体"的全面发展的趋势。

		《发展改革委等关于推动物流高质量发展促进形成强大国内市场的意见》	
第十九次全国人民代表大会	《深化交通运输供给侧结构性改革，助推经济高量发展》	《国务院办公厅转发交通运输部等部门关于加快道路货运行业转型升级促进高质量发展意见的通知》《国务院办公厅关于促进平台经济规范健康发展的指导意见》《网络平台道路货物运输经营管理暂行办法》	《交通运输部办公厅关于充分发挥全国道路货运车辆公共监管与服务平台作用支撑行业高质量发展的意见》《关于进一步降低物流成本的实施意见》
2017年	**2018年**	**2019年**	**2020年**
深化供给侧结构性改革深化交通运输改革倡导绿色发展转变政府职能深化简政放权创新监管模式	加快发展多式联运推进无车承运试点工作积极发展城市配送培育发展交通运输新模式、新业态	加强联运衔接设施短板建设发展物流新服务模式推进多式联运发展加快绿色物流发展加快运输组织模式创新推进城市绿色货运配送示范工程规范"互联网"物流新业态发展构建多元共治监管模式	加快推进运输结构调整推进多式联运高质量发展推进简权放政提升物流组织集约化水平深化城市绿色配送示范工程持续推进交邮融合推进跨区域信用监管应用

图2-1　政策演化进程

2.3 货运物流高质量发展机理及水平测度

货运物流高质量发展的评判标准，是明确高质量发展要求、衡量发展水平、度量发展程度、监测发展进程的依据。水平测度标准直接影响发展理念与目标的落实。唯明确标准才能做到有的放矢，评判标准及评价指标是理论研究和实践成败的关键，具有重要意义。货运物流高质量发展的评判标准是什么以及如何测度，测度的前提是需建立一套能准确反映物流高质量发展内涵的科学水平测度系统，因此确立物流高质量发展的水平测度具有重要意义。

2.3.1 评价方法选择

在物流评价的过程中，学者们运用不同的方法查验绩效。较为经典的综合评价方法有定性评价方法、定量评价方法、基于统计分析的评价方法、基于目标规划模型的评价方法和多方法融合的综合评价方法。目前主要有层次分析法、数据包络分析方法、灰色关联度法、模糊综合评价法等方法。

1. 层次分析法

应用层次分析法进行评价的基本思路是：把物流系统与元素之间的隶属关系由高到低排成若干层次，建立不同层次元素间的相互关系，根据对一定客观现实的判断，就每一层次的相对重要性给予定量表示，确定表示每一层次全部元素的相对重要性次序的权值，通过排序结果，进行评价和选择。

2. 数据包络分析方法

数据包络分析方法（data envelopment analysis，DEA）是运筹学、管理科学与数理经济学交叉研究的一个新领域。它是根据多项投入指标和多项产出指标，利用线性规划的方法，对具有可比性的同类型单位进行相对有效性评价的一种数量分析方法。

3. 灰色关联度法

灰色关联度分析法（grey relational analysis）是灰色系统分析方法的一种，是根据因素之间发展趋势的相似或相异程度，亦即"灰色关联度"，作为衡量因素间关联程度的一种方法。对于两个系统之间的因素，其随时间或不同对象而变化的关联性大小的量度，称为关联度。在系统发展过程中，若两个因素变化的趋势具有一致性，即同步变化程度较高，即可谓二者关联程度较高；反之，则较低。因此，灰色关联法，是根据因素之间发展趋势的相似或相异程度，亦即"灰色关联度"，作为衡量因素间关联程度的一种方法。

4. 模糊综合评价法

模糊综合评价法是一种基于模糊数学的综合评价方法。该综合评价法根据模糊数学的隶属度理论把定性评价转化为定量评价，即用模糊数学对受到多种因素制约的事物或对象做出一个总体的评价。它具有结果清晰，系统性强的特点，能较好地解决模糊的、难以量化的问题，适合各种非确定性问题的解决。

根据以上分析，考虑货运物流高质量发展的特征，并结合本书研究目标，选取灰色关联度综合评价法来进行货运物流高质量发展的评价。采取灰色关联度方法对各个省份的货运物流高质量发展水平进行比对分析，灰色关联度方法可对系统不同时间的发展态势进行动态分析，且这一方法适用于任何简单和复杂的系统。通过计算出来的得分进行排名，并结合已得结论，提出对应的措施。

2.3.2　影响因素分析

我国的物流业发展迅速，在较长时间段里，物流业增加值增长的速度远高于 GDP 的增速，这意味着物流业的发展已经到了关口，即粗放式发展应转变为精益式的发展，数量型扩张向质量提升转变，资源大量占有模式向资源整合模式转变。物流业的发展受多种因素的影响，主要分为宏观和微观因素，由于物流业高质量发展文献较少，本书主要从物流业相关领域进行着手。

1. 宏观因素

李晓丹（2018）认为，降低成本、提高效率是当前我国物流行业发展面临的重要问题，需要从健全物流高质量发展机制、培育优质物流企业、开展绿色物流的实践路径为我国新经济消费升级提供新动能。张煌强（2014）利用结构方程模型对物流产业的宏观因素进行了分析，认为物流产业的发展受到政治、经济、文化、科技、社会等多种因素的影响，而政治因素和经济因素对物流发展的影响最为显著。龚苗苗（2017）研究中部六个省市的物流产业效率，建立 DEA 模型进行剖析和评价，得出中部六个省市的物流效率总体水平较高，并发现民用载货汽车拥有量以及地区 GDP 是主要的影响因素。董慧丽（2018）运用地理加权回归分析物流业发展区域差异变动的影响因素有：人力资本、政府干预、产业结构和工业发展水平。杨守德（2019）认为，产业结构调整、发展方式转变、智能供应链体系建设、消费升级等外部环境因素不断促进物流服务质量提升，但人口红利逐渐消失、仓储结构失衡和储运一体化运作不协调等问题阻碍物流业实现高质量发展，而技术创新将在我国物流业发展中产生重要引领作用。

2. 微观因素

马晓倩（2017）采用问卷调查的方式，对 216 家企业发展进行调查，分析了制约我国物流业发展的因素，如物流企业成本高、效率低、企业服务同质化严重和服务创新类型少、容易被模仿。杜宏（2017）认为物流专业人才、物流信息化程度、物流基础设施和领导重视程度都会对农村物流发展产生一定的影响。师路路（2018）认为地区物流水平、农户组织化程度、农产品特色及规模和农产品物流信息化水平影响农产品物流的发展。陈良云（2019）以福建省农村物流为对象，认为农村消费水平、农村经济、农村教育、农村基础设施和信息化水平等影响该发展。

2.3.3 评价指标模型构建

1. 评价指标选取原则

在建立货运物流高质量发展评价指标体系时，必须坚持物流业高质量发展的原则，考虑到研究内容的特征，同时遵循指标体系建立的基本原则，在保证基本指标选择标准的基础上体现高质量发展的研究特色。指标体系建立遵循的五条原则如下：

（1）可行性原则。

可行性是进行学术研究的前提，指标体系缺失可行性则会直接导致后续评价工作的无法开展从而使研究内容失效。在进行指标选择时，应充分考虑指标数据与指标项的匹配融合，保证各项指标都能有准确的数据支撑，使物流业高质量发展水平在定量分析的基础上有一个合理的评价结果。

（2）科学性原则。

科学性是指物流业高质量发展指标体系的设置、构成、层次等要建立在客观、合理、科学的基础上，能够实际反映我国物流业近年来的发展质量，以及在以高质量发展为前提下的发展潜力。坚持科学性原则，有利于对物流业的高质量发展状态进行动态监测，同时客观真实地反映物流业中各个发展环节的变化过程，为我国物流业的发展决策提供参考素材。

（3）系统性原则。

系统性要求指标体系的覆盖面广，并能准确反映不同层次和不同子系统之间各要素的有机构成。物流业作为一个生命有机体，决定了组成其高质量发展指标体系中的各项指标以及各层次之间具有内在关联性，同时同一层次不同指标间存在明显的区分度。坚持系统性原则，通过现行的定性和定量评价的方式能够充分地反映物流业高质量发展体系及各子系统的变化趋势，使物流业高质量发展评价指标体系内部结构合理，评价客观真实。

（4）实用性原则。

实用性原则要求评价指标应具有普遍的统计意义，即保证各项指标都能有对应的统计数据，或者相关的计算公式；同时，减少或避免各指标之间的相关性和概念上的重叠性，可以保证指标具有典型的代表性。在构建物流业高质量发展指标体系时，不仅要考虑到物流业的基本发展水平，还要体现出高质量发展的特点和要求，所以要将指标体系进行合理的分区，尽可能地规避不一致的衡量方法，有助于对研究对象进行合理的横向和纵向分析。

（5）动态性原则。

在建立指标体系时，既要考虑相对的稳定性，又要把握物流业在不同时期、不同区域、不同层次的动态变化，做到"动中有静""静中有动"。坚持动态性原则，可以准确地描述和度量物流业发展质量和发展状态。

2. 评价指标体系确定

陈方健（2019）从物流成本、效率、服务水平、绿色环保四个方面对物流高质量发展进行定性评价。杨守德（2019）从物流业自身经营是否持续降本增效和物流行业对经济社会整体发展的贡献水平是否持续上升两方面衡量物流业发展或运行质量。胡海、王军丽、王遥飞等（2020）用社会物流总额、社会物流总费用、社会物流总费用与GDP的比值、物流业增加值和物流总收入指标衡量物流高质量发展。肖建辉（2020）从物流成本、物流服务水平与能力、物流生产效率、物流经济效益、物流业内生动力和绿色环保六方面定义了物流高质量发展的评价指标与计算方法，并用单位GDP的社会物流成本、单位物流成本的物流增加值、物流服务水平、技术创新能力、绿色发展等指标评价，对粤港澳大湾区物流业高质量发展的程度进行了定量测度。穆晓央、王力、黄巧艺（2019）从经济环境、规模水平、投入水平、产出效应四个维度建立物流业内部协调发展的指标体系。

从目前研究成果来看，学术界对于货运物流高质量发展评价指标体系的构建尚未达成共识，因此，综合现有研究成果，立足于高质量发展视角，在兼顾指标选取原则的同时，建立由"经济发展基础、物流运载能力、技术创新能力、绿色发展成效"4个准则层、12个指标层构成的测评指标体系（见表2-3）。

表 2 – 3   货运物流高质量发展评价指标体系

准则层	指标层	指标
经济发展基础	人均地区生产总值（亿元）	X1
	第三产业增加值（亿元）	X2
	交通运输、仓储和邮政业增加值（亿元）	X3
物流运载能力	交通运输、仓储和邮政业城镇单位就业人员数量（万人）	X4
	货运量（万吨）	X5
	货物周转量（亿吨公里）	X6
技术创新能力	规模以上工业企业 R&D 人员全时当量（人年）	X7
	技术市场成交额（亿元）	X8
	国内专利申请受理量（项）	X9
绿色发展成效	二氧化硫排放量（万吨）	X10
	建成区绿化覆盖率（%）	X11
	氮氧化物排放量（万吨）	X12

（1）经济发展基础：经济基础是货运物流高质量发展的重要支撑，经济的快速发展不仅增加了对货运物流的需求，而且在资金、技术、人力资本等方面为货运物流高质量发展提供了支持。因此，有必要对城市的经济发展状况进行综合考量，故选取人均地区生产总值、第三产业增加值、交通运输、仓储和邮政业增加值作为衡量经济发展状况的指标。

（2）物流运载能力：实现货运物流高质量发展需要有强大的物流运载能力作为支撑。货运物流运载能力取决于基础设施建设和相关人力资本投入，这是因为铁路、机场、港口等基础设施建设能够为物流运输提供必要的发展环境，而物流从业人员的增加也能够促进物流产业的集聚。本书选取交通运输、仓储和邮政业城镇单位就业人员数量、货运量、货物周转量作为运载能力的代表性指标。

（3）技术创新能力：杨守德（2019）指出技术创新在我国物流业发展中具有重要引领作用，提升物流技术创新能力能够显著改善物流业运行质量。此处所指的技术创新能力主要体现在信息化水平和城市创新能力，信息化水平决定着物流行业供需信息能否及时对接，而城市创新能力的高低则直接决定了货运物流转型升级与变革发展的速度。本书选取规模以上工业企业 R&D 人员全时当量、技术市场成交额、国内专利申请受理量作为创新能力的代表性指标。

（4）绿色发展成效：新时代下，加快绿色化建设已成为我国物流业高质量发展的题中之义。为提高物流绿色发展成效，需要在加工、包装、仓储、运输等环节上尽量减少物流活动对环境的负面影响，树立可持续发展的理念，加快推进货运物流发展模式向资源节约型和环境友好型的方向转变。本书选择二氧化硫排放量、建成区绿化覆盖率和氮氧化物排放量作为绿色发展成效的衡量指标。

3. 基于灰色关联度综合评价方法

灰色关联度综合评价方法描述了一个信息矩阵中各指标因素间相对变化的情况，关联性越强，则关联度越大。基于灰色关联度的综合评价方法主要分为以下几个步骤：

（1）收集分析数据，形成比较矩阵。

$$(X'_{1,}, X'_2, \cdots, X'_n) = \begin{bmatrix} X'_{11} & X'_{21} & \cdots & X'_{n1} \\ X'_{12} & X'_{22} & \cdots & X'_{n2} \\ \vdots & \vdots & \ddots & \vdots \\ X'_{1m} & X'_{2m} & \cdots & X'_{nm} \end{bmatrix} \tag{2.1}$$

式（2.1）中 n 表示所需要评价的设计方案数目，m 表示评价指标的数目。

（2）确定参考数据列。参考数据列表示的是一个理想的比较标准，通常以各指标的最优值构成参考数据列，也可根据评价目的选择其他参照值。用 X'_0 表示参考数据列。

$$X'_0 = (X'_{01}, X'_{02}, \cdots, X'_{0m}) \tag{2.2}$$

（3）对指标数据进行无量纲化。由于各个评价指标所代表的含义并不相同，代表不同物理意义，会出现数据拥有不同量纲和数量级的问题，因此在进行灰色关联度计算之前需要进行无量纲化的数据处理，处理公式如下：

$$X_{iK} = \frac{(n+1)X'_{iK}}{\sum_{K=0}^{m} X'_{iK}} \tag{2.3}$$

式（2.3）中，i = 0, 1, 2, …, n; k = 1, 2, …, m

无量纲化后的数据序列构成如下矩阵：

$$(X_1, X_2, \cdots, X_n) = \begin{bmatrix} X_{11} & X_{21} & \cdots & X_{n1} \\ X_{12} & X_{22} & \cdots & X_{n2} \\ \vdots & \vdots & \ddots & \vdots \\ X_{1m} & X_{2m} & \cdots & X_{nm} \end{bmatrix} \tag{2.4}$$

（4）计算关联系数，分别计算每个比较序列与参考序列对应元素的关联系数。

$$\xi_i(j) = \frac{\delta_{min}|X_{0k} - X_{ik}| + \rho\delta_{max}|X_{0k} - X_{ik}|}{|X_{0k} - X_{ik}| + \rho\delta_{max}|X_{0k} - X_{ik}|} \tag{2.5}$$

式（2.5）中，P 为分辨系数，以 P = 0.5 为宜。

（5）计算关联序，对各比较序列分别计算其各个指标与参考序列对应元素的关联系数的均值，以反映各评价对象与参考序列的关联关系，并称其为关联序。

$$r_{0i} = \frac{\sum_{k=1}^{m} \xi_{ik}}{m} \tag{2.6}$$

依据式（2.7）计算灰色加权关联度，由于各个评价指标在评价体系中具有不同的权重大小，所以需要对所取得关联序 r_{0i} 进行加权计算，计算得到灰色加权关联度。灰色加权关联度用 r'_{0i} 表示，计算公式如下：

$$r'_{0i} = \frac{\sum_{k=1}^{m} \omega_k \xi_{ik}}{m} \tag{2.7}$$

式（2.7）中 ω_k 代表第 k 项评价指标的权重，ξ_{ik} 表示第 i 个产品的第 k 项指标与参考序列的关联度数值。

将计算得到的灰色加权关联度结果按照从大到小的顺序进行排序，排名靠前的设计方案相对于排名靠后的更适合被优选并进行进一步的设计。优选出来的设计方案根据指标权重与指标得分确定需要进一步优化的部分，设计方案中指标权重越高而得分越低的部分则优化的优先级越高。

2.3.4 各地货运物流高质量水平评价

1. 实际数据

为了更好地对比分析出不同地区城市与陕西省城市的异同，选取北京、天津、上海、陕西、辽宁、江苏、河南、湖北八个省份作为研究对象。

下列数据来源于国家统计局。将 2016～2020 年数据平均值汇总到表 2 - 4。

表 2 - 4　　　　　　各省份 2016～2020 年各指标平均值

指标	北京	天津	上海	陕西	辽宁	江苏	河南	湖北
X1	32283.72	10640.6	35154.94	23253.7	23092.54	91578.56	48597.46	40208.7
X2	26844.96	8163.88	25264.2	10700.98	12231.78	46479.52	22652.26	20029.14
X3	912.58	752.1	1490.24	1021.24	1256.18	2918.64	2669.06	1906.26
X4	58.22	14.4	50.2	27.9	33.46	47.5	42.72	33.08
X5	21345.6	51427.8	110424	161075.8	198427.8	239029.6	227009.6	180685.8
X6	988.05	2395.042	27147.244	3681.99	9973.608	9304.814	8417.224	6074.096
X7	48240.8	56081.8	88861	44228.2	52786.4	482007.8	134045.8	107286.2
X8	5079.426	757.696	1164.474	1215.018	474.788	1192.976	179.302	1247.332
X9	213309.4	100021.4	157157.8	87276.2	64883.8	588167.6	138177	126972
X10	0.558	1.976	2.056	16.404	31.018	33.504	16.404	14.526
X11	48.54	37.42	37.6	39.78	39.9	43.18	40.32	38.88
X12	11.012	12.02	33.28	33.676	69.754	85.362	66.48	40.202

资料来源：国家统计局网站。

2. 计算过程

（1）确定最优参考序列。

对实际数据经过一致化处理后形成原始矩阵，最优参考序列为各评价元素最大值组成的矩阵。

（2）计算关联系数。

根据式(2.3)～式(2.4)，取 $\rho = 0.5$，得关联系数矩阵，如表 2 - 5 所示：

表2-5 关联系数结果

指标	北京	天津	上海	陕西	辽宁	江苏	河南	湖北
X1	0.406	0.333	0.418	0.372	0.371	1	0.485	0.441
X2	0.494	0.333	0.475	0.349	0.359	1	0.446	0.42
X3	0.351	0.333	0.431	0.363	0.395	1	0.813	0.517
X4	1	0.333	0.732	0.419	0.469	0.671	0.586	0.466
X5	0.333	0.367	0.458	0.583	0.728	1	0.901	0.651
X6	0.333	0.346	1	0.358	0.432	0.423	0.411	0.383
X7	0.335	0.339	0.358	0.333	0.338	1	0.386	0.369
X8	1	0.362	0.385	0.388	0.347	0.387	0.333	0.39
X9	0.411	0.349	0.378	0.343	0.333	1	0.368	0.362
X10	0.333	0.343	0.344	0.491	0.869	1	0.491	0.465
X11	1	0.333	0.337	0.388	0.392	0.509	0.403	0.365
X12	0.333	0.336	0.416	0.418	0.704	1	0.663	0.452

（3）计算未加权关联度。

根据式（2.6）计算出未加权的8个省份评价体系关联度，如表2-6所示：

表2-6 未加权关联系数结果

关联度结果		
评价项	关联度	排名
北京	0.527	2
天津	0.342	8
上海	0.478	5
陕西	0.4	7
辽宁	0.478	4
江苏	0.833	1
河南	0.524	3
湖北	0.44	6

（4）熵权法计算权重。

熵权法计算步骤如下：

① 计算第 k 年第 i 个指标的比重：

$$X_{ki} = x_{ki} / \sum_{k=1}^{m} x_{ki} \qquad (2.8)$$

式（2.8）中，X_{ki} 表示第 k 年第 i 个指标的取值。

② 计算指标信息熵 E_i 和信息冗余度 D_i，公式为：

$$E_i = -\frac{1}{\ln m} \sum_{k=1}^{m} x_{ki} \ln x_{ki} \qquad (2.9)$$

$$D_i = 1 - E_i \qquad (2.10)$$

③ 计算指标权重。

$$W_i'' = D_i / \sum_{i=1}^{n} D_i \qquad (2.11)$$

通过熵权法的步骤计算可得到评价指标的权重，其结果如表 2 - 7 所示：

表 2 - 7　　　　　　　　　　熵值法计算权重结果汇总

指标	信息熵值 e	信息效用值 d	权重系数 w
X1	0.9899	0.0101	6.74%
X2	0.9887	0.0113	7.55%
X3	0.9854	0.0146	9.82%
X4	0.9907	0.0093	6.21%
X5	0.988	0.012	8.03%
X6	0.9886	0.0114	7.66%
X7	0.9854	0.0146	9.76%
X8	0.9884	0.0116	7.79%
X9	0.9872	0.0128	8.61%
X10	0.9845	0.0155	10.38%
X11	0.9876	0.0124	8.32%
X12	0.9864	0.0136	9.13%

（5）加权关联度结果及排名。

遵循式（2.7），通过表 2 - 7 中的权重及表 2 - 6 中的关联系数，计算各地的灰色加权关联度，计算结果如表 2 - 8 所示，图 2 - 2 为八个省份的灰色加权关联度数据形成的柱状分析图。

表2-8　　　　　　　　加权关联度结果及排名

指标	北京	天津	上海	陕西	辽宁	江苏	河南	湖北
X1	0.0274	0.0224	0.0282	0.0251	0.0250	0.0674	0.0327	0.0297
X2	0.0373	0.0251	0.0359	0.0263	0.0271	0.0755	0.0337	0.0317
X3	0.0345	0.0327	0.0423	0.0356	0.0388	0.0982	0.0798	0.0508
X4	0.0621	0.0207	0.0455	0.0260	0.0291	0.0417	0.0364	0.0289
X5	0.0267	0.0295	0.0368	0.0468	0.0585	0.0803	0.0724	0.0523
X6	0.0255	0.0265	0.0766	0.0274	0.0331	0.0324	0.0315	0.0293
X7	0.0327	0.0331	0.0349	0.0325	0.0330	0.0976	0.0377	0.0360
X8	0.0779	0.0282	0.0300	0.0302	0.0270	0.0301	0.0259	0.0304
X9	0.0354	0.0300	0.0325	0.0295	0.0287	0.0861	0.0317	0.0312
X10	0.0346	0.0356	0.0357	0.0510	0.0902	0.1038	0.0510	0.0483
X11	0.0832	0.0277	0.0280	0.0323	0.0326	0.0423	0.0335	0.0304
X12	0.0304	0.0307	0.0380	0.0382	0.0643	0.0913	0.0605	0.0413
平均值	0.0423	0.0285	0.0387	0.0334	0.0406	0.0706	0.0439	0.0367
排名	3	8	5	7	4	1	2	6

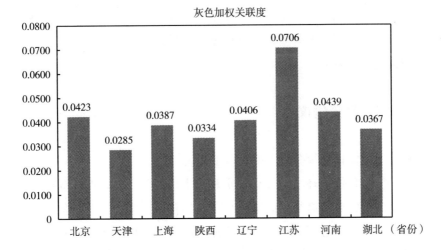

图2-2　加权关联度数据

（6）评价结果分析。

各地加权关联度的排序与未加权关联度的排序，画出的折线图如图2-3所示。

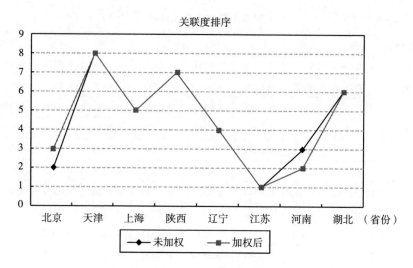

图 2-3 关联度排序

根据加权灰色关联度的计算结果，可以得到各地货运物流高质量发展水平排名：

江苏 > 河南 > 北京 > 辽宁 > 上海 > 湖北 > 陕西 > 天津

由此可以看出，在货运物流高质量发展评价体系下，江苏的发展情况最好，天津的发展情况较差，可以根据此结果进一步分析原因，促进各地货运物流高质量发展。

2.3.5 政策建议

根据以上实证结果分析，提出以下建议：

第一，强化保护环境、社会安全和降本增效的认知。"可持续"是实现高质量发展的基本途径，而绿色是发展的普遍形态，因此，货运物流要实现高质量发展，必须从环境保护的视角探讨现代物流体系，减少对环境造成的损害，从而构建与环境共生、促进消费和经济健康发展的现代物流体系。同时，政府也要制定相应的环境影响评价制度，完善环境责任相关法律条文，合理设计环境责任制度。增强对社会治安的认识。随着我国经济发展，减少环境污染、有效利用能源、减少安全事故发生的次数、制止突发环境事件和保障生命安全更为重要。物流包括运输、储存、包装、配送、加工和处理等基本用途，在这一系列过程中每个环节都会给环境造成一定的影响，带来安全事故的发生，工作人员作为运输的主体，是形成隐患的关键原因。企业首先要加强对交通司机的安全教育，提高从业人员的素质；其次，汽车是保障人员安全的一个重要因素，企业要提供一个良好的工作环境，提高员工的积极性，由此不仅要给相应的工作人员随时提供安全、保护环境的学习机会，政府也应该制定相应的政策文件，企业、生产经营和各个工作环节都应铭记降本增效的理念，每个企业都应响应国家号召以及提高自身意识做到少投入、多产出，提高效率、安全生产、保护环境。

第二，培养创新技能，促进相关科技信息的发展。创新是引领发展的首要动力，物流业的发展脱离不开信息化和技术投入，信息化不仅仅可以提高企业的决策水平，而且还可以固化管理和优化运作，更能促进供应链的形成和管理；科学技术可以很好地促进经济发展，使物流效益提高、成本降低。东部地区信息科技发展最佳，中部一般，西部地区科技信息发展较差，为了减小区域发展差异，政府应该对创新型的省市进行资金上的鼓励和政策上的支持，鼓励各个省市进行物流产业创新。科技创新不仅可以提高劳动者素质，发挥工作人员的主观能动性，创新生产工具和提高生产质量，还可以实现经济发展，促进人们的生活水平。

第三，政府应该制定合理的政策并引导正确的消费观。政府投资一方面是对物流业资源的重点投入，应国家要求高效率发展，建立合理的物流管理体制，可以促进资源配置效率，促进物流业健康发展；另一方面出台降本增效、提高发展效率的政策的同时，还可以引导产业的相关人员保护环境。除此之外，政府还应积极引导人们的正确消费观，对产业有一定的正向影响。

第 3 章

货运物流高质量发展的总体框架及实践路径

3.1 总体框架

  针对货运物流问题，结合近年来出现的发展战略机遇，要使货运物流有效的降本增效，提高货运物流效率，必须通过推进货运物流高质量发展才能得以实现。通过前两章对与货运物流高质量发展相关的国家及各个省份政策梳理，从系统平衡观、经济发展观和民生指向观的多维视角界定出货运物流高质量发展的理论内涵，货运物流高质量发展总体框架（见图 3-1）应该通过梳理近年来的物流高质量发展战略机遇，凝练总结形成"绿色、共享、集约、创新"四个方面。在战略机遇的基础上，通过对部分学者对物流高质量发展内涵、特征、表现等界定的凝练与分析，进而发展形成货运物流高质量发展的目标：优化绿色示范工程、物流资源协同共享、组织模式集约高效、创新模式广泛应用。根据货运物流高质量发展目标以及深度剖析部分学者对物流业高质量发展路径的建议，最后构建货运物流高质量发展思路：围绕着高质量发展，融入货运与物流两个层面，从农村物流、城市配送、多式联运三大视域出发，提出货运物流高质量发展的四条路径，即"一根主线、两者结合、三大视域、四条路径"，全面展开货运物流高质量发展研究。

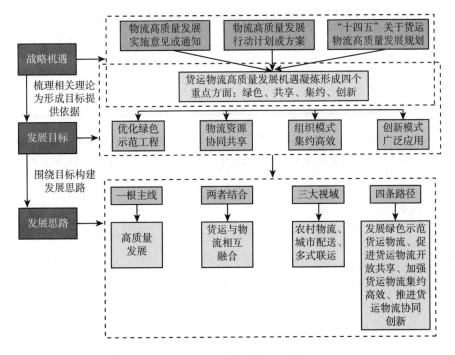

图3-1 货运物流高质量发展总体框架

3.1.1 物流高质量发展战略机遇

近年来，国家十分重视物流高质量发展，相关部门持续颁布了物流高质量发展的相关政策，促进物流行业转型与升级，不断推动物流高质量发展。货运物流高质量发展是物流高质量发展的重要组成部分，也是推动经济高质量发展不可或缺的重要驱动力。因此，本部分探索了相关政策促进物流高质量发展的相关内容，为货运物流高质量发展总体框架提供理论支持。

2019年国家发展和改革委员会在《关于推动物流高质量发展促进形成强大国内市场的意见》中提到要逐步完善城乡消费物流体系，发挥物流对农业的支撑带动作用；促进物流供应链创新发展，建立资源共享的物流公共信息平台；加强多式联运中联运转运衔接设施短板建设，推进多式联运发展；促进绿色物流发展。

2019 年国务院在《关于加快道路货运行业转型升级促进高质量发展意见的通知》中提出加快运输组织模式创新，推进规模化、集约化发展；推动城市建成轻型物流配送车辆，使用新能源或清洁能源汽车。

2019 年交通运输部在《网络平台道路货物运输经营管理暂行办法》提出鼓励发展网络货运，促进物流资源集约整合、高效利用。

2020 年交通运输部在《关于充分发挥全国道路货运车辆公共监管与服务平台作用支撑行业高质量发展的意见》中提出加快货运平台技术升级与数据质量提升，切实提高道路货运数字化服务和监管能力，引领带动道路货运行业安全高效发展。

2021 年交通运输部在《推进多式联运发展优化调整运输结构工作方案（2021－2025 年）》中提出以加快建设交通强国为目标，以发展多式联运为抓手，加快构建安全、便捷、高效、绿色、经济的现代化综合交通体系。

2021 年九大部门在《商贸物流高质量发展专项行动计划（2021－2025 年）》中提出建立畅通高效、协同共享、标准规范、智能绿色、融合开放的现代商贸物流体系，商贸物流标准化、数字化、智能化、绿色化水平显著提高，新模式新业态加快发展，商贸物流服务质量和效率进一步提升。

2021 年交通运输部在《综合运输服务"十四五"发展规划》中提出构建集约高效的货运与物流服务系统，完善农村物流服务网络，培育农村物流服务品牌；加快完善海运全球服务网络，积极开辟中欧班列境外新路径，大力发展中转集结班列；深入推进城市绿色货运配送示范创建；推进"互联网＋"高效物流，不断提升数字监管服务水平。

2022 年交通运输部在《关于加快推进冷链物流运输高质量发展的实施意见》中提出依托城市绿色货运配送示范工程，推进建设销地冷链集配中心；支持县级物流中心和乡镇运输服务站拓展冷链物流服务功能；推动技术装备创新升级；依托多式联运示范工程，积极推进冷链物流多式联运发展。鼓励开行冷链班列，积极发展海铁联运新模式。

2022 年交通运输部在《"十四五"现代流通体系建设规划》中提出完善城市配送设施和县乡村快递物流配送体系，提升末端"最后一公里"网络服务能力；推广集约智慧绿色物流发展模式；拓展多式联运通道，优化中欧班列开行方案。

通过对近几年物流高质量发展相关政策的梳理，凝练和总结后得到国家层面重点以"高质量发展"为主题，主要围绕着"绿色、共享、集约、创新"四个方面，不断推进农村物流高质量发展、城市与农村物流网络体系建设、城市配送绿色化和集约化、多式联运新模式和智能化、物流技术与组织模式创新等内容发展，进而不断推动物流高质量发展。货运物流高质量发展是物流高质量发展的重要组成部分，物流高质量发展重要研究内容也是货运物流高质量发展的重点内容。因此，以高质量发展为主线，结合货运与物流两个层面，围绕着"绿色、共享、集约、创新"这四个方面，从农村物流、城市配送、多式联运三个视域出发，制定货运物流高质量发展目标与发展思路。

3.1.2　货运物流高质量发展目标

基于以上关于物流高质量发展政策以及根据"十四五"中物流高质量发展内容和交通运输部推动货运物流高质量发展的整体要求，为了整合优化存量物流基础设施资源，推动物流降本增效提质，营造良好的货运物流发展环境，凝练和总结出货运物流高质量发展目标应该立足于显著提升货运物流效率，减少排放污染，供给能力不断提升，城市与城市之间、城市与乡镇之间、运输方式之间衔接更加顺畅，绿色智慧安全物流发展迈上新台阶，基本构建起系统完善、集约高效、协同共享的物流支撑体系，使货运物流高质量发展成为推动国家经济发展的重要突破点、重点的支撑和先导产业。部分学者研究物流高质量发展时也提出相似观点，始终围绕着"绿色、共享、集约、创新"这四个方面展开研究。例如，陈方建（2019）认为物流高质量发展应该包含低成本、高效率、绿色化、高水平四个方面。肖建辉（2020）认为物流高质量发展的表现和特征为绿色高效、创新协调、持续共享等。朱耿（2019）认为物流高质量发展六大维度中包括物流产业集聚、协同和融合、智慧应用和管理、生态环境等。因此，结合物流高质量发展相关政策和文献，提出"优化绿色示范工程、物流资源协同共享、组织模式集约高效、创新模式广泛应用"四个方面作为货运物流高质量发展目标。

（1）优化绿色示范工程。不断推进城市绿色货运配送的示范工作，加大推广绿色配送能源的使用力度，积极推动城市现代物流节能减排，进一步完善货运车辆适用的充电桩、加氢站等相关配套基础设施布局规划建设等工作，加快推广新能源、清洁能源货运物流车辆在城乡货运配送中的应用。

（2）物流资源协同共享。加大相关物流部门协作，探索物流一体化协同机制，推动物流节点共建共享共用。对内城市物流与农村物流共享物流货运资源，鼓励物流企业提高配送的规模化和协同化水平，建立快速便捷的城乡配送物流体系。对外简化货运物流审批手续，争取达到开放共享的现代物流体系。

（3）组织模式集约高效。加大城乡物流配送网络信息平台建设力度。在城市与农村建立物流共同配送网点，共同配送、集中配送、多式联运等组织方式得到推广应用。加快构建集约高效的物流配送信息链，整合物流信息资源，促进物流信息的高度匹配。

（4）创新模式广泛应用。加快关键货运物流技术装备的研发应用，提升物流信息化和智能化水平。鼓励创新物流运作模式和支持应用先进的物流运输组织模式，提高物流运作的组织化、网络化水平。

3.1.3　货运物流高质量发展思路

货运物流在国民经济中具有基础性作用，在国际化、集约化、信息化、智慧化等方面迅速发展。为促进货运物流高质量发展，需在农村物流和城市配送方面发力[1]以及以多式联运为切点[2]。魏际刚[3]表示货运物流高质量发展应推动货运物流国际化，推动货运与快递、配送融合发展，发展绿色智慧货运物流，支持多种运输方式开发合作，发展多式联运。综上所述以及根据物流高质量发展相关政策和相关文献，探索出货运物流高质量发展思路是要立足于"绿色、共享、集约、创新"发展目标，以高质量发

① 积极贡献商务力量，奋力助推全面小康 [EB/OL]. 中华人民共和国商务部，2021–08–23.
② 北京（香山）国际物流论坛 [EB/OL]. 人民网，2018–12–21.
③ 推动现代物流业高质量发展应从哪些方面着力 [EB/OL]. 中国网科技，2022–07–04.

展为主线，以货运与物流深度融合为核心，将农村物流、城市配送、多式联运三个视域货运物流高质量发展战略统筹联动，着力推动货运物流绿色高效、开放共享、集约高效、协同创新。因此，充分考虑货运物流高质量发展战略机遇，结合对现状问题和面临形势的判断，从"一根主线、两者结合、三大视域、四条路径"全面展开货运物流高质量发展研究（见图3-2）。

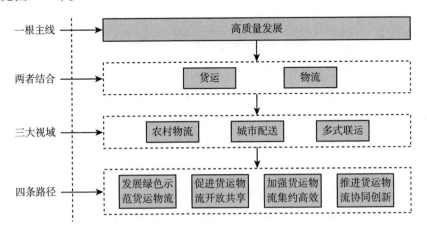

图3-2　货运物流高质量发展思路

一根主线，即以高质量发展为主线。"十四五"规划及众多关于高质量发展的政策中均提到推动物流高质量发展，是增强实体经济竞争力、构建现代化经济流通体系、实现物流产业自身转型升级的迫切需求。物流高质量发展不仅是经济高质量发展的重要内容，还是经济高质量发展的重要驱动力量。因此，货运物流高质量发展始终围绕着高质量发展展开研究。

两者结合，即货运与物流相互融合。货运，主要指货物通过运输载体从一个地点运送到另一个地点。物流，一个控制货物和信息的系统，货物从供应方开始经过中间各个环节的流转最后到达最终消费者手中的实体流动。董千里（2010）提出货运物流是有机融合货运与物流的功能，用物流高级化发展的理念组织货物运输过程。货运物流是商品流通的必要手段，是区域间重要的经济连接枢纽，在保障国民经济高质量发展、促进流通经济中，发挥着重要支撑作用。据统计，2021年，我国公路货运完成营业性货运量 391. 39 亿吨，铁路货运量达 47.7 亿吨，集装箱铁水联运量 754 万标准箱①。王先进（全国政协委员、交通运输部科学研究院副院长）提到货运物流业是我国经济发展的血脉系统，属于基础性、服务性和先导性产业②。因此，货运与物流不但是高质量发展的两个重要方向，两者的相互结合也始终贯穿于货运物流高质量发展的研究内容。

三个视域，即农村物流、城市配送、多式联运。在货运物流高质量发展中，需要农村物流、城市配送、多式联运的高效发展。农村物流的高效发展，推进了农业、供销、交通运输、商务、邮政快递在农村地区的融合发展，有利于农产品的生产与销售，加强农村信息化发展。城市配送的高效发展，以货运配送枢纽建设为基础，促进城市绿色货运配送体系的构建，有利于城市配送与干线运输的高效衔接、缓解交通拥堵、城市可持续发展、物流降本增效。多式联运高效发展，充分发挥各种运输方式的整体运行效率和组合优势，为加快建设交通强国和构建现代综合交通运输体系提供有力支撑，也是货运物流服务的高级发展形态。因此，在高质量发展中，必须从农村物流、城市配送、多式联运三个视域展开研究，探讨三个视域在货运物流高质量发展中的有效发展路径与措施。

四条路径，即发展绿色示范货运物流、促进货运物流开放共享、加强货运物流集约高效、推进货运物流协同创新。根据梳理相关政策文件，结合目前存在的发展不平衡、排碳高、智能创新程度低、成本高效率低、基础设施短板等货运物流发展问题，围绕着"绿色、共享、集约、创新"四个方面，为实现货运物流高质量发展，有针对性地提出有效路径。国家高度重视货运物流高质量发展建设，发展绿色物流，推动物流组织集约高效，降低能源消耗和污染排放。共同配送、多式联运新模式的发展，将有利于促进货运物流基础设施、管理系统、信息网络和标准规范之间的协同互通，推动各类物流分散资源和要素之间的有效配置，促进整个物流产业链上各种模式、主体和环节的有效整合，也有利于推动缩短物流周期、降低无效成本、提高货运物流服务效率。

①　资料来源：《2021 年交通运输行业发展统计公报》。
②　发挥好货运物流基础支撑作用［N］. 经济日报，2022 – 7 – 4.

3.2　实践路径

通过梳理物流高质量发展相关文献，发现目前物流高质量发展路径研究成果较为丰富。张博（2020）提出物流高质量发展应该通过促进构建城乡一体化网络体系和开放共享的物流经营体系，提升物流信息化水平。肖建辉（2020）认为物流高质量发展有九条路径，包括技术创新、物流产业集聚、智能技术广泛应用、物流集约化、推动物流系统改革、发展绿色物流等。王微（2019）认为物流高质量发展应该提升物流互联互通能力和物流服务能力，增强物流创新新动力。李晓丹（2018）提出物流高质量发展的途径有健全物流法制机制、强调物流创新和推广物流绿色发展。董千里（2020）认为物流高质量发展可以从技术创新、组织网络、服务升级等方面进行。基于以上文献，为切实推动货运物流高质量发展，降低货运物流成本，提高货运物流效率，货运物流高质量发展路径应该主要体现为绿色环保、产业集聚、开放共享、智能创新。货运物流高质量发展需要统筹协调好物流网络体系建设和物流组织模式优化、物流资源开发和资源保护、物流资源共享和物流资源创新等之间的关系，从发展绿色示范货运物流、促进货运物流开发共享、加强货运物流集约高效、推进货运物流协同创新等路径共同发力。因此，根据货运物流高质量发展目标和发展思路以及梳理的相关文献和政策，就贯穿货运物流高质量发展的三大视域，四条路径的内容进行重点阐述。

3.2.1　发展绿色示范货运物流

绿色示范是货运物流高质量发展的价值导向。交通运输协会会长胡亚东提到，"双循环"新发展格局为物流行业高质量发展带来了新机遇①。根据国家统计局数据，交通运输、仓储和邮政业的能源消费量由 2011 年的约 2.97 亿吨标准煤，增长增至 2019 年的 4.39 亿吨标准煤，占我国能源消费

---

① 第八届中国国际物流发展大会［EB/OL］. 河北省人民政府网，2021 – 10 – 21.

总量的比例由 6.50% 提升至 9.01%①。因此，降低物流能耗，发展绿色物流将会成为物流行业高质量发展的主方向。在农村物流视域，农村物流趋向绿色低碳化发展，对实现我国"双碳"目标有着重大意义，也是实现低碳可持续发展目标、顺应绿色物流新时代要求、实现经济绿色健康可持续发展、降低物流业环境风险的重要举措。例如，山东省政府利用新能源汽车实现村村通快递②。推动绿色低碳物流发展，积极加快构建循环型绿色物流体系，持续发挥循环经济效益在物流过程中的应用。在城市配送视域，根据首批绿色货运配送示范城市积累的城市绿色配送经验，从城市绿色货运配送枢纽设施总体规划、制定城市绿色配送企业考核管理办法、进一步优化配送车辆交通管制政策、建立城市货运配送公共信息平台等方面，推广适应货运物流高质量发展的城市绿色货运配送组织模式、支持新能源车辆的更新改造等方面制定城市配送绿色高效发展路径。在多式联运视域，系统搭建绿色多式联运体系。不断推动绿色交通基础设施建设，将绿色发展理念贯穿多式联运基础设施规划建设的全过程。推进多式联运运输绿色低碳转型，大力推广货运物流新能源、清洁能源的广泛应用，鼓励构建清洁能源体系，加强对碳排放的控制，设置碳排放奖惩机制，同时推广高效、节能、环保的快速转运装卸设备的应用，推动多式联运绿色发展。

3.2.2　促进货运物流开放共享

开放共享是货运物流高质量发展的发展手段。交通运输部总工程师徐亚华建议，坚持开放共享，加快构建现代国际物流供应链体系，充分发挥国际物流保障协调工作机制的作用，加强顶层设计，立足综合交通运输体系，开展国际物流供应链先行先试工作，培育壮大具有国际竞争力的现代物流企业，完善国际物流通道网络，提升国际货运的服务能力，强化国际物流供需对接，保障国际物流供应链安全、高效运行③。在农村物流视域，

①　2021 中国统计年鉴 [M]. 中国统计出版社，2021.
②　山东省邮政和快递服务业转型升级实施方案 [EB/OL]. 山东省人民政府办公厅网，2016 - 08 - 16.
③　第八届中国国际物流发展大会 [EB/OL]. 河北省人民政府网，2021 - 10 - 21.

积极推动货运物流配送企业联合或借助第三方企业设置共同货运物流服务网点，引导货运物流企业与超市、电商平台、农户合作；加快布局城乡一体化配送网络，积极推进共同配送组织模式；充分利用乡村自有资源，将农村现有富余的人力和运力资源加入到物流配送体系中。在城市配送视域，合作共享是城市配送绿色高效发展的重要体现，合作共享的途径包括整合城市配送模式，构建共同配送平台，有效实现物流数据共享；鼓励多部门的通力合作，制定货运物流企业考核制度，组织开展多种形式的督导检查，制定城市配送标准规范，明确城市配送各个环节的监管和责任界限，提升城市配送服务水平。在多式联运视域，构建统一的多式联运信息平台体系，搭建物流在多种运输方式、物流各环节的信息桥梁；创造集约高效的数字化班列，完善与沿线国家多种运输方式、海关、检验检疫等信息系统的信息共享和电子数据交换，提高物流运行效率。

3.2.3 加强货运物流集约高效

集约高效是货运物流高质量发展的重要体现。在农村物流视域，构建农村物流信息平台体系，推广农村物流服务品牌，着力推动"交邮"融合发展，整合物流企业运输资源，增加物流节点的服务功能，提升资源的利用效率。例如，交通运输部组织深入推进农村客货邮融合发展[①]，遴选了辽宁盘山"村村通公交跑活城乡快递产业"等9个村进行试点工作。在城市配送视域，推进货运配送通道和网络体系建设，打通城市与农村的配送通道；加快货运物流配送基础设施建设，对新能源汽车及充电设施进行集中动态化管理；加强建设城市货运配送信息服务平台力度，不断整合城市绿色货运和物流资源，实现货运物流市场集约高效，提升城市配送运行效率；统一末端配送设施管理，推广应用末端资源共享配送先进模式。在多式联运视域，建立多式联运业务规范，加强一体化组织中多种运输方式之间货物交接、合同运单、信息共享等方面的系统对接和统一标准化；建立多式联运信息系统，整合货源、运输、数据文件和金融等信息服务；完

---

① 资料来源：《2021年推进农村客货邮融合发展工作方案》。

善货运枢纽集疏运功能，促进货源与公铁空等运力资源有效匹配，降低车辆等载运工具空驶率。

3.2.4 推进货运物流协同创新

协同创新是货运物流高质量发展的重要途径。根据相关数据显示，中国智慧物流市场规模在 2020 年近 6000 亿元，预计到 2025 年中国智慧物流市场规模能够达到万亿元①。人工智能、大数据平台等智慧产品广泛应用于货运物流中的运输、装卸、包装各个环节，科技创新不断为货运物流服务降本增效，提高质量。在农村物流视域，依托云计算、大数据、物联网等技术，推动农村物流数字化、智能化改造，不断完善农村物流信息网络；推广现代农产品加工技术、提高农村物流在农产品运输方面水平、改进物流包装技术等，改善农村物流技术水平。在城市配送视域，借助互联网信息网络平台，科学规划城市共同配送、集中配送等网络体系，创新性优化城市配送路径；建立以规范化、标准化城市配送车辆为主体的城市货运配送体系，更新一系列专业化、智能化、标准化、环保型的货运配送物流设备，大力支持新能源配送车辆研发创造，提升技术创新能力，推进新型物流配送设施设备的商业化应用；建立城市货运配送需求调查预测体系，深化新能源配送车辆通行便利政策，推进城市绿色货运配送车辆通行和停车便利创新政策。在多式联运视域，建立"互联网＋公铁空联运"新模式。通过将互联网 O2O 电子商务服务与公路、铁路、航空运输相结合，实现货物运输线上线下对接的智能化管理；优化铁路班列运行组织方案，探索开行国内货运班列和"点对点"向"枢纽对枢纽"转变；依托中欧班列（长安号）的全网物流优势，创造更好条件承接国内外加工贸易产业转移，推动运贸产一体化发展。

---

① 2025 年中国智慧物流市场规模将超万亿元［EB/OL］．人民网，2018－01－09.

NO 2

多式联运篇

第 *4* 章

多式联运快速持续发展理论基础

多式联运通过统一的运输服务组织，实现运输组织一体化，对充分调动运输资源、提升运输服务水平、提升经济综合效益等具有显著作用。本章首先对多式联运的系统构成进行剖析，厘清系统基本框架与系统组织形式，从宏观与微观层面识别影响多式联运发展的十条要素，并基于经济可持续、生态可持续、社会可持续方面剖析多式联运快速可持续发展的逻辑，提出多式联运快速可持续发展的体系框架，包括目标、建设维度、原则等方面。为后续对多式联运发展现状的问题分析及发展策略的提出奠定研究基础。

4.1 多式联运系统构成

多式联运是指由两种及两种以上的交通工具相互衔接、转运而共同完成的运输过程，包括公铁联运、公水联运、铁水联运、海空联运等多种形式，是一种高效的货运组织方式，通过一个统一的运输服务组织者，实现运输组织一体化，利用现代信息技术、金融服务等组织手段，促进运输交易透明化和便利化，将多种运输方式高效衔接和精准匹配，提供"门到门"完整运输服务。

多式联运实行"一票到底"，通过"一个主体、一份合同、一次托运、一次计费、一份单证、一次保险"即可完成货物的全程运输，核心内涵包括三个方面：一个组织主体；多种运输方式，即使用两种或两种以上运输方式；全程服务组织，实现"一票到底"。多式联运对于充分利用运输资源，促进各种运输方式合理分工，提高一体化运输服务水平，降低运输交易成本和社会物流成本，促进交通运输绿色发展，提升经济社会综合效益与产业竞争力等，均具有显著作用。

组成要素与运作结构共同构成多式联运系统的基本架构。多式联运系统组成要素主要包括组织主体、基础设施、技术装备、标准规范、组织平台和政策体制；运作结构主要包括货运种类、运输方式和空间尺度等不同子系统结构。多式联运系统基本框架如图 4 – 1 所示。

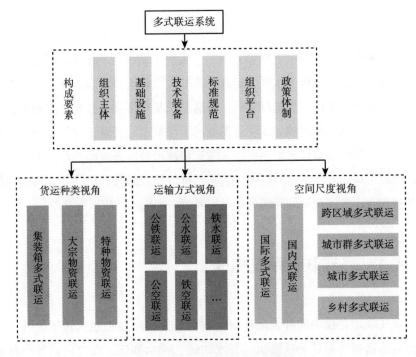

图 4 – 1　多式联运系统基本框架

多式联运作为高效的货物运输组织方式，强调通过各种运输方式合理分工与衔接，实现货物全程一体的高效流转。其主要的构成要素包括：多式联运经营人、发货人、契约承运人与实际承运人、收货人、多式联运合同、多式联运合同单据、货物，涉及公路、铁路、水路、民航等多个交通运输领域，组织形式主要包括铁水联运、公水联运、公铁联运、公空联运和铁空联运等，其系统构成如图4-2所示。

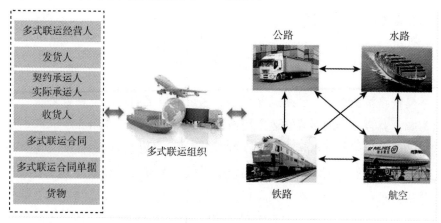

图4-2　多式联运系统组织形式

4.2　多式联运影响要素分析

通过对国内外多式联运发展历程及相关研究进行分析，尤其对我国多式联运发展历程及发展现状进行总结，多式联运系统发展的关键影响要素主要包括：标准化体系、基础设施建设、法律法规体系、市场格局、经营主体、部门联动机制、服务规则、经营管理模式、信息平台建设、联运主体协同机制等，如图4-3所示。

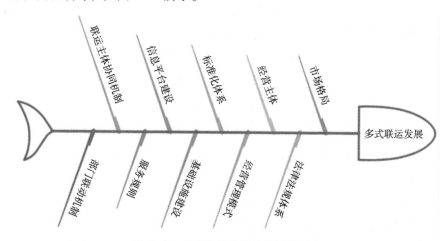

图4-3　多式联运发展关键影响要素

4.2.1 宏观要素

1. 市场格局

受铁路系统封闭、公路过度竞争、水路区域垄断、航空建设迟缓等要素影响，竞合融合的多式联运市场格局尚未形成。一是铁路在多式联运市场中的主导作用发挥不足，缺少竞争机制引入，铁路运输企业缺乏运营自主权，铁路定价对市场供需关系响应不灵敏，运输组织和服务水平与货主高品质要求存在差距，在多式联运产品的时效性、稳定性、经济性上缺少吸引力。二是公路货运不同程度存在超限超载、疲劳驾驶、违规改装等问题，劣币驱除良币现象普遍，抢夺了适合多式联运的中长距离市场。三是部分港口出现利用自身资源垄断运营、逆市场化的迹象，圈子外企业在港口用地难、进港难、经营难，扰乱了市场自由竞争。四是航空物流与发达国家差距较大，基础设施和服务产品建设均存在短板。

2. 法律法规体系

我国交通运输领域初步形成了较为成熟的法律法规体系，已颁布《中华人民共和国铁路法》《中华人民共和国民航法》《中华人民共和国公路法》《中华人民共和国道路运输条例》《中华人民共和国海商法》《中华人民共和国国际海运条例》等法律法规，明确了各种单一运输方式的法律地位，对相关方的权利、义务、责任构成较强约束。然而，在综合运输领域，尚不存在任何法律法规，造成多式联运在规划布局、投资建设、运营管理等方面缺少法律依据，多式联运经营人法律地位及各方法律关系尚未清晰界定，内贸多式联运运单推进较为迟缓。"一次委托、一个费率、一单到底、全程负责"的多式联运服务缺少法律固化，若发生货物损毁或灭失，企业间只能根据签订协议负责，存在较大的风险。

4.2.2 微观要素

影响多式联运发展的微观要素主要涉及主体要素、技术要素以及管理体制等方面。其中主体要素包括经营主体和经营组织模式：

1. 经营主体

多式联运经营人是组织实施多式联运业务的主体。一方面，国内能够提供一体化运输组织、一站式便捷服务、承担全程责任的多式联运经营人较少，多式联运经营人规模化、网络化、专业化运输组织能力较低，能够提供的适合复杂供应链的多式联运解决方案趋同，"品牌"效益尚未形成。另一方面，国内多式联运市场集中度较为分散，运输仓储、货物处理、供应商与客户信息等各类资源广泛分布，多式联运经营人跨方式、跨区域、跨国境资源整合能力较弱，在供应商选择、服务议价、仲裁纠纷、信用担保等方面尚未发挥有效作用，国有企业多式联运实质创新不足，深度合作较少，大多停留在框架协议层面；民营企业在干线运输市场中参与度低、话语权小，缺少良好的资本合作渠道。

强有力的组织主体是打通联运各环节、协调各参与方、实现多式联运高效运转的核心关键。当前我国运输市场主体结构失衡，铁路领域过度垄断，公路运输市场极度分散，第三方中介代理参差不齐，致使各方式主体之间缺乏组织对话、平等合作的基础条件，国内能够真正提供全流程组织服务的多式联运承运人严重匮乏。要立足国际视野，充分发挥政府和市场各自作用，围绕培育形成具有国际国内全流程组织串接功能、能够真正提供"一票到底"和"全程负责"服务的多式联运组织主体，加快调整运输主体结构，完善运输市场体系。重点发挥政府引导作用，切实推进铁路市场化改革，提高公路运输市场集中度，创新性培育多式联运承运人、代理人。重点鼓励和支持有箱承运人发展，即自己拥有集装箱的第三方承运人，以自有箱为单元载体，推进全程运输链以及物流链的高效可视化组织。

2. 经营管理模式

多式联运经营模式主要有三种，独立经营方式、两企业之间联合经营方式以及代理方式。多式联运运营模式创新，有利于提升一体化组织和专业化服务水平。一体化的经营模式，有利于加快发展陆空联运，节省联运货物在途时间，更大效率地避免能源浪费。同时，积极培育多式联运经营主体，引导运输企业探索创新多式联运全程组织模式，支持铁路运输企业与公路、水路运输企业组建各种形式的经营联合体，鼓励联运参与方以资产为纽带、集中核心资源组建龙头骨干企业有利于促进多式联运企业规模化、集约化发展。

技术要素包括标准体系、基础设施建设和信息平台建设方面的影响要素。

3. 标准化体系

我国多式联运专业标准主要涉及装载设备、场地设施、运营服务和统计评价等。

首先，多式联运装载单元主要包括集装箱、周转箱、半挂车等，但我国运载单元的厢式化和标准化程度较低，各标准体系依据运输特点进行了技术变动，导致铁路运输的专用集装箱不能直接投入海运，如铁路注重单箱载货平衡，而海运注重整船装载均衡等。其次，港口、铁路货场、公路集散中心等货运枢纽是多式联运的基础设施，但各货运枢纽的建设规模和布局功能有所差异，难以实现公路、铁路、海运等多种运输方式的无缝衔接，造成多式联运"最后一公里"和"最后一厘米"问题难以解决。如在2016年，武汉沿长江的17个港口中，仅有6个与铁路接轨。此外，我国多式联运的票证单据没有完全统一，货物在转换运输方式时也需更换联运单证，增加了货物换装时间①。

多式联运涉及多种运输方式、多项流转环节、多个业务领域，国际多式联运还涉及多个国家和地区，不同国家、地区、领域、方式、环节都有独立的运转规程和相关标准。构建高效多式联运系统，必须衔接各方式、各环节、各领域以及各国家、各地区的组织规则、流程、标准等。对接国际通用标准，重点完善国内多式联运相关规程和标准，加快统一铁路、水运、公路等货品货类。加快推进运输单据标准化和电子化，围绕"一带一路"建设，研究设立符合我国实际、部门互认的多式联运提单，重点研究

---

① 张利，赵守香，张铎. 我国多式联运存在问题及发展策略 [J]. 现代管理科学，2020（2）：62－64.

推进铁路运单"提单化"。完善统计体系，分类细化国际国内多式联运相关数据和指标。与国际组织机构对接，加快推进国际运输便利化。

4. 基础设施建设

基础设施方面，多式联运将主要依托港口、大型铁路货站、枢纽机场、公路货运枢纽等交通枢纽设施，建设多式联运型物流园区或综合货运枢纽，在大型物流园区内建设专业化的集装箱、半挂车的多式联运转运站，加强不同运输方式场站间的衔接，进一步完善多式联运基础设施。

对于基础设施建设，首先，要统筹规划布局国家多式联运枢纽，加强各种运输方式基础设施的规划衔接，完善铁路物流基地、物流园区、港口、机场等联运服务功能。其次，加快推进港口、物流园区、工矿企业铁路专用线建设，根据港口实际需求，推进铁路临港站、港前站建设，打通铁路"最后一公里"。最后，要研究制定多式联运枢纽建设条件、布局方法、运行评估等标准，跟踪监测全国多式联运枢纽运行状况，逐步建立对枢纽规划、建设、运营、管理、废弃等全生命周期管理机制。

5. 信息平台建设

多式联运不仅是公路、铁路、海运、空运等不同运输方式的结合，同时还涉及仓储、运输、装卸、搬运等不同环节，因此良好的信息平台是实现货物转运和调度的保障。我国港口、铁路站场、公路集散中心等货运枢纽虽然拥有相对完善的信息系统，但各信息平台之间的协调性较差，货物运输各阶段的信息难以实时共享，物流企业、海关、检验检疫等不同的业务系统也无法有效衔接，不仅增加了货物追踪难度，也极大浪费了运力。同时，我国许多地方对外开放口岸尚未建立起与国外、国内省市之间的信息共享平台，出现了"信息孤岛"现象，货物运输信息的实时交换更为困难。

管理体制方面的影响要素包括服务规则、部门联动机制以及联运主体协同机制。

6. 服务规则

以交通强国建设为契机，研究建立更加完善的多式联运服务规则。一是推动《中华人民共和国交通运输法》《中华人民共和国多式联运法》《中华人民共和国综合交通运输枢纽条例》等研究立法工作，早日实现多式联运有法可依，为多式联运支持政策的制定提供法律支撑；二是加快研究制定多式联运标准规范，进一步完善各种运输方式在设施设备规格尺寸、信息系统数据接口、货物到发手续流程、全程运输责任划分等方面规则的衔接统一；三是加快研究制定内贸多式联运运单，以国家多式联运公共信息系统为依托，推广"一单制"服务方式。

7. 部门联动机制

一是建立健全并落实部与部管国家局之间的职责关系和工作运行机制，适时建立跨部门多式联运常态化会议机制，做好多式联运发展协调工作，择机成立多式联运日常工作执行机构，负责开展全国多式联运日常调度、调查研究、创新引导、市场监管、政府补助等相关工作；二是强化部门间、部省间、政企间协同联动机制，凝聚各方合力，共建共享多式联运发展成果；三是推进"放管服"纵深改革，精减多式联运企业办事流程，全面推行"双随机、一公开"监管方式，打造服务型政府部门。

完善交通运输部与铁路、民航、邮政等国家局在多式联运标准化工作中的协调机制，按照部标准化管理委员会工作规则，统筹协调衔接各种交通运输方式标准和各领域标准工作重大事项。加强不同运输方式间的标准衔接，重点加强多式联运运载单元、载运工具、场站设施之间的标准协调。建立多式联运标准化工作联络机制，加强与全国物流、国际货运代理、海关等标委会的沟通协调。

8. 联运主体协同机制

在多式联运系统中，市场主体多元化，利益关系复杂，尚未形成跨部门、跨政府、跨行业的多式联运协同发展机制，"一单制"便捷运输依旧困难重重。目前，多式联运部门分割、政出多门，且各运输部门擅长"单兵作战"，彼此之间联动作用较弱，难以发挥各运输方式的比较优势以实现协同发展。比如在铁路运输方面，无论是调车还是出现问题需协商时，总是存在扯皮现象，严重影响了多式联运的运营效率。

另外，标准化投入、标准宣传以及人才队伍建设也是多式联运发展不可或缺的关键要素。其一，强化政府对多式联运标准体系建设的经费支持，拓宽标准制修订经费渠道。争取财政资金对多式联运行业标准和地方标准的大力支持，同时加强与企业、协会联盟合作研制标准，积极探索多元化经费投入，引导社会加大对标准化的投入。其二，充分利用网络、广播、报刊等多种媒体，宣传多式联运标准，扩大多式联运标准的影响力。加强多式联运标准的宣传，组织开展政府部门、企事业单位、中介机构人员的多式联运标准培训，营造重视和自觉遵守标准的良好氛围。此外，多式联运标准体系的建设，需要大量精通铁路、公路、水路、民航、邮政等领域标准化理论和实践的复合型专业人才，建议在政府主管部门领导下，高校、科研单位、企业携手培养专业人才，建立高素质的人才队伍。建立标准化从业人员上岗培训、考核制度，大力推动多式联运标准化人才与国际标准化先进机构交流互动。

4.3 多式联运快速可持续发展内涵

4.3.1 降本增效，遵循经济可持续逻辑

经济可持续发展的要义是在保持自然资源的质量及其所提供服务的前提下，使经济发展的净利益增加到最大限度。在多式联运领域，经济可持续意味着价格合理、运行高效，有多种运输方式可供选择，既允许竞争的存在又能平衡地区发展差异，实现多式联运与经济发展相互促进，实现协调一体化发展。作为便捷、高效、经济的运输组织服务，多式联运与生产方式、消费模式创新紧密相关，为提高经济发展质量和效益提供重要支撑。多式联运降本增效的路径有以下几点。

第一，多式联运有利于丰富运输供给，降低运输成本和交易成本，提高系统效率。货物的运输全程用到超过两种运输方式，这些运输方式分段运行，相互之间衔接，以保持运输的连续性。一方面，相对于传统运输方式而言，多式联运"一票到底"的运营模式可以减少中间环节、优化物流

运力与运输流程，与单一的卡车运输相比，长距离运输过程中，多式联运的综合运费更低；另一方面，以集装箱为单元、自动化的装卸流程，既有利于保护货物，降低货物损坏率、货物包装理货成本，减少货物库存量和库存成本，也有利于提高运输质量与经济效益、降低事故率。因此多式联运逐渐成为促进交通运输业向现代物流业变革转型的关键要素。以入选国家第二批多式联运示范工程名单的环渤海鲁辽公铁水滚装联运项目为例，通过公水联运，将烟台与大连的运输距离从 1500 公里缩短至 165 公里，可为用户节省运输成本约 20%，提升时效近 12 个小时，有效提升了物流效率①。

第二，畅通供应链，完善产业链，打造系统化产业组织优势和服务衍生优势。一方面，国内大循环不仅仅是面向消费者的供应链体系，还有面向生产者的供应链体系，这往往需要通过多种运输方式把大宗原材料从开采地运输到生产地、把制成品从生产地运输到消费地。在整个供应链中，运输物流链是供应链的基础，运输链又是物流链的基础，多式联运使得运输效率提升，运输效率的提升又进一步促使供应链的运营效率提升。另一方面，多式联运激发沿线产业发展新功能，是促进我国物流业降本增效的重要突破口，也是畅通产业循环、整合"双循环"纵横交错"经济线"的重要抓手。伴随货物要素的空间流动，运输线沿线会形成物质高度聚集、技术高度聚集、产业高度聚集、市场高度聚集、人力高度聚集、资金高度聚集的产业经济带。当聚集达到一定程度，将会向经济腹地或周边地区扩散，促进区域经济产生辐射效应、推动区域经济发展。

第三，依托运输组织与运输规则，通过牵引运力、货物在空间上的移动与分布，多式联运对于影响要素跨区域流动、拓展经济辐射和区域发展空间有重要影响，是助推开放型经济建设的重要支撑。通过加快以中欧班列、海铁联运为代表的多式联运发展，深化与周边国家和地区基础设施的互联互通以及一体化便利运输，有利于加快构建全方位、多渠道的国际多式联运服务网络，促进国际产能合作和贸易便利化往来，提升我国在国际供应链体系中的话语权和影响力，推动我国产业向全球价值链高端跃升，加快形成物流通道与产业带、经济走廊融合互促的发展新格局。

① 多式联运助力实现"双碳"目标 [EB/OL]. 新华网，2022 - 1 - 21.

4.3.2　助力"双碳"，发挥生态可持续优势

生态可持续发展强调在满足人类物质、能量需求的同时保持环境质量，对自然资源开发利用的强度与排放的废弃物应在环境承受能力范围内，使生态系统通过自我调节能力与环境自净能力，恢复、维持生态系统的平衡、稳定与正常运转。据国际能源署数据，2020年，交通运输是全球碳排放仅次于能源发电与供热的第二大领域，也是降低碳排放较难的领域之一[①]。结合国际经验，对于大规模物资长距离运输，多式联运是有效降低碳排放水平、绿色高效的运输解决方案。

第一，多式联运有利于降低油耗量。从能源消耗量结构来看，公路运输的柴油货车在运输领域油耗较高，而铁路运输运用电力牵引，相较公路运输可以减少柴油、汽油的使用。例如，与长途运输的货车相比，火车使用的柴油较少，一列火车用一加仑柴油就能将一吨货物运送450英里[②]。因此，多式联运属于非能源密集型运输方式，在控制运输领域碳排放强度稳步下降及用能结构持续优化的进程中扮演关键角色。

第二，多式联运能够减少环境污染。以燃烧汽油和柴油为主的公路货运车辆排放的尾气中含有对环境有害的物质：如一氧化碳、碳氢化合物、柴油机排放的颗粒物等；氮氧化物和二氧化硫破坏区域大气质量；二氧化碳和甲烷造成全球温室效应。汽车尾气在大气中与水化合形成的酸雨会使大范围内的动植物受害，同时也会损坏古建筑和雕像，并且会产生光化学烟雾。汽车废弃的机油、柴油渗入土壤和水体中，也不可避免地会造成环境污染。此外，由于公路往往与居民区紧密连接，频繁的公路货运易产生噪声污染。而多式联运的长途运输以铁路为主，运用电力牵引减少了气体排放带来的环境污染；同时铁路多建于城市非人口密集区域，减轻了噪声污染对城市居民的生活影响。

---

① 可持续交通助力可持续发展——第二届联合国全球可持续交通大会综述 [EB/OL]. 人民网，2021 − 10 − 18.

② 李政，孔玲. 我国交通运输业低碳发展策略探讨 [J]. 综合运输，2022，44（7）：43 − 46，51.

第三，多式联运具有节约资源优势。技术与装备的升级促进跨区域、跨运输方式的货物集装箱循环、托盘共用，从而节约了包装物料、实现了资源集约；港站枢纽绿色化、智能化的转型趋势节约了电力、燃力、水等资源；响应环保要求建造绿色港站枢纽，助力打好重污染天气消除攻坚战、臭氧污染防治攻坚战，有利于大气面源和噪声污染治理；同时标准化、规模化的运输流程避免了超载对道路基础设施的破坏，为人与物的安全保驾护航，防止造成巨大经济损失。

在实现交通运输业"碳达峰、碳中和"目标进程中，将长途公路货运转移至集装箱多式联运，提升多式联运比例，是顺应生态可持续发展要求、遵循自然生态和谐共生原则的重要措施，也是加快建立绿色低碳交通运输发展体系、推动交通运输体系绿色化转型的重要路径。源于此，我国大宗货物中长距离运输的"公转铁"模式加快推进，集装箱铁公联运、水铁联运和水水中转比例逐渐提升，小宗货物"公铁空"联运模式持续推进，交通运输结构不断优化调整。

4.3.3　以人为本，践行社会可持续原则

社会可持续发展强调在不超出生态系统涵容能力的情况下，改善人类的生活品质，以"人"为中心，以满足人的生存、享受、康乐和发展为目标，解决物质文明和精神文明建设的共同发展问题，要求多式联运系统能满足个人、团体和社会的特定运输需求，维护人类健康和生态平衡。为实现社会可持续发展目标，多式联运充分发挥多种运输方式的整体优势，为货主提供无缝衔接的"门到门"运输服务，在改善社会公平健康、促进服务水平与运输效率提升等方面发挥重要作用，代表着综合运输的潜在发展方向。

第一，简化运输流程，明确责任范围，提供全方位服务。在多式联运过程中，无论货物运输距离多远，由几种运输方式共同完成，以及运输途中货物经过多少次转换，所有运输事项均由多式联运经营人负责办理。而托运人只需办理一次托运，订立一份运输合同，支付一次费用，购买一次保险，简化了制单和结算手续，避免了办理托运手续的诸多不便，节省了

人力和物力。一旦运输过程中发生货损货差，由多式联运经营人对全程运输负责，与单一运输方式的分段托运、多头负责相比，明确了责任范围。

第二，提升运输速率与便捷性，实现消费者剩余。其一，基于运输速度与便捷性提升的视角，为高效满足特定运输需求，提供更加多样化、个性化的服务，多式联运注重统一的信息服务平台建设，以保障不同运输系统以及物流园区、货运站场之间的数据信息传递。如将数字化、智能化、自动化纳入战略转型范畴，促进大数据、互联网、人工智能、区块链等新技术在多式联运行业的深度融合，着力打造数据平台一体化、基础设施数字化、运输服务全链化的发展格局。其二，自动化的集装箱装卸作业设施、作业流程有利于减少货物在途停留时间，在保障货物运输过程中的高效转接、畅通货运流程、提高综合运输效率方面发挥重要作用。当货主多样化、定制化的运输需求得到高效满足，便实现了消费者剩余，提升了社会福利。

第三，促进关联产业发展，创造社会福利。发展多式联运有利于推动关联产业发展，增加社会就业岗位数量。如集装箱、厢式半挂车等装备的标准化、轻质化需要低碳复合型材料；转运设备、吊装机具等装备的研发应用需要高新技术人才；综合货运枢纽、物流园区等基础设施建设为基建工人提供了就业机会。同时，多式联运的发展有利于促进互联网、物联网、无线射频等技术在运输业的融合应用，助推了社会"万物互联"进程。

4.4 多式联运快速可持续发展的理论框架

4.4.1 多式联运快速可持续发展目标

可持续发展指既满足眼前现实需要，又不对后代人满足其需要的能力构成危害，要求建立起经济、社会、生态三者之间的相互协调关系。实现多式联运快速可持续发展，其内涵是在满足多式联运现有需求、推进多式联运发展的过程中，不断实现自我超越，满足合理利益需要，实现多式联运和经济发展的协调一体化，实现多式联运相关行业协同发展，节约运输资源，改善环境友好程度，尽量消除对环境的影响。

多式联运快速可持续发展离不开城市经济、生态、社会的可持续发展。结合多式联运系统构成体系以及多式联运的主要影响因素，多式联运快速可持续发展主要实现以下层面功能：一是货运物流主体协调统一功能，二是各类交通运输方式联动衔接功能，三是运输资源节约功能，四是市场竞争引导功能，五是环境保护功能。根据这五大功能，可建立起多式联运快速可持续发展的目标体系（见图 4 - 4）。

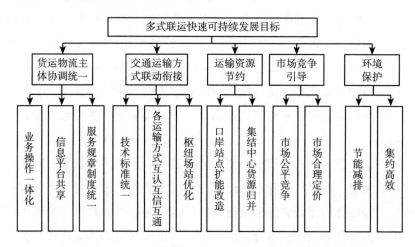

图 4 - 4　多式联运快速可持续发展目标体系

4.4.2　多式联运快速可持续发展原则

多式联运快速可持续发展，旨在按照可持续发展理论使多式联运与城市经济、社会、生态环境之间相互协调，使其发展不断实现自我超越，发挥各种运输方式比较优势和组合效率，深化综合交通运输体系建设，推进多式联运各组成要素高效协同运行。因此，在推进多式联运快速可持续发展时应遵循以下原则。

1. 全方位合作原则

开放包容、共建共享和互利共赢是多式联运发展的基础。多式联运快速可持续发展，将面向多式联运各管理方和运营方、社会组织、相关商贸及金融企业等，围绕多式联运快速可持续发展的目标体系，兼顾各方利益诉求和合作意愿，积极开展全方位、多边合作，加快各交通方式统一协调，促进各参与方在多式联运领域的共同发展。

2. 高质量发展原则

高质量发展将是我国未来经济社会发展的主旋律。受国际国内形势影响，综合交通运输发展必须向集约型、协调性和低碳型转变，以推动综合交通运输发展质量变革。为此，我国已将多式联运上升为国家战略，成为推进物流业降本增效和供给侧结构性改革的重要举措。多式联运快速可持续发展，必须坚持高质量发展原则，在多式联运产业实践深化和多式联运创新发展方面进行深入探索，以提升多式联运影响力和实现不断自我超越。

3. 多要素协同原则

协同的内因是系统各要素的自组织活动，并通过建立各要素的协同体系来实现增值效果。多式联运高效运行，涉及运营各方主体、运输组织、市场资源、运行环境、信息网络、服务创新、绩效评估等一系列要素。通过多式联运各要素协同效应，打造多主体联动、多要素协同、多领域互动的多式联运合作创新生态，破解多式联运发展全链条服务能力不足、运营效率不高和各环节业务协同差的问题，是提升多式联运发展质量、综合运输服务品质，推动多式联运快速可持续发展的关键。

4. 整体性创新原则

创新是建立一种新的生产函数，是关于生产要素和市场条件的新组合，实现新的组织模式。多式联运快速可持续发展，是一项长期而艰巨的任务，需要从整体上加以推动。为此，应树立整体性意识，加强顶层设计，注重多式联运的系统性，权衡多式联运各要素主体的利益诉求和提升多式联运的整体运作效率，积极探索多式联运的运输服务产品创新、运营管理技术创新、组织管理制度创新和组织模式创新，推动多式联运综合运输创新发展。

4.4.3 多式联运快速可持续发展建设维度

1. 经济可持续发展

多式联运和经济的协调发展对货运物流可持续发展起着重要作用。多式联运和城市经济的协调发展能够充分保证资源利用的可持续性。经济指标是企业绩效评价中一项最重要的指标，在多式联运中也同样如此。在推进多式联运快速可持续发展时，应把经济状况看作一个重要因素，运输成本、产品品控、运营管理等方面都应该是经济效益的组成指标，多式联运相关企业应着手控制投入成本，树立成本核算意识，建立统一的成本核算规范。提供价格合理、运行高效、多种运输方式可选择的多式联运服务，既允许竞争的存在又要平衡地区发展差异，不断拓展网络，优势互补，提升服务，加快推进多式联运发展的主导力量向市场转移，不断优化发展市场环境，实现多式联运和经济发展协调一体化，使多式联运作为便捷、高效、经济的运输组织服务，为提高经济发展质量和效益提供重要支撑。多式联运的高质量可持续发展关键在于激发更多市场内生动力，需要广大企业更为深入的产业实践，需要完善以市场价格和服务治理为导向的可持续发展模式。

2. 生态可持续发展

当前，我国经济社会发展的资源环境约束日益严峻，坚持绿色发展已成为我国各领域发展必须遵守的基本底线。交通运输是我国能源消耗和污染物排放的主要领域之一，以石油为主的能源消耗结构将长期存在，节能减排任务艰巨，这就要求加快转变交通运输特别是货物运输发展方式，通过发展集约高效绿色的多式联运，提高运输效率，降低对生态环境的负面影响。同时，依托多式联运一体化组织推动关联领域标准化，提升综合效益。尽管多式联运短期内或许并不能直接减少运输成本，但能够显著降低外部成本，是构建高效运输系统的必由之路。在推进多式联运快速发展过程中，应认真贯彻环境承载力原则、自然资源消耗速率原则、公平性原则、价值性原则，加强生态环境保护投入。在发展交通事业的同时，尽可能减少对生态环境的干扰，并通过交通的发展促进经济的发展，通过经济发展促进环保事业的进步，形成交通、经济与环保相互促进、相互带动的良性循环。

3. 社会可持续发展

在此维度下，多式联运发展应合理布局物流节点，新建具有多式联运功能的综合性物流中心，升级改造既有货场，同时联合社会快递、物流企业共建社会性物流集散网点，形成多级网络节点格局。此外，多式联运发展应努力打造物流通道，使公路、铁路、航空、水运等多种交通运输方式合作，构建国际、国内、省内物流大通道，减少不同运输方式转换过程中的短驳、换装，促进不同运输方式间的无缝衔接。同时，依托各类交通运输方式的技术特性，实现"一站式"通关直达，打通物流转运系统，全力打通连接货运枢纽"最后一公里"的道路设施配套，最终形成集公路、铁路、航空、港口四位一体的立体交通物流体系。持续推进运输结构调整，优化多式联运运输组织，持续深化货运组织改革，强化队伍建设和监督检查等方面，不断推动多式联运高质量发展。

4. 行业可持续发展

多式联运作为高效的货物运输组织方式，强调通过各种运输方式合理分工与衔接，其主要的构成要素包括多式联运经营人、发货人、契约承运人与实际承运人、收货人等，涉及公路、铁路、水路、民航等多个交通运输领域，具有跨方式、跨区域、跨国境等特征和网络化运行、高效化协同和一体化运营的内在要求，追求的是运输全链条、服务全过程的全局性效益最优。各种运输方式协同性不高、各部门联动弱、货物多次装卸、搬运等会导致提高物流成本，价格优势不明显，难以吸引客户。因此在推动多式联运快速可持续发展过程中，统一协调各行业合作关系，实现各行业可持续发展至关重要。在此维度下，要加快研究制定多式联运相关规定，强化不同运输方式之间法规制度的相互衔接与协调，加快完善配套政策支持体系，加大在资金、用地、税收、重组改革等方面扶持力度，组织建立有关部门参加的协调机制。

5. 基础设施建设可持续发展

推动多式联运快速可持续发展，需要加快补齐多式联运基础设施短板，强化不同运输方式基础设施间统一规划、统一设计、同步建设、协同管理。基础设施建设、协调统一的信息平台是实现多式联运的基础，是有效衔接不同运输方式的桥梁和纽带，尤其是通过云计算、大数据等先进技术，分析预测任意流向上运量及各种运输方式的最佳组合模式，能够大大降低物流运输总成本，增加企业竞争力。因此，要加快建设数字政府，推动政府公共信息资源有序开放，加快推进铁路、港口、民航等企业间信息互联共享，强化不同运输方式之间标准规则衔接，积极引导多式联运经营人建立全程"一次委托"、运单"一单到底"服务方式，推动建立接轨国际的标准规则体系。同时，加快智能化设备应用，通过引进、建设智能设施设备，对运输、仓储、配送装备进行升级，实现货物在线调度、自动配送、自动配货，大力提升物流作业效率。

4.4.4 多式联运快速可持续发展体系

基于多式联运快速可持续发展内涵和多式联运快速发展主要实现的五大功能，可以看出在推进多式联运快速可持续发展过程中，应当围绕"一个目标、四项原则、五个维度"构建多式联运快速可持续发展体系框架（见图4-5）。

"一个目标"，即多式联运快速可持续发展目标体系。在多式联运快速可持续发展降本增效、助力"双碳"、以人为本的内涵基础上，围绕市场竞争引导、生态环境保护、运输资源节约、交通运输方式联动衔接、货运物流主体协调统一等方面，提出多式联运快速可持续发展的总体目标。

"四大原则"，即多式联运快速可持续发展建设过程应遵循全方位合作原则、高质量发展原则、多要素协同原则、整体性创新原则，深化多式联运综合交通运输体系建设，推进多式联运各组成要素高效协同运行，使多式联运快速可持续发展推进过程系统化。

　　"五个维度"，即在多式联运快速可持续发展过程中，应当从经济可持续、社会可持续、生态可持续、行业可持续和基础设施建设可持续五个维度，多视角综合分析多式联运快速可持续发展问题，解析多式联运快速可持续发展影响因素和最终实现的具体目标，系统化推进实现多式联运快速可持续发展。

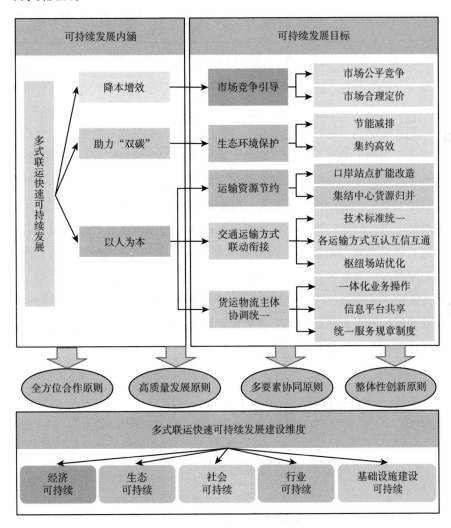

图4-5　多式联运快速可持续发展体系框架

第 5 章

多式联运发展经验借鉴

多式联运是一种高效的货物运输组织形式，对现代物流的发展与降低物流成本起到了重要的作用。同时，多式联运的发展对于我国经济发展也起到了至关重要的作用。本章节采用文献分析法，首先，对国外和国内多式联运发展阶段进行梳理；其次，分别对美国、欧盟和加拿大多式联运的发展情况进行简述；再次，在我国选取山西、天津、江苏、河南四个省市地区为研究对象，对其多式联运的发展现状和做法经验进行分析；最后，针对陕西多式联运发展存在的问题，结合国内外多式联运发展的经验，对发展陕西多式联运提出四点建议。本章明确了国内外多式联运发展现状，探索了国内外多式联运示范工程的先进经验，对后续促进和提高陕西省多式联运的综合发展水平具有重要意义。

5.1 多式联运发展阶段

5.1.1 国外多式联运发展阶段

1. 运输链条延伸，陆桥运输兴起

20 世纪 60 年代以来，随着集装箱在海上运输的不断普及，原有的运输方式开始走向标准化。一些铁路公司为了提高自身的业绩，逐步开始拓展原有的以驮背运输（驮背运输是一种公路和铁路联合的运输方式，货运

汽车或集装箱直接开上火车车皮运输，到达目的地再从车皮上开下）为主的背负式运输业务范围，通过与卡车运输公司展开合作，延伸了集装箱的内陆运输链条，逐步开展铁路箱驳运输业务。1956 年 8 月，密苏里太平洋铁路公司开始在堪萨斯城和圣路易斯之间开展铁路集装箱运输业务，并配备了更多的标准铁路平板车，至此铁路集装箱业务开始逐步发展。20 世纪 60 年代后期，随着铁路集装箱业务的逐步发展，海运集装箱开始更多地出现在铁路上①。太平洋与大西洋之间的贸易需求开始逐步增加，为了增加企业的市场利润，南太平洋铁路公司与海运公司联合开发了一种新的集装箱运输服务。至此，大陆桥运输作为经由巴拿马运河的全水路运输的一种替代方式逐步发展起来，并由此衍生出"小陆桥"和"微陆桥"两种陆桥运输体系，共同奠定了集装箱海铁联运的基础。在这一时期，欧洲铁路注意到了美国集装箱和多式联运的发展。1966 年，在内陆集装箱铁路班列货运网络形成的基础上，英国和比利时之间也开展了海铁多式联运服务，至此海铁多式联运开始在美洲和欧洲逐步发展起来②。

2. 贸易模式转变，运输业管制放松

20 世纪 70 年代，随着亚太地区一些国家外向型经济的发展，欧洲在美国进口贸易中的地位逐步下降，美国西部沿海、中西部以及东部地区的大型城市对远东地区的商品贸易需求快速增长，加之在这一时期集装箱的制作开始趋于标准化，企业的转运难度降低，大陆桥货物运输和海铁联运作为一种高效的运输方式开始在美洲与远东地区逐步得到更多应用。美国政府对运输业管制的放松为多式联运营造良好发展氛围。在这一时期，美国政府为了尽可能减少联邦政府对于私人运输业的干预，消除影响多种运输方式之间协作不合理的体制障碍，颁布了包括《铁路复兴与管制改革法》《斯塔格斯铁路法》《1980 年汽车承运人管制改革和现代化法》等一系列的政策，进一步放松了对于运输行业的管制，从而促进了美国运输业的高速发展，为多式联运营造了良好的发展氛围。

---

① 王杨堃. 现代多式联运的发展及其经济组织 [D]. 北京交通大学，2010.
② 中国多式联运深度研究报告 [J]. 大陆桥视野，2017 (3)：28-37.

3. 经济全球化加剧，运输网络完善

运输网络的进一步完善，使发展多式联运的最大制约——衔接难题得到缓解。20 世纪 90 年代以来，随着经济国际化和全球化的进一步发展，发达国家工业制造业的国际化分工和生产力布局的逐渐调整，原料来源地和商品销售地的范围不断拓展，世界贸易格局进一步变化，亚欧之间、亚美之间的货运需求进一步快速增长，运输链条进一步延伸，国际集装箱运输持续快速发展并进一步推动亚洲国家和地区的多式联运进程。同时，伴随着欧盟成员国就消除贸易壁垒及构建共同市场达成共识和北美自由贸易协定的生效，区域经济一体化趋势逐渐增强，欧盟地区和北美自由贸易区的货运量不断提升。为了能够更好满足全球货物运输的高速增长，物流企业开始逐步构建起完善的物流网络，多式联运运输过程中最大的制约——不同运输方式的衔接难题得到缓解，从而保证了多式联运的效率。至此多式联运成为一种重要的运输方式。

5.1.2　国内多式联运发展阶段

1. 运输结构调整，布局体系形成

我国国际集装箱运输起源于海上，出于外贸件杂货运输与国际接轨的需要，我国在 20 世纪 70 年代末首开上海至澳大利亚航线。随着我国经济的不断发展以及产业结构调整和产品结构优化，适箱货物占运输的比重不断上升，进一步扩大了对集装箱运输的需求，使我国集装箱运输取得了迅速发展。另外，国家有关部门不断加大对集装箱运输的投入，使运输结构得到较大改善，港口集装箱基础设施建设取得了很大进展，合理的港口分工和布局体系正在形成，区域性集装箱枢纽港已见雏形，上海国际航运中心的地位和作用得到进一步增强。沿海和内河支线运输航线发挥重要作用，主要港口干线班轮密度增加，航线配置更加合理，基本改变了外贸集装箱依靠境外中转的局面。随着改革开放和市场经济的发展，越来越多的地区认识到港口对经济发展的巨大作用。许多城市的发展也表明：集装箱运输已成为可贵的经济资源，与资金、信息、人才一样，是促进城市经济

发展的重要动力，是吸引跨国资本和跨国制造业的一个重要条件，也是港口城市参与国际经济大循环的有效途径。

2. 大量口岸开通，多式联运快速发展

根据资料统计，21 世纪初多式联运在我国高速增长。以上海港为例，在 2006 年江海联运量达到了 200 万标准箱水准，占整个集装箱转运量的 9.2%，海铁转运量是 8.4 万标准箱，占集装箱转运量的 0.4%。虽然这个数据显示多式联运量占集装箱吞吐量的比例不是太高，但是从这两年的发展情况看，海铁联运量年均增长 30%，江海联运也超过 20%。尽管在此后受到了全球经济危机的冲击，但是我国的港口集装箱进出量仍然达到 1.3 亿标准箱，这能够为对外贸易的发展奠定基础。随着我国货运量的不断增加，货代行业和国际多式联运行业也得以快速发展。2008 年时我国货代行业企业数量高达 1.35 万家[①]。同时，我国已经开通大量的水运、航空、陆路口岸，这些口岸主要往返于美国内地、西欧内地澳洲内地和日本，还有就是从蒙古国或俄罗斯往返于西欧各国的西伯利亚大陆桥运输线，这些都体现了多式联运非常明显的发展趋势。

3. 多式联运快速发展，双循环格局带来新机遇

"十三五"期间是多式联运快速发展阶段。港口集装箱吞吐量保持平稳，自动化、无人驾驶、新能源等前沿技术引领智慧港口发展。2020 年，铁路集装箱货物发送量 2241.5 万 TEU，同比增长 26.9%，"十三五"期间是中国铁路集装箱发运量增长最快的五年，国家铁路发送集装箱量增长 198.5%。其中铁路 35 吨敞顶箱做出重要贡献，尤其对铁路集装箱增量的贡献率达到 82.6%。中欧班列开行数量逆势增长。2020 年，中欧班列共开行 1.24 万列，同比增长 50%，发运 113.5 万 TEU，同比增长 56%，往返综合重箱率达到 98.3%，通达欧洲 21 个国家 92 个城市。年度开行数量首次突破 1 万列，单月开行均稳定在 1000 列以上。"十三五"期间中欧班列开行量呈现爆发式增长，2020 年班列开行数量是 2016 年的 7.3 倍，班列

---

① 李洋，凡新凯. 国际多式联运在我国的发展趋势及策略 [J]. 物流工程与管理，2018，40 (7)：29－31.

运输货物货值是 2016 年的 6.3 倍①。"十四五"期间依然是我国发展多式联运的重要窗口期，双循环新格局带来多式联运发展新思路。

5.2 国外多式联运发展状况

5.2.1 美国多式联运发展经验借鉴

1. 基本情况

总体来看，美国多式联运以公铁联运为主，公铁、公水、铁水联运运量占全部多式联运运量的比例分别为 53%、34%、13%（见图 5-1），相应的周转量占比分别为 57%、29%、14%，这表明公铁联运是主要的联运方式。经过多年发展，美国铁路多式联运运量持续稳步上升。1980 年，美国铁路多式联运装车量约为 3.1 亿车（含集装箱和拖车）；1990 年为 9.1 亿车；2003 年为 12.3 亿车；2007~2009 年由于世界经济危机铁路多式联运装车量出现下滑，但自 2010 年出现反弹；2015 年达到 13.7 亿车，高于以往任意年份。

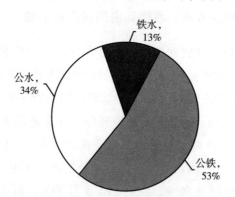

图 5-1 美国多式联运方式运量比例

资料来源：叶初升. 发展经济学视野中的经济增长质量 [J]. 天津社会科学, 2014 (2)：96-101.

美国目前多式联运发展情况如下：

一是形式成熟，运量保持高速增长。美国当前的主要运输形式包括箱

---

① 多式联运助力实现"双碳"目标 [EB/OL]. 新华网, 2022-1-21.

驮运输和海铁联运两类，其中前者主要适用于美国内陆的长距离贸易运输，而后者则主要承担美国中部或美国东海岸与亚太地区（尤其是远东地区）之间的外贸进口货物运输。1997～2011 年，美国多式联运货运量由 2.17 亿吨增加到 16.2 亿吨（增长了 6.5 倍），占货运总量的 9.2%；预计到 2040 年，美国多式联运的货运量将达到 35.75 亿吨，占货运总量的 12.5%，货运价值量将达到 10 万亿美元，占货运总价值的 25.3%①。

二是联运逐渐成为主流方式。美国的客户签订运输服务合同时，要求门到门运输的比例比较高，所以多式联运承运人往往需要在铁路运输或海铁联运之后，组织和协调终段的公路运输，从而为客户提供门到门的服务。美国公铁、公水、铁水联运运量占全部多式联运的 53%、34% 和 13%，周转量占 57%、29% 和 14%②。

三是箱驮运输占据主导地位。条件好，机车车辆的轴重高，可达 35.7 吨，因而可以利用三联车、四联车、五联车，缩短列车长度，即在长度一定的情况下装载的集装箱数量更多③。此外，美国还发展出了双层集装箱列车，具有驮背运输换装高效以及大容量集装箱规模经济两方面的优势，它的出现使得箱驮运输迅速占据了主导地位。

四是多式联运枢纽站的完善。芝加哥作为美国最重要的多式联运枢纽和货物集散中心，汇集了 1448 公里铁路线、125 处铁路交汇点，1 级铁路密度高于美国其他任何城市，每天到发 1300 次铁路货运班列、3.9 万节货车、2500 万吨货物，超过 75% 的美国铁路货运量途经此地。目前芝加哥地区已发展起多达 28 个大型多式联运枢纽站，吸引了全球众多大型物流运输企业到此经营④。

2. 做法经验

J. B. 亨特（J. B. Hunt，以下简称 JBHT）是美国最大的多式联运及综合物流服务商及美国 500 强企业。公司通过四大主营业务：多式联运（JBI）、定制化合同物流（DSC）、综合解决方案（ICS）、整车运输（JBT），为北

---

①②③　多式联运 运输业的下一个风口 专访欧洲国际公铁联运组织（UIRR）主席 Ralf - Charley Schultze［EB/OL］. 中国产业供应链物流网，2019 - 4 - 17.

④　多式联运，铁路集装箱成核心［EB/OL］. 亿欧网，2019 - 2 - 7.

美（美国、加拿大、墨西哥）的客户提供物流服务与解决方案，在公司的四大业务板块中，多式联运从营收和利润两个方面都是主要来源，尤其是利润，占到公司总体利润的65%①。

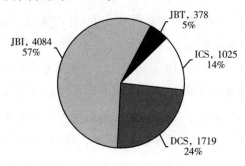

图5-2 各业务板块营收及占比分布

资料来源：走进美国最大的多式联运企业 J. B. Hunt 与最大的内贸航运企业 Matson［EB/OL］. 搜狐网，2018-9-15.

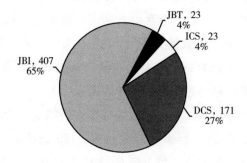

图5-3 各业务板块利润及占比分布

资料来源：走进美国最大的多式联运企业 J. B. Hunt 与最大的内贸航运企业 Matson［EB/OL］. 搜狐网，2018-9-15.

表5-1　　　　　　　JBHT 公司四大业务营业利润

业务	2017 年	2016 年	2015 年	2017 年增速	2016 年增速
JBI	4084	3796	1665	7.6%	3.6%
DCS	1719	1533	1451	12.1%	5.7%
ICS	1025	852	699	20.3%	21.9%
JBT	378	388	386	-2.6%	0.5%

资料来源：走进美国最大的多式联运企业 J. B. Hunt 与最大的内贸航运企业 Matson［EB/OL］. 搜狐网，2018-9-15.

---

① 走进美国最大的多式联运企业 J. B. Hunt 与最大的内贸航运企业 Matson［EB/OL］. 搜狐网，2018-9-15.

JBHT 多式联运业务发展的特点及优势：

（1）借铁路行业发展进行业务布局。JBHT 赶上美国铁路 20 世纪 80 年代行业第二次整合发展的势头，创新开展联运业务，铁路资源的集中化、服务的逐步完善，均为其联运业务的发展创造了良好的环境。

（2）重资产投入与管理能力。在多式联运业务上，JBHT 一直专注投入重资产组建自有公路运输车队，在装载设备上，也设计并投入大量与铁路运输相一致的拖箱及底座。远超第二名的运能，强大的资产管理能力为 JBHT 构筑了独特的竞争壁垒，并能保障对于不同区域、客户、需求的联运方案设计及资源匹配服务。

（3）资源整合能力。公路运输段，在庞大自有车队资源基础之上，JBHT 还管理着 2100 辆独立承包卡车，并与超过 5.6 万的挂靠签约车队进行合作[1]；在铁路资源方面，JBHT 与北美各大铁路运营商均有着长期稳定的服务协议，其中以与 BNSF 的合作为主，深度合作让 JBHT 拥有优先铁路仓位保障能力。同时与铁路运营商共享公司中心站及铁路场站资源，提升联运交接操作效率。

（4）工程技术保障与支持。JBHT 注重 IT 技术与员工专业技能的提升对于公司业务发展的支持，公司 5 年里在工程技术方面投资达 5 亿美元，拥有超过 1000 人的 IT 团队[2]。

（5）客户获取能力。JBHT 强大的品牌效应、资源能力，以及多类业务与解决方案构建的综合物流服务能力，保障其在客户销售的优势[3]。

5.2.2 欧盟多式联运发展经验借鉴

1. 基本情况

（1）主要政策。

一是对多式联运中转站进行资金补助。如德国目前有多式联运中转站 122 个，其中 77 个得到了政府的补贴。在联邦政府主导的物流园区规划建设中，将多式联运中转功能作为必要条件，联邦政府对联运设备的资助比

---

①②③　走进美国最大的多式联运企业 J. B. Hunt 与最大的内贸航运企业 Matson［EB/OL］. 搜狐网，2018 – 9 – 15.

例最高可达85%[①]。

二是对开展多式联运的企业给予补贴或税收减免。主要是运输企业从单一公路货运向多式联运模式转变中的经济损失给予补偿。如对新开的铁路联运线路，初期若负债经营，欧盟经评估后可给予经济补偿。

三是放宽多式联运的各种限制。如德国的法律规定接驳多式联运的卡车总重允许放宽至44吨（本来限40吨）、不受周日禁行限制（本来规定周日卡车禁行)[②]。

（2）组织形式。

欧洲典型国家的铁路多式联运服务及其组织形式如表5-2所示。

表5-2　　　　欧洲典型国家的铁路多式联运服务及其组织形式

组织机构	机构类别	国别	铁路运输服务内容简称	关联主体及经营关系		业务种类	组织形式
Eurogate	港口装卸公司	德国	由其旗下的 BoxXpress 在汉堡港、不来梅港与慕尼黑、斯图加特、纽伦堡及奥格斯堡之间每天开行1或2班的短程穿梭列车，并和 HHLA 在东欧地区的列车服务相匹配	SD	租赁机车	铁路运输	一体化
				A-AE	租赁货车		
				MEVE-V	租赁员工	市场营销	合资
				DBNetz	购买时刻		
HHLA	港口装卸公司	德国	向东欧地区国家提供港口与内陆腹地间的往返列车服务，在捷克通过 Metrans 经营，在波兰通过 Polzug 经营	DBCargo	境内运输	铁路运输	签订契约
				Metrans	境外运输	市场营销	参股或控股
				Polzug	境外运输		
ERS	铁路运输公司	荷兰	在鹿特丹港与比利时、捷克、德国、意大利和波兰等地之间每周开行3到6趟往返列车	Railion	境内运输	铁路运输	一体化或签订契约
				DBcargo	境外运输		
				Metrans	境外运输	市场营销	合资
				Polzug 等	境外运输		

①　谭小平：欧美多式联运发展的经验与启示［EB/OL］. 中国物流与采购网, 2014-12-2.

②　调整运输结构公转铁序幕全面拉开—国外：多式联运"公铁"各司其职［EB/OL］. 世界交通轨道资讯网, 2019-2-19.

续表

组织机构	机构类别	国别	铁路运输服务内容简称	关联主体及经营关系		业务种类	组织形式
PAH	港务局	法国	由 CNC 铁路公司在勒阿弗尔港与法国里昂、第戎、南锡和斯特拉斯堡以及意大利的诺瓦腊之间的开行往返列车	SNCF	机车牵引	铁路运输	设立子公司
						市场营销	设立子公司
Freighliner	铁路运输公司	英国	为本国提供港口和内陆腹地间的集装箱铁路运输服务。大多数服务集中于南部港口（费利克斯托和南安普敦）和北部工业中心（利物浦、曼彻斯特和利兹）以及苏格兰（格拉斯哥）之间	NetworkRail	使用路网	铁路运输	一体化
						市场营销	一体化

资料来源：走进美国最大的多式联运企业 J. B. Hunt 与最大的内贸航运企业 Matson［EB/OL］. 搜狐网，2018 - 9 - 15.

2. 做法经验

（1）充分发挥铁路、河运在多式联运中的比较优势。

总体来看，欧盟及德国的多式联运策略，就是尽可能减少对卡车货运的依赖，更加突出发挥铁路和内河水运的作用。根据德国联邦交通、建设和城市发展部的预测，由于多式联运的发展，未来铁路货运的市场份额将有较大增长，内河水运也会有一定增长，而卡车货运的市场份额将会有所缩减。

（2）货运中心在内陆多式联运中发挥了重要作用。

德国政府主导的对货运中心（GVZ）的规划建设，是德国物流业集约利用资源、促进可持续发展的一个突出亮点。德国从 20 世纪 80 年代中期开始运用 PPP 模式规划建设货运中心，到现在全德已有 36 个建成（33 个）和在建（3 个）的货运中心，基本形成了覆盖全德、辐射欧洲的物流中心网络。

（3）形成了基于标准化的多式联运装备体系。

多式联运高效运作的关键，是运载工具的标准化。包括德国在内的欧盟国家，目前已经发展起了三种统一标准的多式联运载荷单元，即集装箱、厢式半挂车和交换箱体。集装箱遵循国际通用标准，而半挂车和交换箱体则由欧洲标准化委员会统一制定其外廓尺寸、总重和轴载限值标准，并建立了欧洲卡车货运模块化系统（european modular system，EMS），旨在一方面统一规范欧洲卡车车型的发展，另一方面切实有效促进欧洲范围内的跨国多式联运。

（4）驮背运输、滚装运输成为多式联运的重要形式。

除了国际上通行的集装箱多式联运，包括德国在内的欧盟各国，铁路驮背运输、水陆滚装运输得到普遍发展。其主要形式包括：①厢式半挂车驮背运输，即将厢式半挂车吊装至铁路平车上，组成铁路货运列车。其以大范围的甩挂运输为基础，是欧洲比较普遍推行的内陆多式联运组织方式。②卡车整车驮背运输，即将卡车整车开至铁路车台上，组成运载卡车的铁路列车。此种多式联运方式主要在阿尔卑斯山周边国家得到一定程度应用，相比厢式半挂车驮背运输，其范围有限。③挂车滚装运输，即将挂车（主要以厢式半挂车为主，亦有部分不与拖架分离的集装箱半挂车、交换箱体挂车）牵引入船舱并用船舶进行运输。这种方式亦以甩挂为基础，在欧洲内河、沿海一带得到普遍发展①。

5.2.3　加拿大多式联运发展经验借鉴

1. 基本情况

随着加拿大对外贸易的进一步扩大，国际经济一体化进程的加快，多式联运水平不断提高。据估计，多式联运量占社会总运量的80%，其中集装箱运量占50%；集装箱运量占社会总运量的40%②。长期以来，加拿大形成以主要港口为交通枢纽，通过铁路、公路、内河运输形成集疏网络，为各种运输方式的竞争创造条件。近年来，铁路公司开展了双层集装箱运输的新业务，提高了运输效率。公路运输企业充分利用自身便捷、快速的

①　多式联运，运输业的下一个风口——访欧洲国际公铁联运组织（UIRR）主席 Ralf - Charley Schultze［EB/OL］．中国产业供应链物流，2019 - 4 - 17.
②　多式联运，铁路集装箱成核心［EB/OL］．亿欧网，2019 - 2 - 7.

优势，在多式联运中发挥了重要作用。

加拿大国际贸易港的形成，加之政府创造的良好政策环境，世界各地主要船公司纷纷入驻加拿大，为运输市场注入了新的活力，使货主有了更多的选择机会。

计算机技术广泛应用，为运输流提供了良好的信息交换渠道。主要港、站均采用了 EDI 技术，实现了无纸化传输，运输效率明显提高。部分公司还引进 GPS 技术，实现了对货物的全过程监控。有的公司还开发了内陆集装箱中转站，此发展是加拿大多式联运的重要组成部分。形成了加拿大国家铁路公司 Vanghan 等几个重要的内陆集装箱中转站，为内陆地区经济发展特别是外向型经济发展作出了积极贡献。

2. 做法经验

（1）铁路运输是多式联运的发起者。

长期以来，铁路运输是加拿大主要的运输方式。铁路以其速度快、运费较低成为适宜集装箱长距离运输的最佳方式。但随着公路的发展，铁路也面临着巨大的压力。为了更好地维护自己的市场份额，铁路运输公司加强了与船公司、港口及汽运公司的合作，这样就形成了北美地区的以铁路运输为主、辅以汽车取送服务及中短距离直达运输的多式联运网络。加拿大铁路运输基本由两大公司主宰：加拿大国家铁路公司（CN）和加拿大太平洋铁路公司（CP），运输的主要货物大多数出口至美国和海外。

（2）宽松的政府管理环境为多式联运的发展提供了条件。

加拿大管理交通的政府机构主要是运输部和运输署：运输部主要依据交通运输法规行使自己的权力，涉及安全、经济效率、便捷、成本效益、不同运输方式之间的协调和服务范围。目的是更好地利用一切管理手段，提倡安全操作、减少风险。运输署是一个独立的、半司法性的管理仲裁机构，负责对涉及加拿大运输产业的众多问题做出裁决。包括给航空公司签发执照，检查铁路公司，对适宜运行状况签发证明，对运费和服务质量的投诉仲裁解决。

（3）先进的内陆联运站是多式联运的基础。

CN 和 CP 两家铁路公司在加拿大各主要城市都有设备先进、规划合

货运物流高质量发展理论探索与陕西实践

理、高效率的内陆中转站。CP 位于多伦多的 VANGONTERMINAL 铁路中转站。这个联运站可以接发从温哥华、芝加哥到的双层集装箱列车，也可以编发到中部的普通列车。该站拥有 8 条约 609 米的铁路线路，多台龙门起重机、正面吊、侧面吊和叉车，2 台无人驾驶的调车机车，集装箱的年吞吐量 7 万 TEU，全部作业均采用计算机管理[①]。

（4）新技术为多式联运在北美的发展增强了活力。

计算机信息技术（EDI、GPS 等）的大规模应用也大大提高了多式联运的衔接效率。比如铁路、港口、船公司、海关通过信息共享，货物没有到港之前就可以预报关，而同时铁路公司已经了解货物转运信息，因此在货物抵港时，所需的铁路车辆已经等待装车。从效果上看，目前国际集装箱经连云港码头，过境、中转时间由传统模式的 4 天压缩至 1 天以内，极大缩短了集装箱从海船换装至火车上的时间，进而使全程运输时间也缩短了一半。通过在出境口岸与哈国铁信息预达、实时调度的有效协作，连云港—中亚地区所用时间比其他中欧班列运输时间大幅度缩短，极大程度上提高了多式联运转运效率[②]。

5.3　国内多式联运典型模式

陕西省多式联运发展在公铁交通运输网络建设方面成效显著，空港多式联运空间布局结构完备，保障体系应用逐步完善。但在多式联运组织运营效率、装备信息化智能化、多式联运标准规范化方面、"一单制"建设等方面仍存在需要改进之处。因此，项目选取四个多式联运示范工程典型模式：借鉴江苏省"一平台，三支点，四线路"模式，为提升多式联运转运效率、完善客户服务管理模式提供经验借鉴；学习借鉴郑欧班列"一干

①　郝国旗. 加拿大多式联运的发展及对我国铁路的启示 [J]. 铁道货运, 2003（4）：1, 9 - 12.

②　后发先至 江苏连云港建设"一带一路"强支点 [EB/OL]. 中国一带一路网, 2022 - 9 - 13；连云港始发中欧班列累计开行 5000 列 [EB/OL]. 中国国家铁路集团有限公司官网, 2023 - 3 - 20.

三支"铁海公联运模式，为高效组织往返货源降本增效，推动完善"一单制"建设提供经验借鉴；借鉴成都"一港一平台，三网三通道五线路"模式，为建设完备体制机制提供经验；借鉴云南省"一核、三轴、多节点"模式，为运作模式的健全发展、推动信息化平台建设提供可靠的经验。

5.3.1　太原"一核两网三联四通"模式

1. 基本情况

太原铁路局"一核两网三联四通"铁海公集装箱多式联运示范工程。"一核"即中鼎物流园，是太原铁路局现代物流体系"地网"构建中的核心；"两网"即"地网"和"天网"。"地网"是指以"1 + 3 + 13 + 300 + N"物流园区为节点，结合周边干线通道及连通"最后一公里"交通支线路网，形成四通八达、立体交叉、广泛覆盖的现代物流网络体系；"天网"，是指由中鼎智慧物流云平台和园区智能管理综合服务平台所构成的物流信息中枢和智慧中枢；"三联"即面向省内、国内、国际"三个市场"的分级、分层次的多式联运网络；"四通"即连通国家四条物流大通道。以太原为支点，连通西北能源外运及出海物流大通道和青银物流大通道；依托京广、京九铁路，连通京港澳（台）物流大通道；依托同蒲铁路、焦柳铁路、蒙西—华中铁路，连通二连浩特至北部湾物流大通道。

该示范工程以中鼎物流园为核心，以"地网""天网"及相关政策机遇等优势资源为基础，以铁路运输组织创新、信息平台创新、设备技术创新、体制机制创新、实体经济与虚拟经济有机结合等为手段，实现拥有"一核心、两网络、三联通、四通道、五线路"的多式联运新布局，最终打造成以铁路主导的内陆型多式联运创新示范样板。

太原铁路局"一核两网三联四通"铁海公集装箱多式联运示范工程主要依托"两纵两横"的国家物流大通道。其中"两纵"是指京港澳（台）物流大通道和二连浩特至北部湾物流大通道；"两横"是指西北能源外运及出海物流大通道和青银物流大通道。

该示范工程将在建设期内，依托上述 4 条国家物流大通道，着重打造 5 条国内国际精品线路：

（1）山西腹地⇌中鼎物流园⇌三眼桥站⇌珠三角地区；

（2）山西腹地⇌中鼎物流园⇌天津港⇌日韩地区；

（3）山西腹地⇌中鼎物流园⇌凭祥口岸⇌越南（东南亚）；

（4）山西腹地⇌中鼎物流园⇌阿拉山口⇌哈萨克斯坦（中亚）；

（5）山西腹地⇌中鼎物流园⇌二连浩特⇌莫斯科（欧洲）。

2. 做法经验

（1）规划布局创新，解决枢纽场站"集"而不"约"。

太原"一核两网三联四通"多式联运示范工程通过多式联运枢纽集约化布局和协同作业，发挥要素集聚效应，打造一体化、一站式现代综合物流园区。在中鼎物流园建设规划中，不仅仅实现了相关要素的集中，通过实现多式联运相关业务的衔接以及信息共享，还实现了多个核心功能区的集约化布局和协同作业，有效发挥了要素的集聚效应。以铁路港和信息服务港为基础，多式联运港与铁路港相关业务形成无缝对接，同时协同国际保税港相关业务，为铁运需求客户、公铁联运需求客户、多式联运需求方提供存储、配送服务，同时协同铁路港与国际保税港为需求客户提供一体化、一站式物流服务；城市配送港与综合集散港形成业务联动，作为综合集散港的配套服务区；公路港配合铁路港形成铁路相关货物到达发运所需的公路配送运力中心，同时与园区内的综合集散港、城市配送港形成业务联动，互为补充相互服务；综合集散港联合铁路港、城市配送港、公路港为相关行业市场客户提供交易、存储、加工、配送一体化服务；国际保税港与铁路港相互联动，形成多式联运服务，同时作为铁路港的配套服务港，为铁路运输服务提供支持。中鼎物流园七大功能服务区之间相互关联互为补充，相互推进，形成一个以铁路港为核心，以信息服务港为连接纽带，集交易、加工、存储、配送于一体的一体化、一站式现代综合物流园区。

通过对太原市"一核两网三联四通"多式联运示范工程的调研发现，陕西省推进公铁空多式联运高质量发展，可借鉴相关经验，打造一体化、一站式现代综合物流园区，实现相关要素的聚集化，同时保障各服务区间的相互推进关系，为陕西省多式联运的快速发展提供借鉴经验。

（2）经营模式创新，实行多样性、开放性、可扩展性运营。

太原铁路局通过"中鼎物流园＋智慧物流云平台"，实施综合物流服务，既是货运承运商，更是现代物流组织者，通过发挥强大的经济渗透能力和产业联动效应，以平台集聚产业，以产业整合资源，以资源催生服务，以服务促进发展，为陕西省多式联运高质量发展提供借鉴经验。经营模式的创新主要表现为以下三点：

打造"物流＋互联网＋大数据"的智慧物流经营模式。太原铁路局积极响应国家"互联网＋"高效物流等政策的鲜明导向，坚定走实体园区＋智慧物流云平台的发展之路。通过遍布太原铁路局管辖内各货场为其基本物流节点，扩充仓储池，开展物流基础服务；构建货源池、运力池，通过云平台提供车、货双方智能匹配和交易服务，开展云平台车货匹配服务；与各大知名电商合作，通过云平台实现智能仓储、承揽"仓配一体化"业务，开展云仓储服务；通过开放数据提取及分析接口，为自有信息系统的物流商提供定制化大数据分析服务产品，开展数据分析服务。

打造"运输链＋物流链＋产业链"的融合发展经营模式。太原铁路局通过打通运输、仓储等物流各个环节与上游生产商、终端零售商之间的产业链条，全力推进运输链、物流链、产业链"三链"深度融合。通过以铁路运输为主导，发挥各网点集货、配货和铁路干线中长距离运输优势，开行直达、快速、中欧、中亚等班列，开展运输链服务；通过打通物流各个环节，与普洛斯、德邦、中铁快运、商桥物流等公司达成战略合作协议，采取优势互补方式，为客户提供高效的物流链服务；通过以物流带动产业、以产业促进物流，深入物流产业链条，开展产业链服务。

打造"集约化＋智能化＋标准化"的行业引领经营模式。太原铁路局以打造铁路标杆、社会示范园区为目标，制定实施中国铁路园区建设标准体系，实现集群化发展。通过对物流业务开展专业化咨询服务，包括整体物流方案的策划、设计和服务支持，开展物流咨询服务；通过中鼎诚信评价体系，为企业提供诚信认证、诚信担保等相关业务，开展诚信服务；通过为中鼎物流云平台会员提供高品质、个性化、差异化服务，提供物流产品和服务等相关信息，对会员基本资料、业务开展、积分等进行信息管理，开展会员服务；通过为企业在中鼎物流园区内存储的货物，提供无须现金首付的等值直接交换、业务撮合服务。

5.3.2 天津港"一通道两平台三场站多支点"模式

1. 基本情况

天津港中蒙俄经济走廊集装箱多式联运示范工程项目利用天津港海上航线资源优势、腹地优势及天津港集团、北京铁路局、天津中远海公司、天津中铁联集（以下简称"港路航站"）共同协作优势，通过公路、铁路、海运运输方式，在天津港形成集装箱货物集疏，采取海铁、公铁跨境联运模式实现示范线路上多式联运运作。

项目的示范线路在陆上经过中国、蒙古国、俄罗斯、白俄罗斯四个国家，具体线路走向为：天津港集装箱航线辐射区域、京津冀等主要腹地—天津港—集宁—二连浩特—扎门乌德—乌兰巴托—叶卡捷琳堡—莫斯科—明斯克。

天津港多式联运示范项目可概括为"一通道两平台三场站多支点"的多式联运框架体系。

"一通道"指贯通中蒙俄经济走廊和21世纪海上丝绸之路的多式联运通道。

"两平台"指多式联运服务平台和多式联运信息化平台，形成线上线下协同的服务体系。其中多式联运服务平台指由天津港航线、码头、多式联运监管中心、自由贸易试验区等组合构成的多式联运要素，借助完善的信息化系统，在四方申报单位协作下，通过合理的运营组织，推进不同运输方式有效衔接，形成一个具有高效运作组织的港内多式联运平台。多式联运信息化平台是指在既有海铁联运信息平台基础上，搭建集铁路、海运、公路、海关、检验检疫等领域相关数据共享的信息化平台，提供多式联运公共信息服务，实现多式联运信息采集交换、集装箱状态监控，为提升多式联运资源配置效率提供基础支撑。

"三场站"指天津港连通中蒙俄物流通道的示范线路，主要依托三个铁路场站，即天津新港北铁路集装箱中心站（以下简称"天津中心站"）、物捷三铁路场站、中心材料厂铁路场站。三个场站主要作为海铁联运集装箱的运作场地，其中天津中心站是 18 个铁路集装箱中心站之一、33 个铁路一级物流基地之一，是未来提升天津港多式联运能力的重要场站；物捷三铁路场站是天津港目前跨境多式联运操作主要依托场站；中心材料厂铁路场站作为跨境运输操作辅助场站。

"多支点"指在京津冀地区为主区域内，以天津港集团、天津中远海公司、北京铁路局分别布局的内陆港、业务点、铁路物流中心形成的内陆网点，经过货源分析、设施能力等因素叠加分析，选定京津冀地区的内陆物流站点，支撑示范项目核心腹地的货源集散。

2. 做法经验

（1）发展智能化、信息化基础优势。

通过对天津港调研发现，天津港打造的天津港海铁联运信息交换平台及天津港电子商务网，为陕西省多式联运高质量发展提供了经验借鉴。

天津港海铁联运信息交换平台——港口、铁路进行数据交换的平台，建立了一套涵盖港口、铁路及下游物流企业等多类型多用户的数据服务体系，实现了信息在该平台上的共享和交互。天津港电子商务网通过一站通系统的实施，实现出口预约集港、进口预约提箱、在线缴费一站式、全天候在线操作。通过"线上带动线下，线下推动线上"的工作模式，实现OAO 模式，整合港口资源，优化业务操作，最终实现天津港各码头操作标准、费收标准的统一、推进码头自动化闸口的改造，降低客户物流成本，提高天津港对外服务质量和管理水平。

2017 年 11 月，陕西省西安港建设"一带一路"内陆中转枢纽陆海空多式联运示范工程入选交通运输部第二批多式联运示范工程项目，形成了陕西特色的内陆港海陆空多式联运发展新格局。陕西省在实现多式联运高质量发展的过程中，可借鉴天津港多式联运发展经验，建立智能化、信息化数据交换平台，实现陕西省多式联运信息的数据交换，保障陕西省公路、铁路、航空、多种企业等之间的数据信息交互。

（2）"一单制"发展经验。

天津港发展"一单制"创新，提升运输服务的组织效率、提高多式联运全程服务能力。为陕西省推行多式联运"一单制"提供经验借鉴。推行多式联运"一单制"是中国多式联运发展的主攻方向，天津港通过推广全程联运提单"一票到底"业务模式，探索使用"一单制"，推动"一单制"便捷运输。在这一模式下，货物交付地可以是内陆口岸，天津中远海公司负责将货物从装港海运至天津、入境报关、再经铁路发运到最终目的地，全程均由其进行操作，客户只需凭全程联运提单即可在目的地办理提货手续，真正实现"一单制"操作。

示范建设期内采用多式联运经营人形式，将协作进一步推进全程"一单制"服务组织，强化一体化服务保障，实现示范线路上货物"一站托运、一次收费、一次认证、一单到底"。

5.3.3　江苏省"一平台，三支点，四线路"模式

1. 基本情况

江苏省新亚欧大陆桥集装箱多式联运示范工程是连云港在上合组织国家间不断加深合作的新形势下，利用大陆桥桥头堡优势，抓住国家"一带一路"建设机遇，在铁水联运、大陆桥跨境运输、陆海滚装联运、海河联运等业务基础上，与铁路部门合作而升级构建的一条以连云港港为平台的跨境多式联运大通道。

该示范工程以新亚欧大陆桥大通道为依托，总体呈现"一平台，三支点，四线路"的多式联运布局。"一平台"指连云港港口多式联运平台，"三支点"指中哈（连云港）国际物流合作基地、上合组织（连云港）国际物流园和位于哈萨克斯坦的阿腾科里物流基地。"四线路"指日韩—连云港—霍尔果斯/阿拉山口—阿拉木图，东南亚—连云港—霍尔果斯/阿拉山口—阿拉木图，东南沿海—连云港—霍尔果斯/阿拉山口—阿拉木图，苏北四市—连云港—霍尔果斯/阿拉山口—阿拉木图。

项目在跨境运输设施装备一体化、便捷转运组织、多式联运信息化建设等方面做了大量的业务创新。以港口运输枢纽为核心组织铁水、公铁、水水多式联运模式，实现港口枢纽内外多种运输方式的无缝衔接。通过运作流程再造和信息系统应用，致力于"船站直取，站车对接"运作流程的无缝衔接模式，极大程度上提高了多式联运转运效率。EDI 多式联运信息

平台集成应用铁路、通关信息，涵盖集装箱多式联运所有活动，覆盖85%以上业务合作伙伴，成为苏北地区唯一的国际物流大通关信息平台。在不断探索设施改造、装备更新，提升作业效率的同时，促进了节能减排。

2. 做法经验

（1）提升多式联运转运效率。

江苏省新亚欧大陆桥集装箱多式联运示范工程采用"船站直取，站车对接"模式，该运作模式是目前"船–站–车"集装箱中转换装组织发展阶段的最高模式，通过组织流程再造和信息系统高效应用，形成"船–站"直取，中间少了集装箱堆存、装卸、短倒等环节，大大提高了中转换装效率，实现多运输方式的"无缝衔接"。

从效果上看，目前集装箱抵达连云港码头，运输至阿拉木图的正常运输时间为7～8天，通过该模式，将大为缩短集装箱从海船换装至火车上的时间，从而将全程运输时间缩短至5～6天。通过在出境口岸与哈国铁信息预达、实时调度的有效协作，连云港–中亚地区所用时间比其他中欧班列运输时间大幅度缩短，极大程度上提高了多式联运转运效率。

通过对江苏省多式联运示范工程调研发现，陕西省多式联运发展可通过借鉴江苏省新亚欧大陆桥集装箱多式联运示范工程发展经验，构建陕西省多式联运中转换装新模式，降低在中转换装环节的装卸次数、堆存时间，节省相应的时间、费用成本，实现多式联运转运效率的大幅度提升。

（2）客户服务管理模式的改进。

江苏省新亚欧大陆桥集装箱多式联运示范工程采用中哈物流基地与中铁国际多式联运公司、哈铁公司的对接，对各级货代、客户的梯形管理沟通。对不同客户实施的是销售服务"一对一"的订单/操作流程管理模式，通过公司网络服务平台与货代充分沟通，每单业务处理流程不断修订优化，并经货代签字确认。针对大货代集中办理，实现单据共享，提供与铁路间的交接单联办作业。通过物流与信息流的紧密结合，有效组织货源，实现对客户服务模式的创新。

为推进陕西省多式联运高质量发展，借鉴江苏省新亚欧大陆桥集装箱多式联运示范工程经验，对客户服务管理模式进行改进，通过"一对一"

管理模式实现业务流程的优化，进而提升管理模式的优化，从而为陕西省多式联运的可持续发展奠定基础。

5.3.4 郑欧班列"一干三支"铁海公联运模式

1. 基本情况

河南省郑欧国际货运班列"一干三支"铁海公多式联运示范工程。"一干"指多式联运示范工程的主要运输通道，即陆桥大通道（郑欧国际班列）。"三支"指多式联运示范工程的集散运输通道，第一支为陇海通道，即依托陇海铁路线开行铁路货运五定班列，主要途径节点为：郑州、青岛、连云港、上海、宁波；第二支为京广通道，即依托京广铁路线开行铁路货运五定班列，主要途径节点为：郑州、北京、沈阳、哈尔滨、长沙、广州、深圳、南昌、福州、南宁、昆明；第三支为郑日韩通道，即依托陇海铁路线与海上航线开行海铁联运，主要途径节点为：郑州、仁川、釜山、大阪、东京。

该示范工程实施主体是郑州国际陆港开发建设有限公司，负责集装箱铁海公多式联运的全程运作，相关场站、信息系统的建设，以及设备的购置。主要连接陆桥物流大通道和京港澳（台）物流大通道两条国家级物流大通道，实现河南省融入"一带一路"，有效支撑两条大通道内高效连接、外强力辐射，提升大通道资源集聚能力，加强国际互联互通、促进区域协调、优化产业布局。

该项目主要依托陆桥物流大通道和京港澳（台）物流大通道两条国家级物流大通道。

东西方向——陆桥物流大通道。主要由连霍高速、陇海—兰新线等构成，通道全长4213公里，是目前我国东西向距离最长的物流通道，主要承担我国西部地区沟通东中部长距离物资交流以及中欧集装箱跨境运输功能。该通道途径江苏、安徽、河南、陕西、甘肃、青海和新疆7个省、区，65个地、市、州，430多个县、市，横贯东中西，是支撑丝绸之路经济带、"双向开放"战略的重要物流通道。本示范工程项目以陆桥物流大通道为依托，以郑州为中心，向东西两向延伸。其中，东向：自郑州向东，到达青岛、连云港、上海和宁波等沿海国内港口，衔接以海上运输，运抵仁川、釜山、大阪和东京等日韩港口。西向：自郑州往西，经阿拉山口和二连浩特等边境口岸出境，对接新亚欧大陆桥，运输至欧亚各下货点①。

南北方向——京港澳（台）物流大通道。主要由京港澳高速、京广高铁、京广铁路等构成，涵盖北京、郑州、长沙、广州和深圳等全国性物流节点城市，主要承担我国南北物资跨区域流动，是我国骨干物流通道的中线。该通道联结南北，串联京津冀地区、中原城市群、长三角和珠三角，与南北方各自的产业优势进行了有机结合，加强了地区间的经济联络，有效地推动了内陆地区物资集疏与进出口贸易，支撑了我国海上丝绸之路的发展建设。该示范工程项目依托京港澳（台）物流大通道，以郑州为核心，向南北两向延伸。其中，南向：自郑州向南，过武汉后经由长沙、南昌，运抵广州、泉州。北向：自郑州往北，过北京，到达沈阳。

2. 做法经验

（1）双向均衡——高效组织往返货源降本增效。

郑州国际陆港开发建设有限公司在大连、北京、天津、青岛、上海、厦门、广东、深圳、杭州、石家庄、合肥、南京、乌鲁木齐、宁波、温州、南昌、西安、武汉等33个城市设立了办事处，并在郑州到北京、天津、上海、广州、宁波、深圳、青岛等华北、华东、华南城市建成了货物集疏专线。郑州陆港公司已在德国设立了自己的分公司，在波兰、捷克、法国、意大利等国家设立了办事处，并在汉堡、华沙、布拉格、杜伊斯堡、巴黎、米兰有专门的仓库、堆场及报关行，在欧洲建成了完善的集疏线路，选定了合作卡班公司近20家，这使得郑欧班列驶入欧洲后，在货物分拨业务及回程货源组织上无须借助"外包"企业，便可实现"门对门"物流服务，成为国内第一家实现全程独立操作和受控的班列。目前郑欧班列已经实现每周去程三班回程两班常态化往返均衡对开，高效的往返货源

---

① 《郑州—卢森堡"空中丝绸之路"建设专项规划》解读［EB/OL］. 中国一带一路网，2017 - 12 - 13；国家首批多式联运示范工程：郑州国际陆港"一干三支"大陆桥物流联盟公共信息平台中欧班列（郑州）连通境内外，辐射东中西［EB/OL］. 新华网，2021 - 7 - 27；河南省"十四五"现代综合交通运输体系和枢纽经济发展规划［EB/OL］. 河南省人民政府网，2021 - 12 - 31.

组织能力使得郑州陆港公司能够为客户提供快速便捷和经济实惠的多式联运服务，且在运输价格和运载速度上更具有竞争优势。

通过对郑欧班列的调研发现，陕西省多式联运要实现高效可持续发展，可借鉴郑州多式联运发展经验，建立完善的货物集疏路线，成立完善的企业和办事处，实现高效往返的物流服务，进一步在运载效率上展现竞争优势。

（2）全链条构建多式联运经营主体，推动实现一单制。

一体化经营主体是多式联运系统建设的核心要素。示范工程的经营主体为郑州国际陆港开发建设有限公司。郑州陆港公司是经商务部批准的一级国际货运代理和经交通运输部备案的无船承运人，具备道路运输经营资质，是拥有多重运输资质的多式联运经营人。在海运方面能够提供订舱、租船、报关、商检、动植物检、危险品申报、仓储及地面运输服务，提供整箱货、拼箱货、散杂货、鲜活、冷藏、危险品和普通化工品运输服务，提供相关的进口货物拆箱、清关、提货、送货等门到门服务；在道路方面能够提供普通货物运输，实现门到门运输；在空运方面提供价格咨询、空运及展品进出口的国际运输代理业务，包括订舱、包机、仓储、中转、结算及运杂费、报关、报验、保险及相关的短途运输服务及咨询业务。多重运输资质使得郑州陆港公司能够签发多式联运单证，实现公铁海空等多种运输的一单制，成为具有示范意义的多式联运经营人。

陕西省多式联运需要借鉴"全程服务—链条构建多式联运经营主体"的发展经验，使经营主体是拥有多重运输资质的多式联运经营人，在公铁空多式联运方面能够提供各项运输服务，实现陕西省公铁空等多种运输方式的一单制，进而推进多式联运的高质量发展。

5.4　发展经验借鉴

针对陕西目前多式联运存在的协调机制与法律法规不健全、多式联运标准与规范不统一、多式联运通道集疏运衔接功能不完善、装备信息化智能化水平低等问题，结合上述国内、国外多式联运示范工程具体做法和发展经验，通过对货运物流发展比较先进的省、市开展调研，通过实地考察、信访、线上会议等形式对典型示范区多式联运发展现状进行了解，总结国内多式联运发展较好的典型模式，最终对陕西发展多式联运总结出以下四点经验借鉴。

5.4.1　完善联运法规体系，保障联运快速发展

法律法规的制定、修订和完善是多式联运得以推进的基础性条件，这包含两方面的内容。其一是行政法规，包括综合交通运输促进法和多式联运法。更为重要的是，尽快启动相关立法进程，让试点试验与立法进程形成良性互动。其二是平等主体之间的法律责任也需要规范，这需要对《中华人民共和国海商法》的相关内容进行修订，还需要补上陆上运输的相关规则，同时还需要借鉴《联合国国际货物多式联运公约》的相关内容。

政府的支持和完善的法规体系是多式联运发展的有力保障。在研究制定引导多式联运发展政策的同时，应尽快完善法规体系，保障多式联运健康、快速发展。制定交通运输法、多式联运促进法，加快铁路、公路、水路、民航、邮政等领域"龙头法"和相应配套法规的修订。明确多式联运托运人、承运人的责权利和行业标准规范制订要求，加强不同运输方式的规则衔接。

5.4.2　建立统一管理体制，提升运输管理质量

多式联运发展的必要前提就是建立起统一的管理思想和体制，而当前的分散化管理模式对于管理质量的提升非常不利。传统的管理模式之下存在多个具体的管理部门，这些部门的管理缺乏统一的思想和体制，很容易造成规划不统一的资源浪费，甚至还可能造成重复建设，阻碍多式联运的发展。

实现体制和组织机构上的独立性的重要保障在于建立起综合性的多式联运运输部门，是保障交通运输系统良性运转和完善的运输体系构建的前提和基础。综合多式联运部门的作用有维护交通运输市场的秩序、进行运

输安全制定并实时监督、做好综合性的运输发展管理规划以及实现运输技术的规范化和标准化等。因此，在条件成熟时需要及时成立符合我国国情的综合多式联运运输部门。在政府层面上，建议我国设立类似交通委员会的综合交通协调部门，使相关政策协调统一，在交通基础设施建设方面通盘考虑、协调发展。在民间层面上，建议成立综合交通协会，既代表运输企业和个体的利益，又发挥市场导向作用。政府在进行决策和政策调整时，也应考虑交通协会的导向作用。

5.4.3 拓展铁路联运业务，缓解运力供求矛盾

拓展铁路多式联运业务，首先，应该增强铁路运输能力。积极推进双层集装箱运输通道建设。我国铁路运输目前面临的主要问题之一是铁路运力无法满足日益增长的运量需求。采用双层集装箱运输方式是缓解运力供求矛盾的重要举措。加强与公路、水路运输的协调和合作，充分认识全球多式联运的发展趋势和我国公路、水路集装箱运输迅猛发展的形势，加强与公路、水路运输的协调和合作，推进中西部地区与沿海主要港口之间的铁路集装箱运输通道建设，为铁路集装箱运输成为我国多式联运中的重要一环打下基础。

其次，提高集装箱技术装备水平。加快车辆和箱型的更新，针对铁路集装箱专用车辆数量少、发展速度慢、箱型分布不均等现状，采取措施加快专用车辆和集装箱箱型的改造以及非国际通用集装箱箱型的淘汰，尽快适应国际、国内集装箱运输发展的需求。加快专业站点建设，加快铁路集装箱专业站点建设，改变现有铁路运输经营模式，使其与其他运输业务分离。

最后，发展多式联运信息系统。目前，我国水路国际集装箱运输管理中已开始使用 EDI 系统，而铁路、公路等还未使用，完整有效的多式联运信息体系尚未形成。建议由国家经济综合管理部门牵头，组织铁路、公路、水路、港口、海关、货运代理等机构联合开发和研制统一的多式联运信息系统，争取早日实现铁路集装箱运输的全程跟踪，缩小与国际先进水平之间的差距。

5.4.4 完善联运基础设施，形成一体运输网络

联运通道与综合运输通道既有区别又有联系。联运通道是在综合交通网上所形成的货物流动密集地带，其依托运输通道并突出通道的物流组织和管理功能。因此，联运通道的规划布局应该依托现有的综合运输网络，而不应该是另起炉灶。随着美国货运业的快速发展，货运通道的规划和布局开始逐渐成为美国交通运输政策的重要内容，美国交通部规划了国家货运网络（national freight network，NFN），欧盟从 1996 年开始启动全欧交通网络计划（trans‐european transport networks，TEN‐T），其主要目的是通过协调改善各主要的公路、铁路、内河航道、机场、港口和交通管理系统，从而形成一体化及多式联运的长途、高速运输网络。

多式联运通道规划要适度超前，紧紧围绕国家生产力布局以及丝绸之路经济带建设、长江黄金水道经济带、京津冀一体化建设等重大国家战略的实施，结合我国物流业发展的格局和基础设施的空间分布，做好与公路、铁路、水运和民航等基础设施规划与建设的衔接与匹配，统筹利用现有资源，注重交通运输基础设施薄弱环节建设，避免重复建设、产能浪费、同质化竞争。

第**6**章

陕西多式联运现状及问题分析

了解陕西省多式联运现状，明确存在的问题并进行深入剖析是探索推动陕西省多式联运发展路径与策略的基本前提。本章将从公铁联运和空港联运两个视角对陕西多式联运现状及问题进行描述和分析，掌握当前陕西省发展多式联运的优势与劣势、已有成果与发展瓶颈，从而明确未来陕西多式联运发展的方向与重点，提出促进陕西省多式联运发展的针对性策略。

6.1 陕西公铁联运发展现状及问题

6.1.1 陕西公铁联运发展现状

1. 公铁交通运输网建设成效显著

全力推进全省公路和铁路建设提质增效，是发展公铁联运的重要基础和保障。"十三五"时期，全省高速公路建设完成投资 1740 亿元，年均增长率达到 10% 左右，全省新建成通车高速公路 21 个（段），新增通车里程约 1100 公里，普通国省道新改建规模约 5000 公里，打通了 26 个出省通道，构筑起与周边中心城市的"一日交通圈"①。如图 6 – 1 所示，截至

---

① 陕西高速公路发展"十三五"答卷［EB/OL］. 中国网，2020 – 12 – 31.

2020年底，全省公路总里程超过18万公里，路网密度达到88公里/百平方公里，实现了"县县通高速"目标，形成了"省会辐射周边，市县多路连接，县省道通达，重要乡镇全面覆盖"的国省级公路网络①。铁路建设方面，建成宝兰、西成、西银高铁和浩吉、神靖、宝麟等普速铁路。横跨东西的陇海铁路，纵贯南北的包西、西康、襄渝铁路，两条货运大通道在西安交会，形成了一个标准的"十"字。位于交叉口的西安，与其他连接在"十"字骨干网上的19条干线、支线铁路，以及均匀分布在路网周围的31个铁路货运物流基地，形成了一个纵横三秦大地、通达大江南北、互联互通周边的高效率货运网络②。如图6-2所示，截至2020年底，全省铁路营业里程达到5589.00公里。依托区位优势，陕西省持续提高"西安港"和中欧班列（长安号）运营水平，打造公铁联运标杆示范。随着"一带一路"建设向纵深推进，"长安号"实现开行数量和质量的双提升。2020年，"长安号"全年开行3670列，是上年同期的1.7倍，运送货物总重约278万吨，是上年同期的1.6倍，已连续14个月蝉联中欧班列质量评价指标全国第一，成为全国中欧班列高质量开行典范。

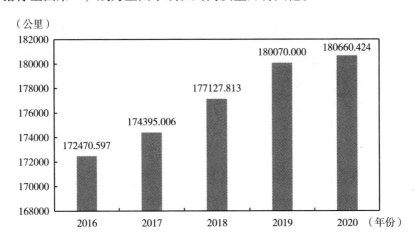

图6-1 2016~2020年陕西省公路里程

资料来源：EPS数据库。

---

① 我省横贯东西、纵贯南北综合交通运输大通道基本形成［EB/OL］．西安晚报，2021-7-18．

② 物畅其流 陕西打造国际物流大通道［EB/OL］．汉中新闻网，2019-4-8．

货运物流高质量发展理论探索与陕西实践

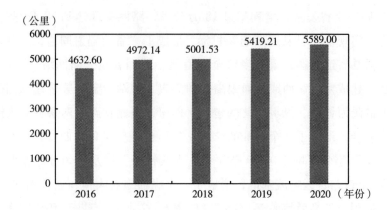

图 6-2　2016~2020 年陕西省铁路营业里程

资料来源：EPS 数据库。

2. 物流园区建设逐步加快

物流园区是进行物流集中运作、实现不同运输方式高效衔接的重要设施载体，是支撑现代流通体系建设的重要物流基础设施，是积极响应建设交通强国的具体举措①。近年来，陕西省积极推进物流园区建设，以延安为例，目前延安建成大型物流园区 5 个，商贸物流配送中心 8 个，专业市场 36 个，其中，延安陆港型国家物流枢纽入选 2020 年国家物流枢纽建设名单。全市培育多元化物流市场主体约 130 家，其中，规模以上物流企业63 家②。同时，西安国际港务区依靠西安综合保税区、西安铁路集装箱中心站、西安公路港三大支撑平台以及独特的地理位置条件，不仅具有普通物流园区的基本功能，还具有保税、仓储、海关、船务市场及船运代理等国际港口所具有的多种功能，从而能够降低内陆地区企业的运输成本，提高物流供应链效率，最终发展成为立足西安、服务西部、面向全国、连接国际的西部地区货物的产品配送、货物集散、集装箱转运中心、中国西部最大的综合物流园。

另外，陕西省高度重视示范建设，充分发挥示范物流园区管理科学先进、运作效率高、对区域经济支撑作用突出的引领作用，带动全省物流园

---

① 陕西授牌 13 家"陕西省示范物流园区"［EB/OL］. 现代物流报，2020-11-19.

② 资料来源：《延安市"十三五"物流业发展规划》。

区建设、管理和服务水平提升，于 2020 年授予陕西商储凤城七路物流园、东大石油化工物流中心、西安集装箱中心站物流园区、陕西泰华物流产业园区、宝鸡华誉物流园区、陕西华阳电子商务物流园、延安利源物流园区、汉中襄河物流园区等 13 家物流园区为首批省级示范物流园区。鼓励支持示范园区完善新设施、应用新技术、探索新模式、树立新标准，形成可推广建设发展经验，引导全省物流园区高质量发展。

3. 开放平台体系加快推进

近年来，西安口岸建设加快推进，初步形成设施先进、布局合理的陆空口岸开放体系。西安现有西安铁路集装箱中心站、咸阳国际机场 2 个国家一类口岸和西安港公路二类口岸，已建成西安综合保税区等 6 个海关特殊监管区和国际邮件互换局。西安国际港务区已成为国内唯一获得国际、国内双代码的内陆港口，被纳入全球航运体系，先后获批国家一类铁路口岸、二类公路口岸、进境粮食指定口岸、进口肉类指定口岸和整车进口口岸。其中，2019 年西安铁路指定口岸进口粮食 3.8 万吨；截至 2020 年 8 月，西安港整车口岸完成整车进出口超过 18000 辆，继续引领全国各内陆口岸①。

4. 多式联运示范工程稳步推进

2017 年 11 月，陕西省西安港建设"一带一路"内陆中转枢纽陆海空多式联运示范工程入选交通运输部第二批多式联运示范工程项目。示范项目主要采取公铁联运、海铁联运与陆空联运三种运作模式，逐步探索"内陆港 + 自由贸易 + 多式联运"的功能叠加，以西安国际港务区站场设施、一类开放口岸、自由贸易试验区、国际班列等优势资源为基础，充分发挥西安与沿海港口合作优势，特别整合中欧班列资源。截至 2018 年，中欧班列已到达 11 个国家，14 个站点，累计发运班列 892 列，累计发运箱数 72242 箱，辐射了西欧、北欧、中东欧、独联体和中亚五国五大区域，吸引了全球货源，为中国商品出口欧洲、欧洲产品进入中国开辟了一条安全、高效、便捷的国际进出口贸易大通道，极大促进了国际贸易的发展②。

---

① 资料来源：西安市人民政府官网。
② 我省多式联运示范工程项目试点成效显著［EB/OL］. 三秦都市报，2018 - 7 - 8.

作为陕西省自贸区的核心片区，西安港以多式联运为载体，实现了公路货物向铁路、水运集约化方式的转移，运输资源配置优化与运输结构加速调整，提升了运输组织效率，减少了能源消耗和碳排放量，形成了陕西特色的内陆港海陆空多式联运发展新格局。

5. 相关政策与服务规则逐步健全

2019 年，在省委、省政府的领导和交通运输部的支持下，组织开展全省多式联运大调研，设立省多式联运专项工作办公室。陕西省政府 2019 年出台《关于大力发展三个经济的若干政策》，措施主要有：一是鼓励建设多式联运枢纽站场，开展公铁联运示范，对纳入国家示范工程的承担单位（企业）按中央补助资金的 20% 给予支持。二是对开通的中欧班列按财政部规定给予适当补助，对从新筑站开出的"五定班列"全程运费，由省、市、区财政结合开行情况给予适当补助。三是开展物流园区省级示范园区创建工作，对认定为省级示范园区以上的，根据示范效应和规模给予 100 ~ 300 万元一次性奖励①。

此外，陕西省发展和改革委员会配合省交通运输厅研究建立全省多式联运体系的政策措施，以"陆空港联动"为重点打造多式联运平台，推动陆空两港在规划上的紧密衔接，率先在基础设施、集装设备、服务标准等方面实现通用，开展多式联运试点示范工程，明确提出要依托航空货运枢纽发展卡车航班，提高陆空转运效率。2019 年 1 月 1 日，西安至德国曼海姆中欧班列从新筑站顺利开出，是陕西省首次以"铁海一体"多式联运方式开行中欧班列，其采取统一运单首次实现了跨境多式联运"一单到底"②。

6.1.2　陕西公铁联运存在问题

1. 多式联运通道集疏运衔接功能不完善

陕西省交通基础设施还存在发展不平衡、不充分问题，整体标准偏

① 陕西省人民政府印发《关于大力发展"三个经济"若干政策》的通知［EB/OL］. 陕西省人民政府网，2019 – 1 – 22.

② "海陆空"联动 现代物流让陕西畅达全球 – 陕西日报［EB/OL］. 中新网，2019 – 11 – 25.

低。如图6-3所示，2020年高速公路里程占全省公路里程的4%，高铁里程占全省铁路里程的14%，远低于全国平均水平。路网布局不完善，一半地级市未通高铁，关中城际铁路建设处于起步阶段；如图6-4所示，发展不平衡，陕南、陕北路网通达深度不够，交通对城市群、都市圈发展支撑不足，城乡交通二元结构依然存在，贫困地区交通供给和服务质量还需提高。如图6-5所示，以2020年公路货物运输为例，排名前三的城市分别为榆林、西安和渭南，分别占全省公路货物运输的23%、22%和15%，而商洛、延安等城市的占比则非常小。

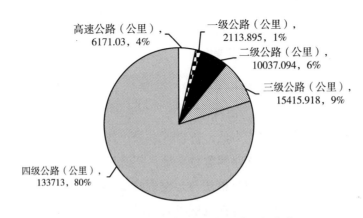

图6-3 2020年陕西省各级公路里程占比

资料来源：根据EPS数据库相关数据绘制。

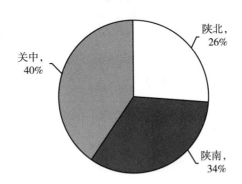

图6-4 2020年陕北、陕南、关中等级公路里程占比

资料来源：根据EPS数据库相关数据绘制。

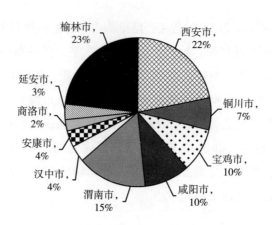

图 6 - 5　2020 年陕西各市公路货物运输量占比

资料来源：根据 EPS 数据库相关数据绘制。

陕西省综合运输通道建设基本成型，具备了发展多式联运的运输条件，但多式联运枢纽集疏运衔接水平低，功能不完善，设施整体配套性差，联运通道干支线衔接能力低，货物转运分拨效率低。具体表现在以下几个方面：一是部分地区铁路网覆盖不足，公路货运成为货物进出的唯一选择；二是现有部分大型物流枢纽与运输通道之间"连而不畅"；三是具备多式联运集疏运功能的综合物流枢纽数量严重不足，已建部分项目功能不完善，陕西省现有的陆港型物流枢纽业务运作孤立、功能单一，不具备开展多式联运业务能力；四是一些物流枢纽货运站场设计建设缺乏标准化，以不同运输方式为主的货运站场建设主要参考自身行业标准，造成与其他运输方式联动时中转效率不高。

2. 多式联运组织运营效率低

根据陕西省统计局数据显示，如图 6 - 6 所示，2019 年陕西铁路、公路、水路货运量共计为 154748.97 万吨，同比下降 10.68%。其中：铁路货运量为 44750.55 万吨，同比增长 5.93%；公路货运量为 109801.42 万吨，同比下降 16.07%；水路货运量为 197 万吨，同比增长 11.30%。陕西省内货运体系结构不合理，公路货运量占比过高，中长距离仍以公路运输为主，"公转铁""公转水""散改集"推进缓慢，铁路、水运优势未充分发挥。铁路只能单品类装车（箱），编组成行，增加货主转运成本与销售压力。省内部分区域未通铁路，大型企业铁路专用线建设滞后，标准化多式联运设施设备滞后，多式联运通道通达性不高。

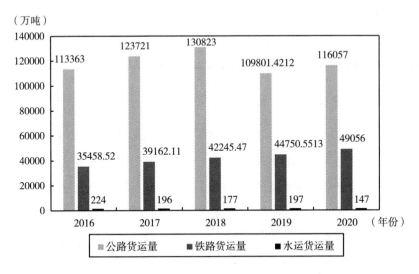

图 6－6 2016～2020 年陕西省公铁水货物运输量

资料来源：根据 EPS 数据库相关数据绘制。

2020 年上半年，中欧班列（西安）共开行 1667 列，是去年同期的 2 倍；运送货物总重 130.1 万吨，是去年同期的 1.9 倍①。多式联运主要模式为集装箱多式联运，总体组织运营效率不高，空路联运设施不完善，现有联运通道建设与运营未能起到明显降本增效推广效应。面向南亚、东南亚国家的多式联运境外经营能力严重不足，跨境多式联运通道开拓不足。内贸多式联运长期发展滞后，部分公路甩挂试点线路仅开展"一线两点"的单一模式，未开拓与铁路、航空的联运通道。陕西省内牵头开展多式联运的企业主要为多式联运示范工程项目企业、大型工业企业、大型物流运输企业。为保证服务品质，避免协同衔接不顺畅，货运市场主体的"小、散、弱"零散运力无法有效参与多式联运。

目前，陕西省多式联运项目主要集中在基础设施工程、多式联运设备购置、公共信息平台建设方面，区域覆盖面小、经营管理模式普遍不成熟。在

---

① 陕西：铁路货流上涨传递经济动能恢复信号［EB/OL］．中华人民共和国中央人民政府网，2020－7－31．

揽收货源、提升干支线衔接效率、提高中转换装效率、提升客户满意度、运输全程跟踪、多式联运战略同盟、联运主体间利益分配等方面亟须改进组织管理方式。我国各种运输方式由于长期管理体制的割裂，各自运行服务规则的自成体系，也导致陕西省内不同运输方式在票证单据、货类品名、包装与装载要求等方面规则不统一，差别较大，造成多式联运的制度成本较高。

3. 装备信息化智能化水平低

陕西省交通运输物流行业除大型企业具备相应信息化智能化水平外，大量企业装备信息化智能化程度较低，部分企业信息化体系建设缺乏前瞻性，处理业务中常出现不适应多式联运信息交换等问题。企业信息管理缺乏标准化，导致信息交换不畅。各层级部门、企业间多式联运信息资源互联共享滞后，缺乏有效的信息资源共享机制。跨区域的多式联运信息共享合作模式单一，难以实现通道内基础设施、运输能力、货物等资源的全面匹配、及时交互。不同联运信息平台之间尚未实现信息共享，联运信息平台与多式联运密切相关的海关、商检、交通等政府部门的政务系统也是相互独立，没有建立一个信息共享机制和统一的信息交互平台。

发展多式联运需要规范的运输标准及统一的运输单据，而且在货物转运过程中，信息渠道需要保持高效畅通，陕西省多式联运缺乏统一的规则保障，各种运输方式之间的单证不够规范，无法做到"一票到底"。

4. 多式联运标准与规范不统一

各种运输方式技术装备标准不一致。由于陕西省的铁路、公路等运输系统分属于不同的管理部门，在传统的单一运输方式下，每个管理部门都各自设计了一套技术装备标准，尤其是货物运载单元（集装箱的尺寸、载重等）各有各的标准，如铁路集装箱专用平车与国际标准集装箱在尺寸、载重方面不一致，如果通过航空到达西安机场的国际标准集装箱，需要再通过铁路运输到其他目的地时，铁路集装箱专用车运载国际标准集装箱，会产生空间利用不足、亏吨等问题。而公路运输方面，货运车型标准化程度很低，车型众多、规格不一，与铁路、船舶、飞机等其他运输方式难以实现换装转运的"无缝衔接"。

铁路运输能力紧张，不能为多式联运的内陆运输部分提供服务质量的保证；多式联运的参与者过多，从内陆的货代、船代、铁路运输部门到沿海的船公司、多式联运经营人和国际货运代理人，整个多式联运的环节过多，不利于成本的降低和竞争力的提高；内陆集装箱办理站过多，没能形成一定数量的大型集装箱办理中心，导致很难形成规模效应。

5. 多式联运理念仍需深入

2014 年，国务院印发的《物流业发展中长期规划（2014 - 2020 年)》中有 18 处提到大力发展多式联运，多式联运被列为 12 大重点工程之首。2015 年，交通运输部与国家发展改革委联合发布了《关于开展多式联运示范工程的通知》。2017 年，国务院印发的《交通运输部等十八个部门关于进一步鼓励开展多式联运工作的通知》指出了我国多式联运发展的 18 项具体任务。

近几年，国家多部委多次联合发文推进我国运输结构调整，加大多式联运的推进力度。但陕西省内除多式联运试点项目企业，省内重点工业企业、物流企业外，其他相关企业普遍存在对多式联运认识不足的问题，如有些地方运输管理部门、相关企业对不同类型的多式联运组织方式认识甚少，甚至将集装箱运输等同于多式联运，对多式联运业务仅停留在初步认识上，难以组织实施。传统运输企业中具备多式联运管理组织能力的人才缺乏，切实对多式联运组织模式、设备标准、联运装备、运营规范、跨领域运输方式不够熟悉。

6. 协调机制与法律法规不健全

首先，对于陕西来说，不同的运输方式分属于不同的部门管理，这样在交通规划以及衔接的时候难以做到统一。其次，我国普遍存在的一个问题就是缺少多式联运作业规范，由于协调机制的不健全，不同运输方式之间的衔接作业也难于做到统一和规范，从而使多式联运的实际操作难度大大提升，影响了综合运输体系效率的发挥，尤其是跨区域的运输方式的共同配合。

在多式联运立法方面我国还处于滞后状态，目前我国多式联运法律体系以《中华人民共和国海商法》与《中华人民共和国合同法》为核心，同时受《中华人民共和国铁路法》《中华人民共和国民航法》《中华人民共和国邮政法》等单一运输方式法律法规调节调整。受各方面因素制约，推进多式联运发展的综合性法律、行政法规的《中华人民共和国综合运输促进法》《中华人民共和国多式联运法》的立法进程刚刚启动。总之，从法律到司法解释，我国多式联运法律规则并没有成体系的专门规定，严重影响到我国多式联运的健康发展。

多式联运法规主要包括多式联运主管部门与多式联运经营人之间的行政管理法律和多式联运经营人与托运人等平等民事主体之间的民商事法律，《中华人民共和国海商法》与《中华人民共和国合同法》主要调整多式联运的民事关系，基于多式联运主管部门在实施对多式联运监管的行政法规至今还是空白，多式联运行政法规涉及的内容主要是多式联运主管部门基于维护市场秩序、规范经营行为等公共目的的需要，对推进多式联运发展应遵循的规则以及在中华人民共和国境内从事货物多式联运经营活动的行为予以一定的规范和限制，否则应当承担相应的法律责任。在多式联运货物索赔纠纷中，我国主要适用《中华人民共和国海商法》与《中华人民共和国合同法》，并参照适用单方式运输法中的法律法规。在事故较为常发的公路、内水等非海运区段中，只有部门规章可参照适用。一方面，这些规则效力位阶比较低，另一方面，在涉及责任限制制度时，货物的毁损、灭失发生于多式联运的某一运输区段的，多式联运经营人的赔偿责任和责任限额，适用调整该区段运输方式的有关法律规定。因此，目前对于多式联运的定域损坏，尤其是责任限制方面，还需要依据铁路、公路、水路等单方式运输的相关规定，在运输领域的责任问题上存在散乱的无所适从的状态。

6.2 陕西空港联运发展现状及问题

6.2.1 陕西空港联运发展现状

1. 陕西空港多式联运基础设施现状

航空物流的发展主要依托于设施完备、服务完善的空港枢纽，枢纽机

场建设既是国家经济发展的需求，也是航空港企业发展的需求。截至 2020
年 5 月，陕西省空港枢纽建设规划已具一定规模。目前，全省拥有 8 个通
用机场，其中具有较成熟发展历史的有 4 个，分别是西安咸阳国际机场、
榆林榆阳机场、汉中城固机场及延安南泥湾机场，另有若干通用机场在建
或规划中。陕西省内的航空物流业务主要集中于西安咸阳国际机场，2019
年该机场实现了年货邮吞吐量超 38 万吨，圆满完成全年预定目标任务，出
港和进港货量的比例占全省的 45% 和 55%[①]。

（1）西安咸阳国际机场基本情况。

作为关中城市群目前唯一的国际机场，咸阳国际机场是中国重要的门
户机场，年旅客吞吐量排名升至全国第七位，为西北地区最大的空中交通
枢纽，是中国大陆第五大机场，机场飞行区等级 4F 级[②]。西安咸阳国际机
场现已开通西安至阿姆斯特丹、哈恩、芝加哥等 16 条全货运航线[③]。2019
年以来，西咸机场新开西安 – 天津、西安 – 莫斯科、首尔 – 西安 – 河内等
全货运航线，累计达 21 条，其中稳定运营 12 条，自主包舱运营 5 条。尤
其是首尔 – 西安 – 河内航线，作为西北首条第五航权航线，有效提升了西
咸机场"国际航空枢纽"地位。目前，机场国际（地区）通航点总量达到
67 个，航线 75 条，联通全球 36 个国家、74 个主要枢纽和旅游城市。2019
年其相关基础设施、吞吐量与航线等数据如表 6 – 1 所示。

表 6 – 1　　　　　　　　　西安咸阳国际机场建设情况

基础设施		吞吐量/年	航线布局
2 条跑道	127 个停机位	旅客吞吐量 4722.1 万人	运营 345 条航线
44 个登机桥	140 个值机柜台	货邮吞吐量 38.2 万吨	通达国内外 211 个城市
3 座航站楼	36 条安检通道	起降航班 34.5 万架次	与 65 家航空公司建立航空业务往来
2.5 万平方米货运区	1.2 万平米集中商业区		

资料来源：联通 36 个国家 陕西自贸区西咸新区累计开通机场国际通航点 67 个 [EB/OL]. 西
部网 – 陕西新闻网，2020 – 4 – 16；转场 30 年｜西安咸阳机场转场 30 周年大事记_[EB/OL]. 搜狐
新闻，2020 – 4 – 16.

[①]　西安咸阳国际机场年货邮吞吐量超 38 万吨 [EB/OL] 新浪陕西，2019 – 12 – 31.
[②]　西安咸阳国际机场航空市场分析 [EB/OL]. 中国民用机场网，2021 – 12 – 6.
[③]　新华社. 西安年航空货邮吞吐量首次突破 30 万吨. [EB/OL]. 新华社网，2018 – 12 – 20.

（2）榆林榆阳机场基本情况。

榆林榆阳机场位于中国陕西省榆林市榆阳区，距离市中心约 15.5 公里，为 4D 级民用运输机场，是陕西省第二大航空枢纽。据 2019 年 4 月机场官网信息显示，榆林榆阳机场拥有一座航站楼，为 T1（中国国内），共 1.06 万平方米；共有一条跑道，跑道长度为 2800 米；可保障年旅客吞吐量 35 万人次、货邮吞吐量 0.14 万吨。截至 2019 年 4 月，共开通中国国内航线 26 条，通航城市 29 个，该机场历史吞吐量水平如表 6 - 2 所示。截至 2020 年夏秋航季，榆林机场计划开通 32 条航线、通达 31 个城市，其中长沙、福州、合肥、贵阳 4 个省会城市实现直飞，青岛、桂林、温州首次通航，省会城市直达率由目前的 48% 增至 71%。成功引进北部湾航空公司，在榆投放 3 架 E190 过夜运力。

表 6 - 2 　　　　　　　　　　　　榆林榆阳机场吞吐量水平

年份	旅客吞吐量（万人次）	年增长率（百分比）	货邮吞吐量（万吨）	年增长率（百分比）	飞行架次（万架次）	年增长率（百分比）
2012	106.63	17.1	0.24	83.5	1.16	13.5
2013	119.10	11.7	0.28	19.4	1.39	19.1
2014	138.64	16.4	0.31	8.2	1.55	11.6
2015	148.30	7.00	0.34	9.7	1.61	4.00
2016	151.37	2.10	0.37	8.6	1.55	-3.8
2017	177.11	17.0	0.41	12.7	1.83	17.9
2018	209.02	18.0	0.55	32.3	2.08	13.7
2019	253.15	21.2	0.80	45.1	2.37	21.2

资料来源：中国民用航空局网站。

（3）汉中城固机场情况。

汉中城固机场（柳林机场）是位于中国陕西省汉中市城固县柳林镇的一座军民合用支线机场，距离汉中市区 18 公里，为汉中市提供航空服务。2019 年 12 月 30 日，汉中城固机场年旅客吞吐量首次突破 65 万人次，货邮 2200 吨，汉中机场主业发展迈上新台阶[1]。自 2014 年通航以来，在市

---

[1] 陕西省 4 座民航机场介绍（附 2019 年旅客吞吐量数据）[EB/OL]. 网易新闻网，2020 - 6 - 4.

政府、集团公司的大力支持下，汉中机场主业飞速攀升，持续保持高质量发展状态。目前已累计保障旅客 191.5 万人次，货邮 4534.5 吨，年平均增幅分别为 52.3%、54.1%、93.6%。截至目前，汉中机场已开通北京、上海、广州、深圳、杭州、南京、乌鲁木齐、厦门、兰州、银川、青岛、昆明、南通、佛山等 16 个通航点，其中北京、上海按计划实现每天一班。汉中城固机场构建起连通京津冀、长三角、粤港澳大湾区和"一带一路"经济带的航线网络，架起汉中通向外界的空中桥梁。

（4）延安南泥湾机场情况。

延安南泥湾机场，位于中国陕西省延安市宝塔区柳林镇，距延安市中心 13 公里，为 4C 级军民合用运输机场。据 2019 年 4 月机场官网信息显示，延安南泥湾机场拥有一座航站楼，为 T1（中国国内）共 1.30 万平方米；共有一条跑道，跑道长度为 3000 米；停机位 7 个；可保障年旅客吞吐量 100 万人次、货邮吞吐量 800 吨、飞机起降 9016 架次。共开通中国国内航线约 20 条，通航城市 16 个。2018 年，延安南泥湾机场旅客吞吐量 38.65 万人次，同比增长 15.8%；货邮吞吐量 0.05 万吨，同比增长 68.2%；起降架次 0.37 万架次，同比增长 20.6%；分别位居中国第 151、第 137、第 167 位，其历年客货吞吐量情况如表 6-3 所示。

表 6-3   延安南泥湾机场吞吐量水平

年份	旅客吞吐量（万人次）	年增长率（百分比）	货邮吞吐量（万吨）	年增长率（百分比）	飞行架次（万架次）	年增长率（百分比）
2013	18.06	—	0.007	—	0.24	—
2014	19.36	7.2	0.02	71.3	0.24	−1.8
2015	21.25	9.8	0.01	−31.5	0.20	−14.9
2016	23.69	11.4	0.02	19.9	0.22	11.5
2017	33.37	40.9	0.03	59.4	0.31	36.4
2018	38.65	15.8	0.05	68.2	0.37	20.6
2019	41.35	7.4	0.05	16.5	0.40	8.1

资料来源：中国民用航空局—统计数据。

2. 陕西空港多式联运市场运营环境现状

（1）陕西空港多式联运空间布局结构。

目前，各空港枢纽的空间布局呈现出比较典型的圈层结构，如图 6-7

所示，不同的圈层区域分别为航空物流提供不同侧重的服务功能。例如在中心机场区域，除了机场的基础设施外，也分布着管委会、海关、检验检疫中心、信息服务中心等，为货代、物流公司等提供报关、报检、通关、查验处理、信息化处理等服务，并提供公共设施给各种空港物流参与者使用。在核心物流企业服务区内，布局了较多快递物流企业。在功能型物流企业服务区内，布局了西咸保税物流中心和通关一体化服务中心，并在紧邻第一圈层处建设保税仓库，包含普通库、进口分拨库和出口集拼；同时也布局了航空物流仓储服务中心，包括各仓储型物流园区等，为航空物流货物集散提供存储场地。在配套企业服务区内，则是布局金融类配套企业服务区、休闲类企业服务区及商贸类企业服务区等为航空物流发展提供配套服务。

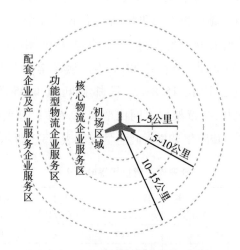

图 6 - 7　空港枢纽空间布局圈层结构

（2）陕西空港多式联运市场合作主体企业。

陕西空港新城依靠西北地区最大的空中交通枢纽，发挥枢纽优势，大力发展"三个经济"。就目前来说，西咸新区空港新城已经吸引众多企业入驻发展，入驻企业包括中国南方航空、中国东方航空、深圳航空、普洛斯、顺丰、中通、圆通等大型企业[1]。

与此同时，由于航空快递件在空港货运中占比较大，陕西空港新

---

[1]　资料来源：入驻企业 - 陕西省西咸新区空港新城管理委员会网站。

城为国内外快递企业主体提供了良好的航空货物中转运输市场环境。国内快递企业纷纷在陕西布局西北转运中心，集散西北地区货物。其中以邮政航空、圆通速递、顺丰航空和申通速递为主的快递企业在陕西省空港枢纽航空物流发展中做出了重大贡献，其具体航空运输服务能力如表6-4所示。

表6-4　　　　　　　　重要快递企业航空运输服务能力

快递企业	枢纽定位	发展情况
邮政航空	西部重要节点	邮政航空采用"全夜航"集散模式，以西安为其中节点，打造了EMS"限时递""次日递""次晨达"等业务品牌。拥有2架过夜航班（737-300），运营西安-郑州、西安-仁川等多条航线。日均处理邮件量最高可达5万件
圆通速递	西北转运中心（一级枢纽）	圆通速递西北转运中心项目占地126亩，总投资约3亿元，包括办公楼、分拣车间、研发楼等。拥有2架过夜航班（737-300），运营西安-杭州往返、深圳-西安、西安-鄂尔多斯、杭州-西安-乌鲁木齐、深圳-西安-乌鲁木齐等多条航线。日货运量（航空货件）40~50吨/天
顺丰航空	西北地区航空转运中心	顺丰以西安为其西北航空转运中心，顺丰速运西北航空转运中心的成立未来将努力服务于丝绸之路经济带建设，辐射陕西、甘肃、宁夏、青海、新疆等省份，航空邮件日处理量超过200吨
申通速递	西北转运中心（全国八大转运中心之一）	申通快递西北转运中心占地面积120亩，投资3.6亿元，2017年年初已建设完成并投入使用。西北地区50%以上货物都在西安中转

3. 陕西空港多式联运运输服务现状

（1）货源服务。

在货源方面，西咸新区空港新城积极对接国内大型货运代理企业，先后与西安华瀚、杭州子华等4家国内大型货代公司签订包量协议，通过货量补贴推进货量增长；协调机场物流公司通过降低机场操作费、不断提升服务质量，航空货量提升再添新动力。目前，西咸新区空港新城的航空货运组成成分如图 6-8 所示。出港货物以农副产品、服装、医药及电子设备为主，进港货物则以快递公司的货物居多。

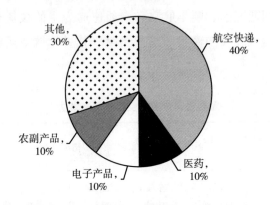

图 6-8　西咸新区空港新城航空货运组成

资料来源：根据 EPS 数据库相关数据绘制。

（2）口岸服务。

陕西航空物流产业在资质方面获得批复口岸的类型较少，主要的批复口岸集中于西安咸阳机场。目前该机场拥有进口冰鲜水产品、进境食用水生动物、进口药品、进境水果、进口肉类 5 个指定口岸资质，区内企业国际贸易"单一窗口"使用率达 100%。同时，为落实国务院"口岸提效降费"工作精神，实现口岸服务企业收费透明化，已在航空口岸全面推行关税保证保险担保、企业自主打印税单等更优质的通关服务举措。目前口岸通关实行正常工作制，暂未实现 7×24 小时通关，平均通关时间是 12 小时。

（3）仓储配送服务。

西安目前形成了三个仓储群落，空港新城仓储群落属于其中之一，落成了普洛斯国际航空物流园、丰树西咸空港国际物流园、圆通速递西北转运中心、西咸空港国际冷链物流仓储转运中心、巴夫洛冷链物流园等项目①，为周边区域市场提供货运仓储和物流分拨配送服务，提供更加快捷高效的"门到门"空运末端配送服务。具体项目提供的仓储服务数据如表 6-5 所示。

---

① "创新驱动"助力西咸新区跨越式发展［EB/OL］．央广网，2021-8-26．

表 6 – 5 重要项目航空物流仓储服务能力

项目	仓储服务能力
普洛斯国际航空物流园	南区机场货站有 18.3 万平方米国际一流标准仓库，提供快递、快运、冷链仓储服务；北区有 8.6 万平方米的国际一流标准仓库，主要提供陆空转运仓储服务
丰树西咸空港国际物流园	建有 6 幢通用仓库提供仓储租赁服务，租赁面积 7.1 万平方米，为防火丙二类承重 3 吨类型仓库
圆通速递西北转运中心	现有仓储面积 1.75 万平方米，快件中转操作场地 8400 平方米。内设大件货物分拣流水线，全自动分拣系统上线分拣效率达到 2 万件/小时，分拣错误率比人工分拣下降 95%
西咸空港国际冷链物流仓储转运中心	拥有两座独立多温控冷库，温控区间 – 30 ~ 0℃，主要提供航空物流配套冷链仓储服务
巴夫洛冷链物流园	服务于电子商务、生物医药的电商冷链物流基地，主要建设 1 幢立体温控库、3 幢阴凉库

资料来源：【白皮书】2018——西安仓储业新旧交替的分水岭［EB/OL］. 罗戈网，2021 – 8 – 26.

（4）保税物流服务。

陕西省唯一的临空型保税物流中心处于西咸新区，已在 2016 年正式封关运营，陕西西咸保税物流中心位于空港新城中部，紧邻西安咸阳国际机场西北侧，重点打造空港型高效通关及保税物流服务平台，2018 年保税物流中心进出口货值达到 6.85 亿元，同比增长 80.54%，招引 21 家企业入区。中心建设卡口、海关国检查验仓库、1 栋多层立体仓库以及 2 栋单层仓库等仓储监管设施用房①。项目紧邻西安咸阳国际机场规划中的专用货运跑道，作为陕西自由贸易试验区西咸新区功能区的核心部分，其以"境内关外"的运作模式，可实现保税物流仓储、全球采购、国际分拨及配送、进出口贸易和转口贸易、商品保税展览展示、简单加工和增值服务六项服务功能。

6.2.2 陕西空港联运存在问题

1. 参与主体缺乏协调

陕西空港枢纽物流服务业务的开展涉及众多主体，在整个航空物流服

---

① 陕西西咸保税物流中心［EB/OL］. 空港集团网，2020 – 1 – 6.

务流程中，参与主体之间的信息交流取决于二者是否存在直接的业务往来，但交流信息的有限导致了各个主体的业务活动不能做到同步进行和有效协同。

在空港多式联运服务流程中，货物每经历一个环节都需要对货物进行检验，存在无纸化单据流转无法实现、检验检疫流程复杂造成时间成本较高、主体间服务链运行效率不高等问题。并且在整个服务链流程中，串行连接较多，从而导致了整个货流服务流程繁冗。囿于机场与高铁、快轨等的无缝衔接还存在差距，机场货物的集散主要依靠公路运输，无形中增加了运输成本，削弱了时效性，对陕西空港多式联运发展不利，与加快建设交通强国中各主体一体化建设要求不符。各个主体在信息、职能、业务协调配合方面还有很大的改善空间。

2. 信息平台建设滞后

陕西省各空港枢纽虽然现有一些可利用的单一信息平台，但是缺乏统一的一体化信息平台。西咸空港区航空物流中，涉及的相关主体有：航空公司、机场、物流公司、海关等，每个主体在运营时使用各自的信息系统，所以，彼此之间信息交流时容易出现信息孤岛、信息壁垒现象，导致各主体在相互合作过程中信息共享程度低、效率慢、服务满意度低。现有的陕西电子口岸综合服务平台使用情况及效果不好，导致整个服务过程中各节点连接不善，操作层面工作产生重复、失误及效率低下。货运操作流程中非一体化问题突出，长期以来，咸阳机场货运的估方、仓储、收提货全靠人工完成，不仅工作效率低，而且容易出现人为差错，导致服务质量下降，引起客户投诉。航空货运处理方面的具体问题及表现如表 6 - 6 所示。

表 6 - 6　　　　　　航空货运处理方面的具体问题及表现

表现	存在问题	具体描述
信息非一体化	内部信息不共享	进港、出港、库存、分拣、包装、配送信息人工统计，信息不共享
	外部信息无对接	货主无法对货物状态进行实时跟踪，报关、报检系统无对接

续表

表现	存在问题	具体描述
流程非一体化	各环节未联结	各流程无法有效计划、执行与控制，货主经常投诉无法查询货物状态，对外与联检单位信息系统无法做到对接，货物通关缓慢
	全部流程无监管	无法对各环节进行实时跟踪、有效控制、全程监管
布局非一体化	园区布局不相连	货运区与保税区、自贸区、物流园区空间上有一定距离，货物需先运输到机场货运区

同时，缺乏全行业的公共信息平台，没有形成一个统一的、服务全行业的公共信息平台，因此信息系统的不完善导致了多式联运部门之间以及各运输环节之间信息不对称，而信息不能共享又导致了物流信息传递慢，造成货物局部流动失控，工作效率低下。需要建设一个高效的物流信息共享平台使得服务链效率实现提升。

3. 空港多式联运设施不完善

目前，陕西多式联运主要模式为集装箱多式联运，空港多式联运设施不完善，专业化货运设施设备缺乏，检验检疫功能不齐全，现有联运通道建设与运营未能起到明显降本增效推广效应。

空港多式联运设施不完善体现在专业化货运设施设备缺乏。目前，西安的航空货运 80% 以上依靠客机腹舱载货，因此在航空货运硬件设施设备的配套上距离货运枢纽的标准还有较大差距，仍然较难适应航空物流系统化、专业化、集中化的发展要求。跨境多式联运通道开拓不足，面向南亚、东南亚国家的多式联运境外经营能力严重不足；内贸多式联运发展滞后，部分公路甩挂试点线路仅开展"一线两点"的单一模式，未开拓与铁路、航空的联运通道；陕西省内牵头开展多式联运的企业主要为多式联运示范工程项目企业、大型工业企业、大型物流运输企业，其货运体系结构中公路货运量占比较高，航空优势未充分发挥。

检验检疫功能是评估空港枢纽质量的重要指标之一，尤其是目前处于新冠疫情防控阶段，空港枢纽输送进口冷冻物品较多，检验检疫成为疫情防控的关键点。目前，陕西省与其他重要空港枢纽检验检疫服务的查验、联网、费用、政策等方面对比存在一定的不足之处。与郑州、成都、重庆等城市相比，无"一次查验，一次放行"，机场货站联网没有实现，无相关费用保障，政策优惠较少。检验检疫功能急需加强和提高。

4. 航线网络布局不均衡，通达性不高

基于陕西地理位置，域内各机场规划设计、功能定位等不同，导致域内各机场发展差异较大。参与陕西航空市场运营的航空公司将运力集中在骨干航线上，中小机场利用率低，骨干航线上同质化竞争越演越烈。西安咸阳国际机场的航线数达到 3 位数，域内支线的其他机场的航线数却极少。

航空枢纽经济具有网络特性，应该将各个区域连接起来，但陕西域内航空网络总线数太少，航线网络布局呈现不完善状态，一方面影响各区域之间的生产要素和资源配置能力，另一方面增加运营成本和边际成本。

截至 2019 年底，西安机场开通客货运航线合计 370 条，西安机场共开通全货运航线仅 21 条，占西安机场航线总数的 5.7%[1]。造成了绝大部分货邮运输依赖客机腹舱载货的方式运营，客观上造成了客机腹舱载货比例严重偏高、小批量散货运输的特点，进而影响了航空货运专业化发展。

5. 枢纽经济发展体制存在短板

政府监管不足。陕西省各空港枢纽建设遍布全省，航空、铁路、公路、不同的枢纽区也实行着多部门管理，多头管理的现象造成空港多式联运无法实现协调、高效、一体化的联合运输，没有形成指导枢纽经济发展的统一长期规划。这种管理体制也严重制约了陕西多式联运的发展。铁路、航空等话语权受制于国家部委，在国际航线、国际货运班列的审批，补贴支付等方面审批参与主体多、周期长。

政策支持不够。多式联运体系相关政策不到位，基础设施连通不紧密。支持航空物流发展的配套性政策体系不健全，航空货运补贴落实不到位，补贴机制仍需完善。现有用地、税收、补贴等方面政策配套弱、力度

---

① 李达. 西安现代航空物流发展的问题及建议［J］. 业界百色，2021－7－31.

小，比如航空货运、寄递渠道"一带一路"扶持政策、全省性的安检及补贴政策等。需要充分发挥"两只手"的作用，完善基础设施、引进企业配套、加强政策保障。

全货运基地航空公司少。全货运基地航空公司是推动航空物流发展的重要动力。不论西安国际港务区、空港新城还是咸阳机场，与物流枢纽发达的城市相比总量小。自1998年国内航空货运专业化发展以来，中货航、国货航等国内主流货运航空公司，以及依托快递企业建立起来的邮政航空、顺丰航空、圆通航空，其主运营基地均在国内三大城市群中的一线城市。目前仅有京东、顺丰、韵达、圆通等建立了西北基地，还缺少全国性基地在陕西布局。在机场运营的货运航空公司数量方面，截至2020年底，西安机场运营货运航空公司共7家，同期郑州机场运营货运航空公司达31家，西安不足郑州的1/4。在主运营基地货运航司方面，民航局在册的11家货运航空公司中，主运营基地位于西部的只有一家，即2020年才开始运营的位于西安的西北国际货运航空公司①。

---

① 李达. 西安现代航空物流发展的问题及建议 [J]. 空运商务，2021 (5).

第7章

中欧班列（长安号）发展现状及问题

中欧班列（长安号）是国家"一带一路"倡议下往来于中国和欧洲以及"一带一路"沿线国家的"五定"货运集装箱班列。中欧班列的发展带动了亚欧大陆的物流和经济贸易的合作，拉动了沿线地方经济，同时促进了中国铁路集装箱货运和多式联运的发展。但是，在国际多式联运的发展背景下，也暴露出基础设施落后、市场竞争无序等问题。通过分析中欧班列发展现状，找出运营过程中存在的问题，从基础设施、市场机制、执行层面等多个维度提出发展建议和措施，为在后新冠疫情时代下继续打造"长安号"精品班列、开行精品路线提供多重保障，促进陕西多式联运的高质量发展。

7.1 西安集结中心发展现状

7.1.1 枢纽作用日益明显

陕西西安国际港务区通过"干支结合"的方式，与周边城市合作构建"＋西欧"集结体系，全力打造中欧班列（西安）集结中心。西安相继开行了襄西欧、徐西欧、蚌西欧、冀西欧等 15 条集结线路，辐射长三角、珠三角、京津冀地区等主要货源地，国内 29 个省（区、市）的货物实现在西安港集散分拨。目前，"长安号"运输的省外货物占比超过75%，进口货物中65%以上从西安港发出①。与多个沿海港口城市合作开行陆海联运班列，无缝对接全球航运体系，打造以西安为中心的全球物流网络。如今，西安已成为辐射全国、连通欧亚的货物集散中转枢纽，2020年获批全国中欧班列（西安）集结中心示范工程，中欧班列（西安）集结中心的枢纽效应和辐射效应日益明显，逐步实现由"点对点"向"枢纽对枢纽"转变，形成了铁海联运、空铁联运的立体物流大通道，通过"通道＋口岸＋电商＋产业"的模式，带动了产业快速聚集。2021年建设港口功能区、中央商务区和产业承接区等三大片区将推动西安集结中心辐射带动作用继续提升②。

7.1.2　项目建设加速推进

中欧班列（西安）集结中心建设基础扎实，在铁路枢纽方面已构成亚洲最大的铁路物流集散基地；在公路枢纽方面已建成铁路一类、公路二类的开放口岸，粮食、肉类、整车指定口岸，以及国家跨境电商综试区、全国二手车出口试点等功能完备的口岸体系。通过组织梳理中欧班列集结中心承载项目，项目涉及铁路货运场站建设、集疏运设施建设、多式联运转运设施建设和信息化提升改造等方面，建成后将极大完善中欧班列（长安号）集疏运体系，提升区域物流发展水平。目前各项目正在有序推进，进展顺利。

7.1.3　班列规模不断扩大

西安与周边节点城市展开通力合作，相继开行了襄西欧、徐西欧、蚌西欧、冀西欧、厦西欧、唐西欧、永西欧、渭西欧、贵西欧、芜西欧10条

---

① 构建"一带一路"核心枢纽 全面打造中欧班列（西安）集结中心［EB/OL］. 中国（陕西）自由贸易试验区网，2021 - 11 - 11.

② 智库观中国：高质量建设中欧班列集结中心 打造陕西对外开放新引擎［EB/OL］. 学习强国，2021 - 8 - 25.

集结班列，实现了与长三角、珠三角、京津冀、晋陕豫黄河三角洲等主要货源地的互联互通，中欧班列（西安）集结中心已织线成网。

7.1.4　区域格局逐步形成

西安携手山西永济开行"永西欧"国际班列。"永西欧"国际货运班列从山西永济火车站驶出，一路向西奔向西安。货物到达西安港后，将集结中转，再搭乘中欧班列（长安号），到达哈萨克斯坦阿拉木图和乌兹别克斯坦塔什干中亚主要站点城市。西安和永济紧密合作，加大货源组织，在确保"永西欧"国际班列高频次、高质量开行的基础上，大力推进"中欧班列（长安号）＋其他兄弟城市"的发展模式，全面加快中欧班列（西安）集结中心建设。

西安持续加强与"一带一路"沿线国家交流合作，新拓展了西安至多瑙斯特雷达、维也纳、维罗纳以及中东欧等班列线路，班列目的地遍布欧亚大陆，中欧班列（长安号）已真正成为中国制造走出国门、丝路沿线国家特色产品进入中国的"丝路使者"。

7.2　中欧班列（长安号）发展现状

7.2.1　开行指标增长迅速

中欧班列作为国际铁路联运列车是"一带一路"倡议的践行者，以改变西部特别是满足西北地区对外开放格局要求；通过不断优化运输组织，提高服务质量，开行规模实现井喷式增长，构建了"东联西出""西联东出"的国际物流集结通道。2013 年，首列中欧班列（长安号）—西安至阿拉木图中亚号的班列开行，从刚开始 1 列 53 车到 2021 年累计完成开行 3720 列。西安市成为当年全国境内首个班列开行货运量连续突破 3000 列的试点城市，开行量同比上年增长 17%，开行量、重箱装载率、货运量等综合效益指标继续稳居当年全国第一。随后，重庆市和成都市两个中欧开行班列的新节点是对西安市的快速追赶和二次超越[①]。

中欧班列（长安号）集拼中心作为中欧班列（西安）集结中心的重要组成部分，其出口集拼业务是陕西打造内陆地区效率高、成本低、服务优的国际贸易大通道的具体实践，为更多国际贸易企业节约了运输成本。

7.2.2 班列产品种类丰富

2021 年 3 月，德国不莱梅哈芬—中国西安首列德国奥迪超级整车班列抵达西安港，中欧班列（长安号）整车专列产品品类从工业机械及原材料、粮油等工业副食品类产品，到其他工业应用原材料、机械设备、建材工业品及零配件、汽车及电动整车及零配件、家用电器、高附加值消费电子产品、生活用品等，去程回程产品品类丰富。

7.2.3 精品班列时效性强

全国唯一的跨越里海的海联班列——中欧班列（长安号）（伊斯坦布尔—西安）是中国首个常态化运营的铁海联运直达土耳其的国际联运班列，较海运时效减少 1/2。自 2019 年 11 月首开，至今已经累计开行 20 多列，平均时效 15 ~ 18 天。中欧班列（长安号）（西安—斯瓦夫库夫）宽轨直达班列是首列宽轨直达欧洲腹地班列，全程换装仅一次，平均时效 10 天，是通往欧洲的高时效班列，在 2019 年 12 月首开以来，至今已开行 60 多列。中欧班列（长安号）开行线路、开行班期及时效如表 7 - 1 所示。

表 7 - 1 　　　　　中欧班列（长安号）开行地区及运行时效表

开行地区	线路路径	可分拨目的地	班期	时效
中亚地区	西安(新筑)—阿拉山口(境)/霍尔果斯(境)—塔什干/阿拉木图/索洛科瓦亚	中亚五国全境	1 ~ 2 班/周（公共班列）	3 天
			4 ~ 5 班/周定制班列 20 列/月	7 ~ 9 天

---

① 中欧班列"长安号"集拼中心启航 [N]. 国际商报，2022 - 3 - 1.

货运物流高质量发展理论探索与陕西实践

续表

开行地区	线路路径	可分拨目的地	班期	时效
欧洲地区 1（中东欧地区）	新筑—多斯托克—俄罗斯—乌克兰—波兰斯瓦夫库夫	布拉格、鹿特丹、米兰、巴塞罗那、路德维希港	1 班/周	10 天
欧洲地区 2（俄罗斯、白俄罗斯、乌克兰）	新筑—满洲里/二连浩特—俄罗斯（全境）/白俄罗斯（全境）/乌克兰	沃尔西诺（莫斯科、科利亚季奇（明斯克）基辅	满洲里图定计划 2 班/周	15～18 天
			二连浩特图定计划 1 班/周	13～15 天
欧洲地区 3（土耳其）	新筑—霍尔果斯—阿腾科里—阿克套—巴库—卡尔斯—伊兹米特/哈卡里	土耳其、保加利亚、塞尔维亚、罗马尼亚、乌克兰、埃及、匈牙利、奥地利、捷克、意大利	1 班/周	15～18 天

资料来源：西安国际港务区官网。

7.2.4　设施建设初具规模

西安市地处中国大陆中心，地理位置优越。西安至国内各主要城市以及沈阳至阿拉山口、二连浩特、满洲里 3 个主要出境运输口岸的距离较国内其他各大城市更近。同时，西安市也是全国六大铁路局集客运运输枢纽之一、八大铁路局客货运运输枢纽之一、十八大铁路集装箱中心站之一。截至 2021 年 4 月，包括"贵西欧""宛西欧""汉西欧"等多条线路在内，中欧班列（西安）集结中心的班列集结运输线路已基本达到 15 条①。中欧班列（西安）的集散运输功能已经初见较大规模，形成了国内国际大循环、国际国内"双循环"运输网络。中欧班列（西安）集结中心班列建设的组织线已形成循环网。

---

① "汉西欧""宛西欧"双线齐发 中欧班列（西安）集结中心辐射力影响力持续提升［EB/OL］. 中国网，2021－4－1.

7.3 存在问题

7.3.1 沿线基础设施落后，运输效率有待提高

中欧班列（长安号）沿线涉及的国家地区较多，一些国家和地区的口岸沿线基础设施落后，货运承载力不足，对于运送的货物无法全部承接转换，严重影响运输效率。此外，一些国家和地区的物流配套设施不足，设备组织能力无法和运货量匹配，导致货物装卸搬运和信息传输登记困难，无法实现快速税保和交易结算，严重影响运输效率。

自2017年开始，中欧班列境外段基础设施落后及配套能力不足问题对中欧班列发展的制约作用日益明显。一方面，与我国阿拉山口、满洲里、二连浩特、霍尔果斯等主要边境口岸对应的哈萨克斯坦、俄罗斯、蒙古国边境口岸换装、仓储能力不足，俄铁、哈铁等境外承运商也无力调配充足的火车车板以承接本国境内段运输，从而造成相应过境国每天接车数有限，大量出境班列只能暂停在国内不同路段，形成国内堵车；另一方面，波兰作为班列进入欧盟市场的主要过境通道，其边境口岸车站的换装、仓储能力同样较低，不能满足中欧班列在宽轨段和标准轨段间进行换装运输的要求，从而形成境外堵车，降低了班列运行的时效。尽管不少境外路段已开展了基础设施更新改造工作，但仍不能满足班列开行量快速增长带来的庞大需求。

7.3.2 各国货运标准不一，沿线通关手续繁琐

中欧班列（长安号）沿途路线途径国家较多，而各个国家的运输规则不统一，严重制约中欧班列的运输时效和信誉。另外，由于车辆载重、容积等规格不一致，可能会在口岸站换装时发生短装、溢装和甩货的现象，既增加了运输成本又降低了运行效率。中欧班列整个过程涉及多个主体共

同参与，不同国家各自依照各国规则，手续种类、单证使用复杂，且流转和交接频率高。亚欧大陆政府间铁路合作组织包括铁路合作组织（OSJD）和国际铁路货物运输政府间组织（OTIF）。两个组织在各自范围内分别使用"国际货协运单"（SMGS 运单）和"国际货约运单"（CIM 运单）。在跨组织联运时，传统方式是两种运单并行，在相应的边境站重新办理发运手续时二次制作另一运输法律体系的运输单据，并且在业务衔接时，需要填写大量不同标准的单证，但这些单证的内容重复度高，比如铁路运单、订车订舱单、场照收据等涵盖的内容 90% 是一致的，但因为要递交的部门不同而需反复填写，导致中欧班列（长安号）整体运输效率不高，严重制约中欧班列（长安号）的高质量发展。

7.3.3　信息平台建设滞后，缺乏有效数据共享

中欧班列（西安）集结中心及中欧班列（长安号）业务涉及的业务角色较多，各个环节的各个主体开发了适用和匹配自身业务的信息管理系统，此类系统在软硬件架构、数据库、交换接口等方面存在的差异使信息难以共享，彼此之间信息交流时容易出现信息孤岛、信息壁垒现象，导致各主体在相互合作过程中信息共享程度低、效率慢、服务满意度低；从安全层面上说，数据的共享在某种程度上会带来网络安全隐患和潜在的数据风险，尤其是在运输企业之间，还涉及企业互信和法律问题，因此各方信息开放的积极性不高，严重影响各运输主体的有效沟通。

7.3.4　缺乏有效协调机制，运营模式有待创新

由于中欧班列开行涉及中国中央与地方政府关系、政府与企业关系、中国与沿线国家关系等不同层次，因此，不同行为主体间的关系顺畅就是中欧班列发展和完善的重要前提。在实际业务中，中央与地方政府、线路平台公司、境内承运公司等国内主体之间的突出矛盾是制约中欧班列提升发展质量的主要因素之一。国内各类主体对中欧班列的具体看法、政策倾

向等存在很大差异。现有协调机制更多依靠倡议性的引导而非执行性的规范来发挥影响，很难在解决相关地方利益与行业利益、政治利益及经济利益之间的冲突过程中发挥显著作用。

首先，中欧班列（长安号）位于东部地区的货源到达西安港以公路运输为主，受天气等诸多因素影响，高速公路封闭、堵车时，货源难以在短时间内到达集结地，等待满足编组条件时间较长；其次，由于中欧班列（长安号）国际货运班列使用的时速 120 千米/小时的铁路货运车辆为近几年新造车辆，不属于铁路主要车辆类型，调度和车站等部门需要提前协调空车来源，铁路车辆的集结时间过长。同时，由于各级主管单位的协调机制不完善，中欧班列（长安号）至今都无法运输诸如锂电池等一系列重要危化品，导致其丧失了抢占此类货物运输市场的先机，整体利益损失严重。此外，中欧班列（长安号）国际货运班列在货源承揽、调配箱源及综合服务等方面的经营能力仍需大幅提升，承运企业对货源的掌控能力明显落后于国外大型物流企业。

7.3.5 财政补贴缺乏规范，市场无序竞争加剧

政府的宽厚补贴是中欧班列呈爆发式增长的原因之一，一定的优惠政策对于中欧班列前期的发展大有益处，但是长久的不合理补贴会加强相关企业对政府补贴的依赖性，扰乱市场，阻碍班列往后的运营和发展。各地政府为了从海运市场吸引货源，只能通过财政补贴的方式，将中欧班列的运价压低到和海运相近的价格。

7.3.6 回程货源组织困难，防疫措施有待优化

中欧班列回程最常见的货物是食品类、最终消费品和汽车类整车及相关配件，常为定制班列；受全球新冠疫情的影响，欧洲国家的生产大量停滞，国际返程货源极少，回程空车、载货不满现象时常存在。中欧班列（长安号）回程班列仅为去程班列数量的五成。同时，俄乌冲突等国际局

势的变化，不仅造成全球大宗商品价格大幅波动，对下游生产制造业带来冲击，也不可避免地加大了跨境贸易、货运市场的风险因素，中欧班列的回程数量遭受严重影响。另外，中欧班列（长安号）目前的消杀过程，措施不够精准，作业时间较长，使得运输效率较新冠疫情之前有所下降，一定程度上增加了班列的运输成本。

第 *8* 章

陕西公铁空联运发展路径及措施

"十四五"时期，我国区域经济布局、人口结构分布、要素供给模式等发生深刻变化，交通运输行业进入完善设施网络、精准补齐短板的关键期。新时期要坚持以创新为核心，增强发展动力，提升交通运输发展质量效率；要增强综合交通运输体系韧性，调整发展模式，将绿色发展理念、低碳发展要求贯穿发展全过程，提高自身运行安全水平和保障能力。《"十四五"现代综合交通运输体系发展规划》明确提出要构建高效货运服务系统，大力发展货物多式联运，加快建设多式联运设施。要将满足人民对美好生活的向往、促进共同富裕作为着力点，促进设施服务均衡协同、交通运输与经济社会发展深度融合，以全方位转型推动交通运输高质量发展。

在国家《"十四五"现代综合交通运输体系发展规划》《交通强国建设纲要》《推进多式联运发展优化调整运输结构工作方案（2021－2025年）》等相关政策文件的指导下，结合陕西省公铁空联运发展现状，提出陕西省公铁空联运高质量发展目标，并探索实现高质量发展目标的路径。在陕西省公铁空联运高质量发展路径的基础上，提出着眼于多式联运基础设施、信息建设、模式创新、标准制定、合作机制的全面协调发展，打造"交通枢纽＋运输体系＋联运标准＋信息共享＋协同机制""五位一体"的立体化多式联运高质量发展体系的建议与措施，即完善基础设施建设；优化运输网络服务功能；深化多点融合模式发展；强化多式联运示范作用，提高多式联运信息化水平；建立多式联运标准体系；加强市场机制和政企合作机制建立，以加快陕西公铁空联运高质量发展，进而推动陕西省形成"南向北联东融西合"全方位开放新格局，以促进陕西省经济高质量发展。

8.1 陕西公铁空联运发展路径

结合前述陕西省公铁空联运发展问题，总结出陕西公铁空联运高质量发展存在基础设施不完善、组织运营效率低、信息化水平有待提升、标准与规范不统一、协调机制不健全5个方面的问题，为实现陕西省公铁空联运高质量发展，有针对性地解决陕西省公铁空联运发展短板，依据交通运输部印发的《交通强国建设评价指标体系》，坚持市场主导、政府推动，深化改革、创新驱动，整合资源、统筹谋划、精准施策的原则，从上下联动执行、科技进步引领、模式创新驱动、绿色持续保障4个方面着手，提出陕西省公铁空联运高质量发展路径，其中，上下联动执行，注重调动各级人民政府、有关部门、市场主体等各方积极性，发挥各自优势，形成枢纽体系建设合力，有效落实各项"公铁空"联运高质量发展政策。其次，依靠科技进步引领运输技术、场站设备的提升同时提高信息化水平，通过模式创新促进标准化体系建设，完善服务规则衔接。同时，在各个环节中须注重绿色发展，加强环保。整体上，坚持软硬结合，强化多方合作，协同推进枢纽基础设施及装备硬联通、规则标准及服务软联通、运营机制一体化，提升综合效能，切实保障陕西省公铁空联运高质量发展。具体路径如图8-1所示：

（1）上下联动执行方面。制定交通运输法、多式联运促进法，加快相应配套法规的修订。加大对多式联运发展条件较好地区内具有经济优势和坚实技术基础的多式联运承运企业的资金投入力度，如西安、咸阳、延安等地区，促使其发挥带动作用，拉动其余多式联运承运企业协同联动，加强政策引导、业务指导、技术传导，发挥企业在装备技术创新、运营组织模式创新等方面的主体作用；明确多式联运托运人、承运人的责权利和行业标准规范制订要求，加强不同运输方式的规则衔接。

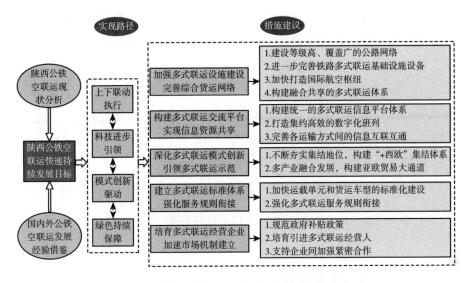

图8-1 陕西省公铁空联运高质量发展路径

（2）科技进步引领方面。以"互联网＋"和大数据技术为基础，以位置应用服务为支撑，搭建包括物流信息服务、监管信息集成、辅助信息支持、在线电子支付等多式联运信息综合服务平台。开发相关物流仓储管理系统、线上预定系统、线下反馈服务系统等，实现物流运输的网络化管理。其次，加快技术装备升级，提高场站设备、检验设备、转运设备等多式联运设施设备的自动化水平，加速形成集装箱多式联运"一站式"全自动化的发展模式。

（3）模式创新驱动方面。建立"互联网＋公铁空联运"新模式。通过将互联网O2O电子商务服务与公铁空联运结合，实现货物运输线上线下对接的智能化管理。大力推动国内大型电商与大型物流公司以及陕西铁路公司构建合作模式，倾力打造公铁空联运战略新模式。加快陕西省航空物流网络发展，积极开展跨境电商业务，探索发展冷链物流、医药物流、保税物流、物流金融等新兴业态。通过"通道＋口岸＋电商＋产业"的新模式，带动产业快速聚集。深入推进多式联运"一单制"，探索推进国际铁路联运运单、多式联运单证物权化，加快多式联运单证的统一及电子化。

（4）绿色持续保障方面。系统谋划构建绿色多式联运体系。大力推动绿色交通基础设施建设，将新发展理念贯穿交通基础设施规划、建设、运营和维护全过程。推动大宗物资"公转铁、公转水"，推进陕西及周边地区多式联运运输绿色低碳转型。加快货运新能源、清洁能源的推广应用，大力推行清洁能源体系建设，加强对碳排放的控制，设置碳排放奖惩机制，同时推广大型、高效、节能、环保的快速转运装卸设备的应用，推动多式联运绿色发展。通过公路物流完善西安"米"字形公路网络，建设关中快速环线，做好面向各地区的延伸与衔接工作，创造出舒适、安全、方便、经济、环保的公路物流大通道。

8.2 陕西公铁空联运发展措施建议

8.2.1 加强多式联运设施建设，完善综合货运网络

加强陕西省交通物流基础设施设备建设是推动陕西公铁空多式联运的硬性保障，既要分别完善公路、铁路、航空交通运输子系统的建设，又要统筹兼顾注重三个子系统间的衔接与配合，从而减少货物在不同运输方式间转运的障碍，推动陕西省多式联运整体建设。

1. 建设等级高、覆盖广的公路网络

加快骨干公路和普通国省道公路建设，形成服务水平高、保障能力强、覆盖面广的基础公路网，形成覆盖所有市县的高速公路主骨架，尤其是加强陕南、陕北地区的路网建设。加快实施国省道干线公路升级改造，基本消除断头路，提高普通公路服务能力和水平。建设一批连接铁路、公路站场、机场的集疏运线路，增强枢纽节点辐射带动能力。继续建设连接资源富集区、产业园区的高等级公路，提升服务产业发展能力。加强干线公路与城市道路有效衔接，具备条件的城市规划建设绕城公路。

2. 进一步完善铁路多式联运基础设施设备

完善铁路多式联运站场建设、改造标准，加强铁路场站设备设施的升级改造，推广应用先进的装卸和运输技术装备，提高公铁空联运基础设施

衔接水平，尤其是加快推进关中城际铁路建设以及安康、商洛、汉中三市的高铁基础设施建设。推进铁路集装箱中心站、铁路物流基地等多式联运型物流园区建设，并积极向社会物流企业开放。加快发展铁路集装箱专用平车等专业化装备和配套机具，大力发展铁路商品车运输、冷链运输、危化品运输等特种车辆。借鉴欧洲多式联运的经验，试点应用公铁驮背运输等装备技术。

在国内国外"双循环"的新格局和"一带一路"大背景下，倡议沿线各国统一修缮改造或重建基础设施建设来适配中欧班列（长安号）运输体系。陕西政府应发挥自身优势，从方案设计、资金投入、技术支持等多个方面为国内及沿线国家通道建设助力，加快整条班列运输路线的修建完善，以提升多式联运运输体系的基础设施水平。

3. 加快打造国际航空枢纽

搞好陕西省机场规划建设，大力发展航空货运，扩大货运服务范围，集聚航空物流企业，织密航线网络，打造最佳中转机场。支持西咸新区空港新城和西安咸阳国际机场航空货运发展，构建以西安国际航空枢纽为核心、支线为支撑、通用机场为补充的机场格局，鼓励采取多种方式吸引航空公司加大运力投入，吸引国内外货物集聚，按完成当年货运吞吐量给予一定奖励。

4. 构建融合共享的多式联运体系

以构建融合共享的多式联运体系为重点，引导公路、铁路物流企业加强合作，促进货源与公铁空等运力资源有效匹配，降低车辆等载运工具空驶率，提高运输组织效率。推进物流通道建设并以此为依托，加快枢纽站场建设，落实西部陆海新通道总体规划，构建与东南亚各国间的陆海多式联运新通道，拓展东盟市场。构建具有陕西特色的航空高端带动、公铁无缝衔接、水陆协同发展的多式联运体系，支持西安、宝鸡、延安补齐物流功能短板，规划建设国家物流枢纽。完善货运枢纽集疏运功能。按照货运"无缝化"衔接的要求，加快建设多种运输方式相互衔接的综合货运枢纽，以及服务集装箱运输的集装箱中转站和服务重要资源及能源基地、制造业基地的货运站等。推进铁路进大型工矿企业和物流园区，保证多式联运"中间一公里"和"最后一公里"衔接顺畅，提升高等级公路、铁路专用线直接连通多式联运枢纽场站的比例。

8.2.2　构建多式联运交流平台，实现信息资源共享

基础设施的衔接和运输方式的协同是简化多式联运运输环节的硬性保障，而信息平台是实现多式联运的基础，是有效衔接不同运输方式的桥梁和纽带。根据欧美发达国家发展多式联运的经验和陕西省多式联运现状，实现多式联运发展愿景，首先要达到物流的无缝衔接与信息的实时共享两个目标，即各种运输方式无缝衔接，实现货物的"门到门"运输；货物运输信息能够在海关、铁路、企业等单位之间实时共享，减少通关、转运时间，同时实现信息流与物流的高度统一，不会出现货物运输信息传递严重延迟的情况。

1. 构建统一的多式联运信息平台体系

推进政府部门、运输企业、重点物流园区、企业平台资源整合，依托中国（陕西）自由贸易试验区建设，将西安国际港务区、中欧班列西安集结中心等平台资源进行整合，进一步补齐短板和完善功能，构建智慧口岸物流平台、国际贸易"单一窗口"等平台体系，从而打通物流在多种运输方式、物流各环节的信息壁垒，构建全省统一的多式联运信息平台体系，实现物流信息互通共享，提高物流运行效率。

建设开通铁海（水、陆）联运国际中转（过境）物流通道，建立中欧班列检验检疫信息化系统，实现全口径进出境班列数据共享，简化纸质单证，推进检验检疫无纸化，实施"进境口岸检疫、境内全程监控、出境直接核放"监管模式。简化国际货运班列客户对接流程，为客户提供运价咨询、订舱、物流信息查询、交易结算、融资等多项服务，探索打造全网物流体系。

2. 打造集约高效的数字化班列

整合国内相关行业、部门、企业信息资源，建设中欧班列（长安号）

信息化综合服务平台，搭载中、英、俄及德文等多语言，以"互联网＋"和大数据技术为基础，以位置应用服务为支撑，与哈铁、德铁及俄铁物流等企业信息系统对接，完善与沿线国家铁路、海关、检验检疫等信息系统的电子数据交换和信息共享，打通物流信息链，推行海关、检验检疫、铁路、港口单据电子化，加快推进物流监控信息化建设，提高中欧班列管控的信息化、智能化、规范化水平，建立集约、快速、便捷、安全的监管模式，打造"数字化"中欧班列。

3. 完善各运输方式间的信息互联互通

深入研究信息共享需求、信息开放清单、信息互联方式等实际问题，通过多式联运信息平台和区块链、大数据等数字科技应用，打通物流在各运输环节的信息壁垒，实现公铁空物流信息共享，提高物流运行效率。

8.2.3 深化多式联运模式创新，引领多式联运示范

2020年国家发展改革委下达中央预算内投资2亿元，支持郑州、重庆、成都、西安、乌鲁木齐五个中欧班列枢纽节点城市开展中欧班列集结中心示范工程建设。中欧班列（长安号）2020年全年开行量达到3720列，班列开行量、重箱率、货运量等核心指标稳居全国第一，全年中欧班列质量评价指标全国第一，成为全国中欧班列高质量发展的典范①。

1. 不断夯实集结地位，构建"＋西欧"集结体系

深度挖掘国内外市场需求，加快东行海铁联运大通道建设，持续提升中欧班列（西安）集结中心的枢纽功能。积极接洽国内东中部地区的制造业城市，推进与东部沿海港口的深度合作，拓展海铁联运线路，完善公铁联运体系，助力兄弟城市尽快融入全球制造业体系的同时，推动中欧班列（长安号）形成合理的货品结构。切实发挥西安国际中转枢纽功能，加大

---

① 四个第一！中欧班列（西安）成全国高质量发展典范［EB/OL］. 中华网陕西，2021 – 1 – 18.

与东亚、南亚和大洋洲等国家合作，为构筑世界多边贸易格局贡献陕西力量。充分发挥西安国际港务区指定进口口岸及跨境电商综试区等功能，开发汽车、粮油、板材等回程大宗稳定货源，提升中欧回程班列（西安）集结中心的集结功能。组织我国东中部地区城市与中欧班列沿线城市定期召开经贸洽谈会和交流会，吸引"一带一路"沿线国家政府、企业参与，共同交流中欧班列运营经验，洽谈合作业务，推动中欧班列（长安号）品牌的共建、共享、共用。

2. 多产业融合发展，构建亚欧贸易大通道

利用"＋西欧"集结体系，整合陕西省内及周边省市产业资源，紧抓跨境电商爆发式增长的市场机遇，适应全球疫情常态化的新形势，积极拓展跨境电商业务，在跨境电商专列开行的基础上，大力开发国际邮包、电商快件、冷链运输等高附加值货源，吸引更多跨境货源，不断提升陕西外贸水平。主动对接跨境电商平台，争取将西安设为中西部跨境电商集散分拨中心，推动跨境货物搭载中欧班列（长安号）从西安起运出境，同时将"一带一路"沿线国家高品质商品引入内陆市场，不仅能够缩短跨境进出口物流成本，更能进一步提升陕西对外开放水平。

加快打造内陆改革开放高地，充分利用西安国际港站国际铁路物流枢纽平台作用，逐步实现由"点对点"向"枢纽对枢纽"转变。形成铁海联运、空铁联运的立体物流大通道，通过"通道＋口岸＋电商＋产业"的模式，带动产业快速聚集，加快本地企业走出去的步伐，吸引物流巨头助力西安融入国际供应链合作。

推动运贸产一体化发展，依托中欧班列（长安号）的全网物流优势，加大招商引资力度，通过物流枢纽功能带动贸易导入及产业聚集，引导行业龙头企业逐步将贸易转向西安，建设汽车、快消品等中西部贸易集散基地和商品分拨中心。进一步优化陕西营商环境，不断提升劳动力素质，创造更好条件承接国内外加工贸易产业转移。随着中欧班列贸易通道的建立和逐步成熟，中国庞大消费市场对"一带一路"沿线国家具有强烈的吸引力，借鉴德国汉堡、意大利博洛尼亚"现代化港口＋大型商贸中心"的建设模式，吸引"一带一路"优质企业，更好地服务于陕西外向型经济发展。

8.2.4 建立多式联运标准体系，强化服务规则衔接

建立多式联运标准化体系，将有助于打通各种交通方式相互衔接的障碍，降低转运成本。具体内容包括探索多式联运组织模式，推进全程"一单制"无缝运输服务；制定多式联运服务规则，加强公、铁、空运输方式在一体化组织中的货物交接、合同运单、信息共享等方面的制度对接和统一规范；建立多式联运信息系统，整合货源、运输、单据、金融等信息服务；建立智能运转系统，利用大数据、物联网等技术提升多式联运换装转运的自动化水平。

1. 加快运载单元和货运车型的标准化建设

多式联运以集装箱与半挂车为主要运载单元，运载单元的标准化是实现多式联运标准化的基础。美国和欧洲均已成功建立运载单元的标准体系。美国有集装箱和半挂车两种运载单元，每种运载单元都有各自的基础标准，比如集装箱分海运箱和内陆箱，内陆箱以53英尺为主，相应的半挂车的外廓也以53英尺为规范[1]。欧洲有集装箱、半挂车和交换箱体三种标准化运载单元，同样实现了箱、挂、车的标准协同[2]。因此，陕西省也应加快运载单元的标准制定，提高内陆市场运输的集装箱化水平，积极引导和鼓励标准化、集装化、厢式化运输装备换代升级，推广应用国际标准集装箱，大力推动散货入箱的"散改集"业务，发展绿色节能的联运业务。鼓励发展铁路商品车、冷藏、危化品等特种专用运输车辆。积极推广使用冷藏集装箱、粮食专用箱、罐式集装箱等专业设备。持续深入推进货运车型标准化专项行动。引导和培育集装箱、半挂车以及托盘等多式联运设备租赁市场发展，推进运载单元共享共用、循环利用。在商贸流通和城市配送领域，推广带托运输和不倒筐配送。

---

[1] 【产学研结合工作会展播】谭小平：多式联运新政——十八部门十八条政策概要［EB/OL］. 中国物流学会网，2017－5－15.

[2] 【物流园区年会展播】李彦林：多式联运推动物流园区转型发展［EB/OL］. 中国物流学会网，2019－9－16.

2. 强化多式联运服务规则衔接

加快开展多式联运服务规则标准体系研究，推动不同行业、不同运输方式和企业间服务规则衔接，鼓励探索制定以铁路为主干的多式联运票据单证格式、运费计价规则、货类品名代码、危险货物划分、包装与装载要求、安全管理制度、货物交接规范、报销理赔标准等方面地方性运输规则，建立全程"一次委托"、运单"一单到底"、结算"一次收取"的服务方式。积极参与和推动建立全国性多式联运运输规则。对比国际物流企业服务标准，从企业自身标准化建设出发，以示范作用带动行业服务规则的统一，为国家标准、行业标准的制定和实施打好基础。创新互联互通合作机制，按照共商、共建、共享原则，构筑全方位、立体化开放大通道，推动国际中转集拼业务的发展。提升中欧班列（西安）的辐射能力，同时，引进航运及船舶运输服务等经纪公司，引导多式联运企业联盟合作，在设施共享、单证统一、规则衔接、信息互联等方面先行先试。

制定统一的国际运输标准流程，完成沿线国家运输体系的协调一致，优化通关流程，统筹规划沿途公路铁路等运输体系建设。在数字化技术广泛普及的背景下，加快推进中欧班列（长安号）全程的单据凭证和报关材料的数字化进程，并逐步开展提前申报、提前审核批准的通关流程优化，利用现代化信息技术提高信息共享水平，使各个通关口岸实现货运通关等信息数字化对接，减少中间环节和不必要的损耗。同时，协调国外铁路、海关等部门，建立统一互认的单证格式、货物通关、数据共享等相关规则和技术标准，提高班列运行质量和效率，降低运输总时长和物流成本。

8.2.5 培育多式联运经营企业，加速市场机制建立

多式联运的发展须有一个规范的有竞争活力的市场氛围。明确市场主体是建立多式联运市场机制的首要问题。一方面，培育大型国际多式联运经营人作为行业发展的主动力，做强市场。另一方面，让更多符合条件的中小国际货运企业参与进来，做大市场。鼓励有条件的运输企业向多式联

运经营企业转型，积极倡导货运企业开展多式联运试点示范。规范货运代理业，建立良好的市场竞争环境。

1. 规范政府补贴政策

省市政府应根据《中欧班列发展规划（2016－2020年）》合理控制补贴力度和时效。枢纽城市可在班列运行初期给予适当补贴，但要逐渐强化市场机制。非枢纽城市应减少班列补贴，引导其为枢纽城市集散货物服务。陕西省应科学制定"退坡"机制，分阶段分步骤降低地方补贴，创新财政补贴方式，降低园区企业的相关服务费用，将政府补贴逐渐转为企业营运让利，逐步消减企业对补贴的依赖，与四川、重庆、甘肃等省（区、市）联合，出台补贴政策，统一标准，防止恶性竞争，增强市场活力。

2. 培育引进多式联运经营人

积极选取并着重培育发展基础较好、具有国际物流先进水准和先进理念、具有较强资金配套能力和多式联运业务运作条件的龙头骨干企业，为其提供资金以及政策上的支持并鼓励其积极申报多式联运示范工程项目，形成具有典型示范和带动作用的多式联运枢纽、组织模式、信息系统以及联运承运人，并总结推广多式联运示范工程工作经验。同时引进国内外优秀多式联运经营企业来陕设立总部基地、营运中心和区域分拨中心，提升陕西物流市场主体规模化、集约化发展水平。鼓励铁路运输、陆港运营、港口航运企业和综合物流企业向多式联运经营人转型发展，培育一批无船承运人。支持有实力的多式联运经营人向全球物流经营人转变，鼓励多式联运企业统筹布局境外服务网络，建设境外集散分拨中心、海外仓等，优化国际多式联运节点布局。促进不同运输方式企业间战略合作和承运人间资本合作，组建多式联运专业化经营主体。支持企业应用电子运单、网上结算等互联网服务新模式，拓展多式联运服务链条。

3. 支持企业间加强紧密合作

引导和鼓励我省开放平台、物流园区、通道运营平台以及多式联运经营主体加强多种形式的业务协作，积极搭建企业合作、政企合作的互动平台。充分发挥行业协会作用，支持成立多式联运企业合作联盟，建立健全运作机制，切实发挥联盟在推动多方交流合作、信息互联互通、标准规范制订、技术成果推广、市场自律管理等方面的作用。

农村物流篇

第9章

农村物流高质量发展理论基础

自高质量发展①提出以来，政府政策和市场新动向引发了社会和学界对各行业高质量发展的广泛关注。在高质量发展理念下，农村物流的发展拥有全新的机遇和增长点。为更好地剖析农村物流高质量发展的方向，本章主要讨论的4个问题具体脉络如下：首先从高质量发展切入，归纳农村物流高质量发展的相关概念；其次根据农村物流的阶段性发展特性，分解农村物流的发展演化过程；再次从4个方面解构农村物流高质量发展的驱动机制；最后说明影响农村物流高质量发展的相关因素。通过上述4个问题，探究农村物流高质量发展的理论基础，进而推动农村物流高质量发展的研究进程。

9.1 农村物流高质量发展内涵

9.1.1 高质量发展

2017年，党的十九大首次提出高质量发展的新表述，表明我国国民经

---

① 高质量发展是2017年中国共产党第十九次全国代表大会首次提出的新表述，表明中国经济由高速增长阶段转向高质量发展阶段。2017年12月6日，总书记在主持召开党外人士座谈会时指出："实现高质量发展，是保持经济社会持续健康发展的必然要求，是适应我国社会主要矛盾变化和全面建设社会主义现代化国家的必然要求。"

习近平强调，贯彻新发展理念 建设现代化经济体系 [EB/OL]. 中华人民共和国中央人民政府网，2017 - 10 - 18.

济由高速增长阶段转向高质量发展阶段；中央经济工作会议进一步提出要建立相关考核体系，推动我国经济在实现高质量发展上不断取得新进展；2020年，习近平总书记提出"要保持绿色发展，培育经济高质量复苏活力，实现生态环境保护和经济高质量发展双赢"[①]。在经济发展的新时代，我国持续推进产业结构调整，经济发展方式正从增速放缓向提质增效转变，推动高质量发展成为保持经济持续健康发展的必然要求。

经济建设是高质量发展的重点领域，在我国经济的高速增长阶段，经济发展总体呈现出不平衡、不协调、非可持续等发展问题。为适应我国社会主要矛盾变化，高质量发展主要从"总量扩张"向"提质增效"转变，对社会经济发展提出了更高要求，衍生出了更高标准，经济发展方式在高质量内核的要求下呈现潜在式和内涵式的增长。从宏观经济发展角度出发，发展质量主要从经济社会的发展效率及各组成部分的均衡发展等方面进行评价。高质量发展要求转变经济发展方式，使得经济运行效率提高、产业结构更加合理、流向市场的产品与服务具有更高品质，从而对冲增速放缓的影响，提高经济社会发展质量。从系统整体发展角度出发，经济建设水平与当前社会发展环境、发展条件和发展阶段等社会现状相互影响，共同服务于社会发展。高质量发展是对社会经济发展的新要求，重视对发展主体——人的自身需求的满足，涉及要素投入、发展效益、成果共享等多个方面，秉承新发展理念，致力于形成集约的经济发展方式、合理的产业结构、先进的资源配置，在为人民提供高质量的产品和服务的同时，促进社会环境和基本条件向好发展。

9.1.2 农村物流高质量发展

随着我国经济的高速发展，物流业在衔接生产与消费、推动区域协调发展等方面发挥了重要作用。农村物流业直接服务于广大农村地区的生产生活及其他经济活动，有效促进农业生产资料供应、农产品及农村消费品流通[②]，

---

① 习近平4点建议推动共建美丽世界［EB/OL］. 人民网，2020 - 10 - 02.
② 《关于深化交通运输与邮政快递融合 推进农村物流高质量发展的意见》政策解读［EB/OL］. 交通运输部网，2019 - 8 - 19.

从而推动"工业品下行"和"农产品上行"的城乡双向互济。2021年的政府工作报告[1]中指出，推动高质量发展需要稳中求进，提出全面实施乡村振兴战略，促进农业稳定发展和农民增收。受经济发展方式、历史因素、城乡发展规划等方面的影响，农村物流起步较晚，发展水平有限。伴随着数字经济的发展、居民收入的提高、消费模式的转变、下沉市场的拓展，农村物流乘着乡村振兴和新发展理念的东风，发展环境逐渐改善、服务质量显著提升，迎来了高质量发展的春天。农村物流高质量发展是国民经济发展的重要体现和客观要求，是在推进乡村振兴战略和电子商务发展的背景下促进农村发展的重要抓手，通过贯彻新发展理念，在提高农村物流供给质量、加速农村物流质量提升的同时，倡导降本增效和绿色化发展。

9.2　农村物流系统的发展演化

9.2.1　农村物流系统特性

随着时间的推移和环境的发展，农村物流的组成结构更加完整、功能更加完善，农村物流系统有了重大改变和质的飞跃。农村物流从以农业生产为中心发生的物质运动和物流管理活动，逐渐发展为从农产物料采购到农产品形成、储存、流通、加工、销售等多种活动以及广大农村范围内满足人民生活等过程的集成。

从系统发展的角度考虑，农村物流是由政府、市场等宏观主体和农业合作社、农资企业、第三方流通企业等微观主体构成的复杂系统。当农村物流系统内部不同主体的发展引起系统结构的变化时，农村物流系统就从一种相对稳定态过渡到新一阶段的稳定态，即系统发生了演化。农村物流系统是一个典型的耗散结构系统，即在其发展过程中作为一个远离平衡的开放体系，通过与外界交换物质和能量，在外界条件变化达到一定阈值时，能从原来的无序状态变为时间、空间或功能的有序状态。根据耗散理

---

[1]　政府工作报告——2021年3月5日在第十三届全国人民代表大会第四次会议上［EB/OL］.新华网，2021-3-12.

论原理，从开放性、非平衡性、非线性、随机涨落等四方面讨论农村物流系统自身的条件特性。

（1）开放性。

农村物流系统的开放性可以从两方面分析：一方面，农村物流作为整体系统，在发展演化过程中会受到社会经济发展、物流产业发展等方面的影响，其开放性对外界环境的适应能力、对系统的正向演化具有促进作用；另一方面，系统间各个节点的交互与合作是系统运转的必要前提，随着农村生产力和人民生活水平的提高，单个环节或节点的改善难以应对内外环境变化对系统产生的影响。

（2）非平衡性。

农村物流系统的非平衡性主要表现为：系统中运输、仓储、装卸、加工、信息化水平等子系统发展的不均衡；农村物流系统受到不同区域经济发展影响呈现不同发展态势；农村物流在物流网络布局、上行供给能力、下行流通能力等方面不平衡等问题。

（3）非线性。

农村物流系统作为动态发展的非线性系统，其内部进行着大量非线性活动以保持系统的非平衡相变过程。其成员企业的运作方式、管理制度、外界市场等因素的非线性、非同步发展使得系统内各节点间体现出协作和竞争的关系。

（4）随机涨落性。

涨落作为系统演化的内部诱因，起着触发作用、杠杆作用，以及破坏旧的组织结构的稳定和推动形成新的有序结构的作用。构成农村物流系统的子系统运动状态不断变化，整个系统的状态也会不断变化。

9.2.2　农村物流系统演化进程

受社会经济和农业农村发展、农村物流主体间相互关系等因素的影响，农村物流系统的演化在不同时期表现出明显的阶段化特征，可将农村物流的发展演化具体分解为以下四个阶段（见图9-1）：

（1）农村物流1.0阶段：竞争阶段。

在社会经济水平较为低下的时期，受农村生产力发展水平的制约，农村地区社会经济活动的规模较小且物品流通的空间有限。这一时期农村物流系统中各主体处于相对独立的组织状态,社会分工与协作程度很低,物品在同地区内进行市场份额的竞争,即参与竞争的同区域同产业存在负向反馈机制,以实现自身利益最大化。

(2)农村物流2.0阶段:协作阶段。

随着国家对"三农"扶持政策的推行,农业从业人员的经济负担降低,生产积极性和创造性有所提高,农业的迅速发展和社会经济环境的不断改善,促使农村物流系统从混乱无序到浅层合作、从非组织化向组织化演变。在这一阶段,各主体以自身利益最大化为动因,独立主体围绕特定物流业务进行协作,形成初级系统,使协作效应大于各自收益的简单累加。

(3)农村物流3.0阶段:协调阶段。

在协作阶段的基础上,农村物流系统各主体在深入合作中相互适应,系统的组织有序度进行正向演化。这一阶段系统协作的范围有所扩充,由围绕特定业务逐渐转变为主体间资源、技术等要素在时空、质量、数量上的协调,更加强调物流效率,立足点向系统整体发展偏移。

(4)农村物流4.0阶段:高质量发展阶段。

受经济发展方式和发展理念影响,农村物流进入高质量发展阶段。"工业品下行"和"农产品上行"的双向互济要求农村物流发展考虑系统运作的内部资源、特点、优势,也要关注外部环境变化,把握行业发展动向。在此基础上优化配置内部资源和充分利用外部资源,对农村物流的发展条件进行统筹,从而推动农村物流的精益式发展。

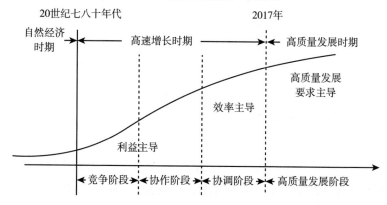

图9-1 农村物流发展阶段划分

9.3　农村物流高质量发展驱动机制

驱动机制是解决发展的动因问题，农村物流高质量发展是一个复杂的调适性过程，基于高质量发展时期的主导要求，农村物流在关键要素流转、资源优化配置等方面持续发力，正逐步建立农村物流高质量发展的新动能。在明确农村物流高质量发展的定义及其发展阶段的演化后，结合有关部门的政策文件、农村物流发展环境及现有学术研究，现从创新驱动、服务—集聚驱动、绿色驱动、信息驱动四个方面，解构农村物流高质量发展驱动机制。

（1）创新驱动。

高质量发展是创新驱动的发展，体现在创新处于我国现代化建设全局中的核心地位。随着行业的不断发展，我国农村物流的创新在优化资源配置、提高运行效率的基础上，努力实现由要素投入驱动向技术创新驱动的内涵式发展。创新驱动是生产力与生产关系的互动，生产工具的变化将有效推动生产关系的改变。在农村物流高质量发展的进程中，表现为物流技术、工具、管理模式的不断改进推动物流服务模式和响应速度的创新和发展。

（2）服务—集聚驱动。

由于农村物流的客观条件和发展特性，加之农村生产力及需求的影响，物流服务的半径无法无限扩展。通过水平分工、区域划分和区域间连片专业化提供服务，增加可交易密度和物流线网利用率，提高服务水平，扩大市场规模，从而带动物流纵向分工深化、促进产业集聚、降低服务交易成本，增强物流服务的可持续性。表现为通过规模经济原理提高农村物流服务水平和相关产业集聚化。

（3）绿色驱动。

绿色是高质量发展的底色。作为国民经济发展的基础性、战略型、先导性产业的重要组成部分，实现高质量发展是农村物流需要积极参与的一场广泛而深刻的经济社会系统性变革。在农村物流高质量发展的过程中，绿色驱动主要体现在加快农村绿色物流发展的有关举措上，包括运作效率高、能耗消耗低的高水平运输，考虑合理布局物流节点建设、运营对环境的影响程度的绿色仓储，涉及集约型采购、生产、包装材料合理化以及逆向物流的绿色供应链等方面。

（4）信息驱动。

信息驱动是推动农村物流高质量发展的综合性驱动。伴随着现代物流体系的建设，物流信息化在政策文件引导的基础上，更多地体现在农村物流行业的智能化改造上，即对农村物流过程的信息化处理。针对农村物流过程的智能化、信息化处理，主要从硬件升级和软件应用两方面进行。硬件方面体现为农村物流基础设施的建设及闲置资源的合理利用，软件方面体现在各关键要素的信息化，例如物流操作数字化、物流商务电子化、物流经营网络化等。

9.4　农村物流高质量发展影响因素

DPSIR 理论模型可从系统论的角度表征影响农村物流发展的社会、经济、资源、环境等问题的各要素关系，来描述和解释研究问题的原因、表现等，并通过政府决策、公众参与等方式做出响应，以改善系统当前状态。通过引入该理论，将模型运用到农村物流高质量发展的分析过程中（见图9-2），有利于系统化总结各系统发展动因的影响作用，进一步分析市县级农村物流高质量发展水平，从而促进农村物流的发展，实现新发展理念下农村经济走向高质量发展道路的要求。

（1）基于 DPSIR 理论的驱动力因素分析。

① 社会经济发展。物流的派生性决定了物流系统的总量取决于经济系统的经济流量，即经济发展规模是决定物流系统发展规模的主要因素。农村经济是农村物流系统的存在基础和服务对象，随着社会经济的不断向好发展，农村经济发展有利于释放下沉市场，加快构建工业品下行的流通路径，从而扩大农村物流需求，促进城乡协同发展。农村经济发展规模的变化会进一步优化经济结构变化，为物流系统提供良好、健全的市场基础，

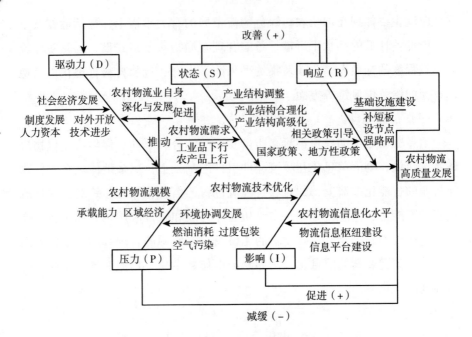

图 9-2　农村物流高质量发展因果

从而壮大农村物流系统发展规模。

②农村物流业的演变。受过去农村生产不均衡现象的影响，农村物流发展伊始侧重于解决生产资料问题，运力仅能满足生产实物流通的需要。随着经济快速发展拉动物流需求提升，影响农业发展的瓶颈正从生产领域转向流通领域，大市场与小运力的矛盾亟待解决。进入社会经济的发展新阶段，物流业在农业生产与流通、农民就业增收、农村城市化等方面的作用日益凸显，高质量发展对现代农村物流提出了新要求。

（2）基于 DPSIR 理论的压力因素分析。

①农村物流规模。农村物流市场规模是农村物流需求量与农村物流供给量的反映，物流规模从量的角度表示物流业所达到的高度，反映了物流业在一定时期内所创造的价值及运营规模大小的情况。随着农村经济的发展，农村物流的承载能力不断增强，促使农村物流市场规模逐渐扩大，得到扩大的农村物流规模又促进农村物流业发展，进而推动农村地区经济发展。三者互为依托，相辅相成，加速农村物流系统的发展变迁，使得农村物流逐步向高质量发展方向迈进。

② 环境协调发展。新发展理念提出"创新、协调、绿色、开放、共享"的新发展格局，推动生态文明建设、构建绿色农村物流产业体系是推动农村物流高质量发展的内在要求。传统物流业粗放的物流活动以及市场对物流服务质量的更高要求，产生了环境污染、资源浪费等一系列问题，不利于社会经济的高质量、可持续发展。物流业在推动农村经济发展的同时应对资源环境进行有效保护和合理利用，在发挥农村物流对经济的拉动作用的同时，更好地保障农村居民生活环境，实现农村物流的长期高质量、可持续发展。

（3）基于 DPSIR 理论的状态因素分析。

① 农村物流需求。农村物流是连接城市与乡村、生产与消费的重要抓手，其需求增长对促进城乡结合发展、推动乡村振兴具有重要作用。近年来，随着乡村振兴战略的实施以及各级政府对解决"三农"问题的重视和推进，农业现代化水平显著发展，农产品产量增多，农村物流上行需求量增大；农民可支配收入逐年增加，为农村消费市场注入活力，农村电商产业迅速发展，农村物流下行需求量增大。

② 产业结构调整。物流产业结构调整可从物流产业结构合理化和高级化两方面进行分析。随着农村物流系统的发展，陕西省已涌现出一批专业化的第三方物流企业，为广大农村客户提供运输、仓储等传统物流服务的同时，还提供更加全面的流通加工、物流设计服务。服务于农村物流的第三方企业的出现，表明农村物流服务体系逐渐完善，产业发展结构趋于合理，更加适应市场需求变化。电子商务与农村物流的结合扭转了传统物流"小、散、弱"的发展格局，促进了农村物流业的现代化发展，提升了农村物流产业规模和发展水平。

（4）基于 DPSIR 理论的影响因素分析。

① 农村物流信息化水平。根据现代物流体系的建设情况和农村物流主体的不同，农村物流的信息化建设可从信息平台建设、物流信息枢纽建设等方面考虑。交通运政信息系统对当地农业、供销、运输、邮政等部门的信息资源进行整合，通过完善信息平台建设，打破各部门间的信息壁垒，实现物流资源的高效调配和合理利用。物流信息枢纽建设是通过对农村邮政服务站、快递网点等基层节点的信息系统进行建设和改造，为农村物流

末端环节注入活力，推进信息平台与信息枢纽的衔接，从而促进物流和商品信息在物流末端的充分利用，提高农村物流信息化水平。

② 农村物流技术优化。受到经济发展现状和物流需求的限制，物流技术在广大农村地区的应用及优化目前主要局限在传统物流技术方面：在运输技术方面，随着"四好农村路"的建设，更多载重大、效率高的货车得到运用；在装卸搬运技术方面，叉车、新式托盘等设备的使用有效减轻了繁重的体力劳动，机械化程度加强；在包装技术方面，对包装材料的选择倾向于质量稳定、价格低廉、防虫防鼠等材质要求。物流技术的使用和优化，是推动农村物流发展的重要因素。

（5）基于 DPSIR 理论的响应因素分析。

① 相关政策引导。政策的本质是政府对经济发展方向的引导。近年来国家实施乡村振兴战略，积极构建农村物流业发展需要的软环境，大力推进农村电子商务发展，开展电子商务进农村综合示范，完善县乡村三级农村物流体系，从而把握农村物流体系建设的发展方向。陕西省地方政府遵循国家导向，明确农村物流业发展过程中具体支持和受限重点，统筹农村物流网点规划，推进农村物流设施资源共享共用，推动农村地区交邮融合，为保障农村物流高质量发展提供坚实的政策支持。

② 基础设施建设。加强农村基础设施建设是农村物流高质量发展的重要基础。针对部分地区物流网络建设短板，增设邮政"三农"服务站、村邮站、快递超市等基础物流节点，提高农村物流节点覆盖率；在物流设施较完善地区优化物流节点功能，提高节点设施综合服务能力，扩大节点辐射范围。随着社会经济繁荣发展、城乡结合日趋深化，"四好农村路"政策的提出有效改善了制约农村发展的交通问题，为加快建设交通强国，加快农业农村现代化提供坚实保障。

第 *10* 章

陕西农村物流高质量发展现状分析

随着乡村振兴战略的推进，农村物流的发展水平是衡量农村地区经济高质量发展的重要指标之一。陕西作为西部地区的农业大省之一，在物流产业规模等方面落后于东部发达地区，农产品流通规模跟不上生产速度，对农产品流通等相关产业的协同发展认识不足。因此，通过对陕西农村物流发展以及其相关产业发展现状进行系统了解，认识到陕西省农村物流在交通基础设施建设、农产品流通体系、邮政快递体系、服务品牌建设以及人员等多方面的发展水平，以及电子商务、货运物流与文化旅游等相关产业的规模现状，有利于更加客观地发现陕西农村物流高质量发展中所存在的问题，从而有的放矢地挖掘出适合陕西农村物流高质量发展的路径。

10.1 陕西农村物流发展基本情况

10.1.1 交通基础设施建设

基础设施建设既是加速社会经济发展的"稳定器"，也是提高物流效率的物质基础。在政策扶持方面，陕西省积极推进公路事业的发展，2020年，陕西累计完成农村公路交通投资 510322 万元，榆林市农村公路达 32062 公里，安康市农村公路 22271.6 公里，铜川市农村公路 3623.85 公里，全省实现县县通高速[①]。在等级公路中，三级、四级公路多为县乡道，

---

① 陕西统计年鉴 – 2020［EB/OL］. 陕西省统计局，2020 – 11 – 05.

等外公路一般为农村公路，陕西省三级公路占比较大，各市区三级公路里程如图 10-1 所示，四级公路里程总体呈现上升状态，等外公路长度逐年下降，如图 10-2、图 10-3 所示。在公路安全防护工程方面，2016～2020 年间，陕西省完善提升乡村公路规模 6 万余公里，全省实现百分百建制村通沥青路、通客车，完成脱贫攻坚"两通"的交通任务。在公路建设方面，陕西省持续加大"四好农村路"建设力度，2020 年阳县、商洛市商州区、淳化县、周至县、麟游县、吴起县、留坝县、铜川市王益区、汉阴县、西安市临潼区入选省四好公路示范县。农业路、产业路、旅游路等新型乡村路正在加速形成，为城乡居民的安全、便捷出行和农村经济的发展提供了有力的运输保证。

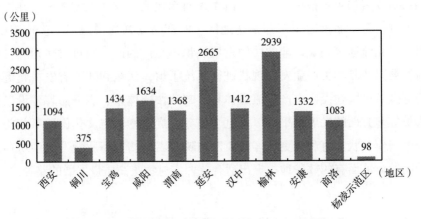

图 10-1 2020 年陕西省各市区三等公路里程

资料来源：作者根据《中国统计年鉴》整理而得。

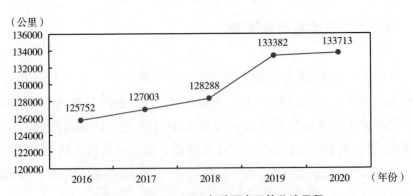

图 10-2 2016～2020 年陕西省四等公路里程

资料来源：作者根据《中国统计年鉴》整理而得。

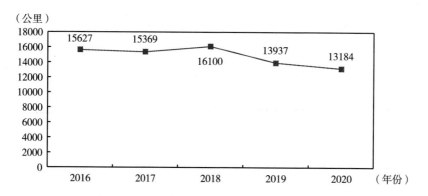

图 10 - 3　2016～2020 年陕西省等外公路线路长度
资料来源：作者根据《中国统计年鉴》整理而得。

　　铁路和航空的发展也是农产品走出去的康庄大道。2020 年陕西铁路里程达 6423 公里，如图 10 - 4 所示，随着西康高铁和西延高铁的开工建设，陕西"米"字形高铁网有了雏形，四通八达的铁路网为大运量的生鲜农产品外销打开了一条新路子，为沿线地区带来了便利。陕西省民航形成了"一枢纽四支线"的机场体系，即西安咸阳国际机场、榆林榆阳机场、延安南泥湾机场、汉中城固机场和安康富强机场，其航线数量如图 10 - 5 所示。另外，西安咸阳国际机场为陕西省唯一的国际机场，联通欧亚 11 个国家、158 座城市，航线量达 231 条，为陕西省跨境电商提供"动力源"，据统计其空港口岸进出口额占全省 75%，为陕西省"买卖全球"搭建了空中大通道①。

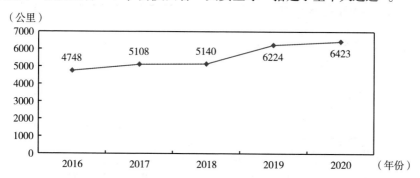

图 10 - 4　2016～2020 年陕西省铁路营业里程
资料来源：作者根据《中国统计年鉴》整理而得。

---

①　西咸新区携手五个新城交出高质量发展答案 ［EB/OL］. 西安日报，2021 - 06 - 20.

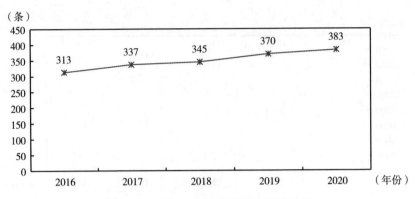

图 10 – 5　2016～2020 年陕西省航线条数

资料来源：作者根据《中国统计年鉴》整理而得。

10.1.2　农产品流通体系

陕西省各市的农产品规模迅猛发展，据统计，榆林、渭南粮食产量较多，如图 10 – 6 所示，咸阳和延安盛产果类，如图 10 – 7 所示，各市逐渐形成"一村一品""一镇一品"的农业格局。农产品的繁荣发展极大带动了农产品贸易，借助电子商务和大数据，农产品市场化得以扩大，以农贸市场为主导、多渠道的流通格局正在形成。2019 年，陕西农产品物流总额 1837.3 亿元，占社会物流总额的 3.4%，陕西省各县域的货运量和货运周转量也有了很大的提升，但由于各县域经济发展、物流体系、物资交换需

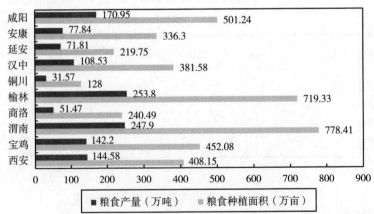

图 10 – 6　2020 年陕西省各市粮食种植面积和产量

资料来源：作者根据《中国统计年鉴》整理而得。

求、农产品种植结构等有所不同，所以县域之间货运量和货运周转量差别较大，如图 10 - 8、图 10 - 9 所示。基于农产品生产规模扩大，各市县也纷纷成立规模不一的农产品物流园，陕北和汉中农产品物流园区发展水平较高，有三个规模较大的物流园区——延安农产品物流园、眉县明润农产品物流园和陕西现代果业物流园；陕南独立的农产品物流基地较少，有西乡物流园区和汉中褒河物流园区等。

陕西省果业规模发达，但果蔬类产品对运输条件及包装要求严格，这类生鲜产品运输过程中稍有不慎就会造成亏损，因此，对农产品冷链物流提出了更高的要求。截至 2021 年 9 月，陕西省冷链物流业营业额达 8.75 亿元①，发展冷链设施企业 102 家，全省 65 个县区社初步建立起了冷链物流体系，为打通城乡流通"微循环"，助农增收提供有力支持。

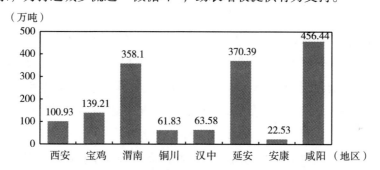

图 10 - 7 2020 年陕西省部分市园林水果产量

资料来源：作者根据《中国统计年鉴》整理而得。

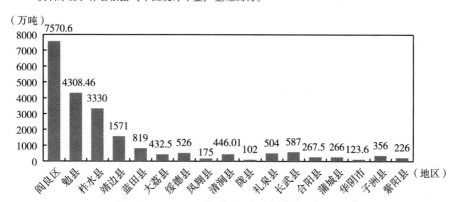

图 10 - 8 2020 年陕西省部分县域货运量

资料来源：2020 年公路及水路货物、旅客周转量 [EB/OL]．陕西省交通运输厅，2020 - 12 - 2.

---

① 陕西供销系统冷链物流建设稳步推进 [EB/OL]．陕西省人民政府，2021 - 11 - 4.

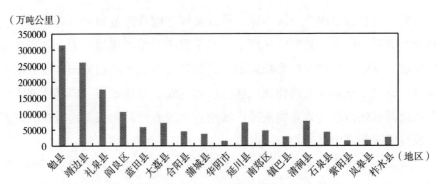

图 10 - 9   2020 年陕西省部分县域货运量周转量

资料来源：2020 年公路及水路货物、旅客周转量［EB/OL］. 陕西省交通运输厅，2020 - 12 - 2.

10.1.3   邮政快递行业

陕西省邮政快递行业已基本形成集基础设施、信息网络和配送网络于一体的三级农村物流体系，但与城市物流体系相比仍然相形见绌。农村物流体系主要通过邮政网点、邮政快递物流、建设"金融＋电商＋快递物流"服务平台等方式发展。2020 年，全省快递服务企业业务量完成91749.81 万件，同比增长 25.84%；快递业务收入 103.33 亿元，部分县域邮政业务收入如图 10 - 10 所示。在机构设备方面，全行业拥有各类营业网点 12492 处，设在农村的快递服务营业网点 4646 处，如图 10 - 11 所示，

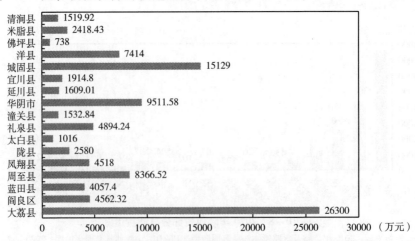

图 10 - 10   2020 年陕西省部分县域邮政业务总收入

资料来源：《2021 年陕西省邮政行业发展统计公报》。

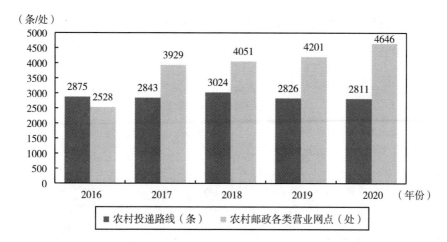

图 10-11　2016~2020 年陕西省农村投递路线和邮政各类营业网点

资料来源：《2021 年陕西省邮政行业发展统计公报》。

全行业快递服务汽车 3576 辆。在通信网络方面，全省邮政邮路达 730 条，邮政农村投递路线 2811 条；快递服务网路条数 2656 条，快递服务网路长度 67.31 万公里。在服务水平方面，全行业平均每一营业网点服务面积为 16.48 平方公里，服务人口为 0.32 万人，农村平均每周投递 5 次，邮政城区每日平均投递 2 次①。

"向农村进军"是目前邮政的发展策略。2020 年，陕西邮政与 3100 家农村合作社实现合作，从邮政寄出的农产品邮件达 7400 万件，带动农产品销售额近 40 亿元②。提高农村地区邮政服务水平，对促进城乡间合理配置公共服务资源、农产品上行工业品下行具有积极作用。

再看陕西省各县域物流网点个数，从 2020 年陕西省行政区划中知悉，陕西省共有县级市、县、市辖区共 107 个，经过分类统计，得到陕西省各县域物流网点数量，如表 10-1 所示。从表中可以看出，物流网点数量最多的是未央区，有 952 个；物流网点最少的县为太白县和黄龙县，县内物流网点数量仅 18 个。这些物流网点数量较多的地区，物流业发达，竞争极为激烈，为占据市场份额、提高自身竞争力，快递企业在该地区物流网点的规划部署上存在较大的提升空间。因此这些地区的物流网点不能一味增

---

①　陕西统计年鉴-2020 [EB/OL]. 陕西省统计局，2020-11-05.

②　陕西农邮共推惠农合作 [EB/OL]. 中国邮政，2021-05-26.

加，而是要从网点规模、服务水平、配送方案等方面提升。而物流网点数量少的那些地区，需加快乡级、村级物流网点的建设完善，以便更好地服务于农村，解决快递进村"最后一公里"难题。

表 10 - 1　　　　　　　　　陕西各县域物流网点数量　　　　　　　　　单位：个

县/区	物流网点数量	县/区	物流网点数量	县/区	物流网点数量	县/区	物流网点数量	县/区	物流网点数量
未央区	952	礼泉县	254	洛川县	138	平利县	79	凤县	48
雁塔区	924	周至县	250	彬州市	136	商南县	79	印台区	48
长安区	791	蒲城县	246	蓝田县	135	长武县	78	子洲县	48
灞桥区	786	宝塔区	238	府谷县	132	紫阳县	77	安塞区	47
榆阳区	638	乾县	210	阎良区	125	镇巴县	75	岚皋县	46
莲湖区	632	泾阳县	210	白水县	120	山阳县	74	佳县	46
新城区	519	靖边县	196	杨陵区	116	陇县	68	千阳县	45
临渭区	467	韩城市	186	洋县	111	宜川县	64	柞水县	43
秦都区	416	眉县	183	绥德县	110	王益区	63	宜君县	42
神木市	416	城固县	181	定边县	109	黄陵县	63	清涧县	41
汉台区	392	合阳县	175	横山区	94	石泉县	62	镇坪县	38
汉滨区	384	澄城县	174	旬阳市	91	潼关县	61	吴起县	36
碑林区	362	兴平市	172	丹凤县	89	略阳县	56	甘泉县	33
渭滨区	334	勉县	164	武功县	88	白河县	54	宁陕县	32
大荔县	325	扶风县	158	宁强县	86	志丹县	54	吴堡县	28
临潼区	305	凤翔区	154	洛南县	86	子长市	53	留坝县	24
富平县	300	南郑区	151	华州区	86	淳化县	52	佛坪县	24
鄠邑区	299	商州区	148	旬邑县	86	延长县	52	太白县	18
渭城区	285	耀州区	146	永寿县	85	延川县	52	黄龙县	18
高陵区	279	西乡县	145	汉阴县	84	富县	52		
陈仓区	267	三原县	145	镇安县	82	麟游县	49		
金台区	266	岐山县	141	华阴市	80	米脂县	48		

资料来源：作者根据《陕西省邮政行业发展统计公报》整理而得。

　　图 10 - 12 是利用 Arcgis 软件对陕西省各县域物流网点数量进行分级，可以直观地看出陕西省物流网点的数量分布。可以看出，数量较多的县域主要集中在西安市主城区、咸阳市渭城区以及渭南市华州区；陕北主要集中在榆阳区和神木市；陕南则主要集中在汉滨区和汉台区。这些地区经济发展水平较高，良好的交通地理条件为物流网点的扩张提供基础。

另外，再看陕西省网点覆盖率情况，从陕西省各市来看，咸阳市、渭南市和西安市的物流网点覆盖率排前三，且与陕西省其他市的覆盖率相差较大。咸阳市的物流网点覆盖率最大，达到了54.76%，覆盖率超过辖区内地理面积的一半；延安市的物流网点覆盖率最小，仅14.41%，不及陕北地区的平均水平。西安市、咸阳市和渭南市物流网点的覆盖率较高的主要原因是这些地区不管是经济发展、物流业水平，还是交通地理条件、人口分布都与其他市整体而言有较大优势，物流业发达，集聚效应明显，覆盖率也就较高。铜川市覆盖率处第二梯队主要是铜川毗邻咸阳，辖区面积最小，地区之间的差距相差不大，物流网点的分布较为分散，因此较其他几个城市覆盖率高。宝鸡、安康、商洛、汉中、榆林及延安等地物流网点覆盖率基本一致，物流发展水平整体相差不大。

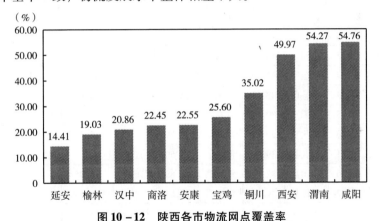

图10-12 陕西各市物流网点覆盖率

资料来源：作者根据《陕西省邮政行业发展统计公报》整理而得。

从陕西省各县域来看（见表10-2），物流网点覆盖率在50%以上的县域有32个，占陕西所有县域的29.91%；物流网点覆盖率不足20%的有27个，占陕西所有县域的25.23%。陕西省物流网点覆盖率达到70%以上的县级行政单元共有19个（14个市辖区，1个县级市，4个县）。在这4个县中，扶风县"电商引领＋精准扶贫"项目更是入选为第二批农村物流服务品牌。这些物流网点覆盖率较低的县域固然有因为辖区内地形地貌、人口分布等的影响，但同时也从侧面说明了这些地区物流发展水平不足。如太白县，境内多山，2020年户籍人口47083个，物流网点数量仅18个，物流网点明显难以普及到各个乡镇村落，较难满足该县的物流需求。

表 10－2				陕西省各县域物流网点覆盖率					单位：%
县/区	覆盖率	县/区	覆盖率	县/区	覆盖率	县/区	覆盖率	县/区	覆盖率
未央区	100	大荔县	62.59	耀州区	32.84	宝塔区	22.42	延川县	17.78
雁塔区	100	澄城县	61.44	商州区	31.97	山阳县	22.36	陇县	17.77
莲湖区	100	礼泉县	58.40	汉阴县	31.69	子洲县	22.20	延长县	16.72
新城区	100	汉台区	57.26	洛川县	30.87	白河县	22.14	横山区	16.51
碑林区	100	印台区	57.22	米脂县	30.47	宁强县	21.94	柞水县	16.36
渭城区	99.18	长安区	56.53	韩城市	29.30	丹凤县	21.87	佛坪县	15.67
高陵区	98.28	白水县	54.49	汉滨区	29.13	镇安县	21.86	安塞区	15.28
秦都区	97.87	岐山县	52.14	紫阳县	28.07	勉县	21.78	子长市	15.11
阎良区	95.73	眉县	52.02	陈仓区	27.66	麟游县	21.69	宜川县	14.65
灞桥区	94.80	金台区	51.11	旬邑县	27.25	平利县	21.64	留坝县	13.65
杨陵区	90.17	永寿县	46.69	千阳县	27.23	南郑区	21.27	凤县	12.37
兴平市	88.96	潼关县	46.64	绥德县	26.79	旬阳市	20.89	定边县	10.28
临潼区	83.95	合阳县	46.54	石泉县	26.68	榆阳区	20.43	志丹县	9.91
武功县	83.55	彬州市	44.78	佳县	26.34	府谷县	20.06	甘泉县	9.63
三原县	76.37	凤翔区	43.34	城固县	26.17	西乡县	19.82	黄龙县	9.56
扶风县	74.34	鄠邑区	42.13	周至县	25.95	洛南县	19.63	吴起县	9.52
临渭区	73.25	华阴市	39.37	宜君县	24.42	略阳县	19.57	宁陕县	9.04
富平县	72.33	淳化县	39.20	岚皋县	23.79	洋县	19.54	富县	8.25
王益区	70.81	长武县	39.07	渭滨区	23.50	靖边县	19.07	太白县	7.96
泾阳县	68.56	吴堡县	37.35	镇坪县	22.89	黄陵县	18.95		
蒲城县	64.32	蓝田县	37.24	清涧县	22.83	镇巴县	18.88		
乾县	62.68	华州区	34.13	商南县	22.80	神木市	18.17		

资料来源：作者根据《陕西省邮政行业发展统计公报》整理而得。

10.1.4 农村物流服务品牌建设

农村物流服务品牌的推广，是带动农村物流服务水平、加快高质量发展的有效路径，也是新时代解决"三农"问题、为农民创收谋福的重要途径。陕西省积极响应国家政策，鼓励并培育农村物流服务品牌。2020年，白河县"电子商务＋统一配送"、西安市鄠邑区"特色产业＋电商快递"模式入选首批国家农村物流服务品牌；2021年，扶风县"电商引领＋精准扶贫"入选第二批农村物流服务品牌。三个县域的相继入选对带动农村物流发展、激活农村产业活力发挥了重要意义。白河县通过实现6280万元的网络零售额，有效促进了农村物流的融合发展，为6300余名贫困人口创收[①]；扶风县农副产品吞吐量35万多吨，完成各类商品配送量46万多件，收入达5680万元[②]。同时，陕西省积极探索新的物流配送模式，相继培养了西安崇信、扶风迅达、商洛华龙等15个农村物流试点项目。陕西省各市县的农村物流服务品牌已有雏形，对加快农村物流健康发展，带动农村地区产业发展、构建城乡物资便捷、双向物流通道具有重要意义。

10.1.5 农村物流从业人员

陕西自古以来就是一个农业大省，是农村人口和农业区域的聚集地之一，农村人力资源的合理利用是促进陕西农村发展的重要因素。2020年陕西常住人口近3955万人，从年龄结构看，陕西老年人基数规模庞大，老龄化程度不断加深，60岁以上人口达到759.36万人，占陕西总人口数的19.20%。从城乡结构看，陕西省2020年城镇人口数2478万人，乡村人口数约为1477万人；由于城乡收入差距、城镇便利条件、城市化进程等因素，乡村人口呈递减趋势，逐年向城市转移，如图10-13所示。随着农村

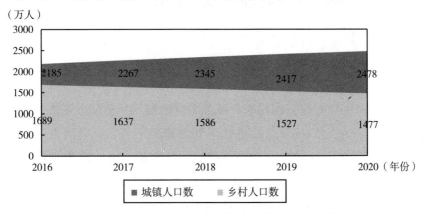

图10-13 2016~2020年陕西省城镇与乡村人口数
资料来源：作者根据《中国统计年鉴》整理而得。

---

① 我省两项目入选全国首批农村物流服务品牌名单［EB/OL］.陕西交通报，2020-06-19.
② 扶风县"电商引领＋精准扶贫"入选交通运输部农村物流服务品牌［EB/OL］.扶风县人民政府，2021-09-18.

地区人员基数的减少，陕西农村从业人员也在逐年下降，同时受到农业机械化技术的发展，农村剩余劳动力不断增加，劳动力向外流动速动增大，乡村就业人数总体上呈现下降趋势，如图10-14所示。然而，农村经济发展离不开农村劳动力，乡村振兴的背景下，陕西省农村人力资源需要得到充分发展，鼓励农村劳动力线上就业、创业的新模式，拓宽农产品销路，打造农产品产业链才是农业高质量，农民富裕的新渠道。

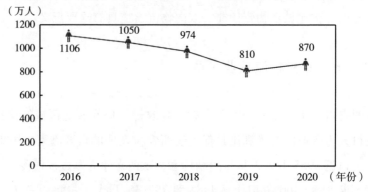

图10-14 2016~2020年陕西省乡村就业人数

资料来源：作者根据《中国统计年鉴》整理而得。

10.2 陕西农村物流关联产业现状

10.2.1 电子商务产业

"互联网+"时代，农村电子商务爆发出前所未有的发展态势，从农资上网到电商进村，从农产品进社区到消费品下乡，互联网走进千家万户，改变了传统农村的生产和销售模式，尤其是农业生产前端的电商热潮、中端的农村金融互联网化和末端的农产品网站销售使得农村电商发生巨大的变革。如图10-15所示，陕西省互联网宽带用户从2016年的802万户增长到2020年的1368.96万户，移动电话用户增至4589万户，从一定程度上说明了陕西省农村互联网的普及率大幅度提升；农民开始利用互联网了解更全面更及时的工业产品、农产品市场信息，并通过电子商务渠道实现农产品销售方式多样化。

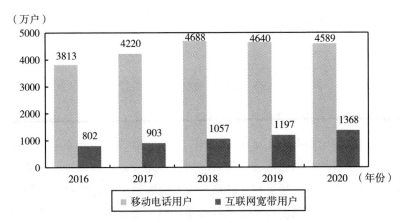

图 10 – 15 2016～2020 年陕西省互联网宽带用户和移动电话用户数
资料来源：作者根据《中国统计年鉴》整理而得。

　　陕西农村电子商务发展取得了不俗的成绩，2019 年陕西省电子商务 App 中如图 10 – 16 所示，C2C 类型的电子商务 App 占比最高，所占比例为 24.8%，B2C 类型排第二，所占比例为 23.7%；B2B 类型为 20.2%。最少的是跨境电商类，占比为 3.1%。电商卖家销售的地方特色农产品主要为干果、茶叶、枣类、苹果等，销售速度较快。2020 年，陕西省交易额为 101 亿元，其中农产品网络零售额增长较快，相比 2019 年增长 41.7%，对外成交额达 15.8 亿元。2020 年，陕西省新争取 11 个国家电子商务进村综合示范项目，实现 56 个县和 16 个欠发达革命老区县的全覆盖；建成 73 个县级电商公共服务中心、7890 个村级电商服务站点，电商服务覆盖全部乡

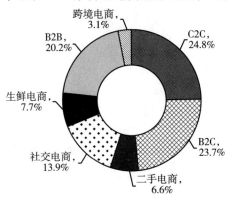

图 10 – 16 2019 年陕西电子商务应用类别占比
资料来源：作者根据《中国统计年鉴》整理而得。

镇和 50% 左右的行政村①。

10.2.2　货运物流行业

2020 年陕西省供销合作社销售总额 1274.27 亿元，商品交易额数量居全国前列②。巨大的交易数据与销售额意味着农产品产生的巨大的货运量，同样意味着这些农产品的运输需要强大的物流体系支撑。为加快陕西省货运物流发展，陕西省在推进货运行业转型升级方面取得了显著的效益。2020 年绥德县货达物流有限公司获得了陕西省颁布的第一张网络货运经营许可证，该公司通过信息发布、资源整合有效实现车源和货源的对接，缩短交易时间，显著降低成本，为促进陕西省货运新业态发展提供了宝贵经验。

陕西省现已出现一批专业化的第三方物流企业，相比于传统只提供最基本的运输、仓储的物流企业，新型专业物流企业不仅能为客户提供运输、仓储，还能提供全面的流通加工、物流设计等增值服务。总体而言，传统的货运企业在陕西物流企业中挑大梁，但传统物流企业存在服务方式单一、效率低、运营成本高等劣势。截至 2020 年，陕西现存 A 级物流企业 166 家，如图 10-17 所示，其中包括 5A 级物流企业 11 家、4A 级物流企业 44 家、3A 级及以下的物流企业共 111 家。5A 级物流企业占比较低，各级所占比例和全国相比存在较大差距，说明未来物流技术和服务水平将是陕西省物流企业重点提升的目标之一。

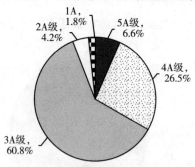

图 10-17　2020 年陕西各级物流企业占比情况

资料来源：作者根据《陕西省邮政行业发展统计公报》整理而得。

---

① 李银秀. 陕西农村电商发展探析 [J]. 中国集体经济，2019 (19)：20-21.

② ［实录］三季度陕西省政府新闻办举办新闻发布会 介绍陕西省供销合作社服务乡村振兴有关情况 [EB/OL]. 陕西省人民政府新闻办公室新闻发布厅，2021-07-02.

10.2.3 文化旅游产业

当前人民生活逐渐富裕，口袋里的钱多了起来，旅游成为满足人民美好生活需求的重要动力，陕西省生态环境优良、文化底蕴深厚，景色气候皆宜，是国内外旅游胜地。除旅游景区及城镇外，陕西的乡村旅游也越来越受到广大网友的关注。随着城市生活节奏越来越快，风光无限好的乡村成为了"城里人"放松心情的世外桃源。为满足这种需求，"体验型农业""农家乐""生态旅游"等农村旅游模式纷纷出现。

西乡县巴山荞园茶业有限公司以乡村旅游带动了茶产业发展，帮扶了12个贫困村210人脱贫致富，开创了"公司＋基地＋农户＋专业合作化"新模式。铜川新区玉皇庄园通过与农户签订农产品收购协议、安排农村群众安置就业、利用电商销售旅游商品等途径，助力农村电子商务脱贫。延安市地处黄土高原，地貌特征明显，通过积极建设全域旅游示范县、A级旅游景区、文化旅游名镇、旅游示范村等，拓宽旅游土特产生产销售渠道，助力地区实现旅游脱贫。农村旅游所涉及的吃、住、行、游、购、娱，上到农产品购买品尝，下到酒店用品和餐具，都与农村物流体系息息相关。众多农家乐与绿色农产品经营户、乡村手工艺品和土特产品加工企业等相关供应商合作，既能保证农家乐产品供给，拓宽当地农户的产品销路，使农家乐与农产品提供商相互依存、共同发展，又可以加快农村物流的发展，使得乡村旅游成为了农村新的经济增长点。

10.3 陕西农村物流高质量发展存在的问题

10.3.1 配套基础设施建设相对滞后

物流基础设施是实现农村物流高质量发展的必要基础。陕西省农村物流的基础设施建设存在很多不足，制约着其集约化和高质量发展，主要体现在农村道路设施、农村物流体系和农村电子商务基础等。陕西省地域狭长，陕南、陕北、关中具有不同的地形风貌，地形地貌不同导致陕西省各地区人口分布、交通地理条件差异较大。随着"四好农村路"建设的深入推进，道路网络系统逐步完善，但偏远脱贫地区交通条件依然不容乐观，道路治理养护能力薄弱，城乡尚未完全实现互联互通，配套信息化基础设施无法满足电商发展需要。而农产品的时效性要求当地具备良好的交通道路条件，才能快速使"农产品上行"。目前陕西很多地区的农村道路不够便利，送货取货难度大、运输成本高，从而导致物流成本居高不下，无法实现集约化和高质量发展①。

比如在不同县域之间物流网点的有效覆盖面积存在较大差异，为更加客观地体现陕西省物流网点的空间布局差异性，引入有效覆盖面积的定义。有效覆盖面积的值越小，集聚程度越高；值越大，集聚程度越低。为使数据更加可视化，能够更好地反映陕西省各个县域之间有效覆盖面积的差别。宝鸡南部、汉中西部、安康、商洛、延安以及榆林南部的有效覆盖面积最大，意味着这些地区的物流网点比较分散，而陕西省中部有效覆盖面积最小，网点分布较密集。覆盖面积小的地方多为农村地区，在一定程度上可以反映出这些地区农村物流发展较为缓慢，需加快加强对这些地区物流体系的构建，完善物流网点的布局。

另外，陕西省农村物流体系建设并不完善。物流配送是农村电子商务发展的重要环节，如果"最后一公里"问题得不到妥善解决，不仅直接影响消费者的购物体验，而且阻碍农村电子商务的发展，从而制约"农产品上行"和"工业品下行"。② 随着农村基础设施建设的大力加强，县乡村三级物流网络体系正在形成，但仍有很多农村地区村落分布散乱，物流网点覆盖率和辐射力度较低。而居高不下的物流成本和无法便民惠民的物流网点是农村物流发展缓慢的重要因素。

各地区农村电子商务发展基础不一致，存在问题也各有不同。除极少数农村地区信号差、网速慢，不能支撑农村电子商务的发展，许多产品只

---

① 沈先陈，朱奎泽. 新时代农村物流发展现状及策略探讨 [J]. 物流工程与管理，2020，42 (11)：141－142，101.

② 张焕. 基于精准扶贫模式下陕西农村电子商务发展的实践研究 [J]. 热带农业科学，2020，40 (4)：120－124.

能通过线下交易完成。多数地区农村电子商务平台较少，物流网络设施薄弱，很多有电商意识的农户只是通过微信平台销售农产品，销售渠道单一。另外，电子商务对各大电商平台的依赖性较强，随着在淘宝、拼多多等各大平台上的引流成本越来越高，而农产品本身的利润率较低，加之农产品自身的特性对物流网络的要求较高，使得农村电商物流发展愈加受限。

10.3.2　农村物流资源缺乏深度整合

随着新型城镇化进程和乡村振兴战略的推进，陕西省也在积极引导邮政、快递、商贸、交通（客运、货运）等部门参与农村物流建设，农村物流体系取得了较大的进步，交通运输、仓储设施、装卸搬运设备、流通加工设施和物流园区等物流基础设施方面得以快速发展。然而由于各种原因，目前各部门与部门之间、企业与企业之间的物流资源仍然相对分散和独立，存在信息壁垒，影响了农村物流体系的高质量建设，也在一定程度上造成了物流资源浪费。

一方面多数农村尚未形成特色的物流服务模式，对自身物流资源利用不够，陕西省作为农业大省仅有白河县、鄠邑区、扶风县3个县入选国家级农村物流服务品牌，说明大多数县在信息共享、交邮融合、共同配送、客货同网等方面缺乏深度整合。另一方面陕西省农村快递网点分布不均匀，功能单一，受地理环境、交通条件等因素影响，很多乡镇地区村落分布散乱，交通极其不便，物流体系下沉不到位，电商物流的网点覆盖率和辐射力度较低。为提升快递进村出乡效率，陕西省积极鼓励"多站合一、一点多能、一网多用"的网点服务模式，但目前尚处于建设阶段，农村综合性服务站点数量与电商发展速度不匹配。此外，政府部门对物流网络缺乏整体规划，由于现存的诸多阶段性、系统性短板弱项使得物流配送体系建设滞缓，难以开足马力实现物流高质量发展，目前政府部门对于农村物流体系缺乏顶层设计和系统规划，对邮政、供销、交通等物流资源的利用不够充分。提高农村各节点资源利用率，降低物流成本，实现资源整合是建设高质量体系亟待完成的重要任务。

10.3.3　物流信息技术应用尚未普及

物流信息平台的建设对促进信息共享、数据互联、完善物流信息体系至关重要，农产品销售需要有准确并且及时的信息作为支撑。陕西农产品物流信息化水平不高主要有三点原因：首先，农村货源较为分散，在一些偏远的农村物流成本太高，又缺乏专业并集中的信息平台，中小型物流企业不愿意进村；其次，物流企业资源共享不及时，无法对本就分散的农产品进行共同运输与配送，运输车辆空载率高，运输不合理现象频频出现，使得农产品物流成本增加；最后，农产品质量安全溯源体系建设尚待加强，缺乏统一的溯源标准，溯源流程也不完善，亟需保障全过程农产品质量安全管理与风险控制的有效措施，提升特色农产品竞争力。

农村物流信息化程度相对滞后、信息获取渠道狭窄，加之农民自身文化素养和信息分析能力有限，农产品市场信息和流通信息在农村并不能有效进行，农产品的种植、储存和运输也受到了一定的影响。大数据、物联网等信息技术在农村物流中的应用有待深化，农村物流供应链平台不能实现农产品在生产、运输、销售、品控、正向追踪、逆向溯源等方面的有效衔接。农村电商平台发展并不成熟，第三方、第四方电商交易平台较少，电商服务平台需发挥促进网络交易、及时更新信息、注重客户服务的功能，但陕西目前农村电商服务网站的适用性和调节作用较差，不能很好地解决农产品价格散乱、缺乏竞争等问题。

10.3.4　农产品物流服务标准化不足

陕西作为农业大省，有不少远近闻名的特色农产品，例如城固蜜桔、眉县猕猴桃、柞水木耳、洛川苹果、户太八号葡萄等，农村电商物流具有很大的发展空间，然而物流服务的欠标准化致使高成本、低效率的问题频频出现。

多数农村物流公司是基于政策驱动成立的，规模小资金少，缺乏长远的运营战略，无法向城市现代物流公司集成体系化、标准化、产业化的运营模式。其运输线路无法达到最优化，相较于城市物流企业之间具有长远的发展战略和准确的市场定位，拥有稳固的客户和最佳的运输路线的现代化物流运营，农村居民点分散、交通配套设施薄弱、线路复杂，物流企业在路线的选择上，具有较大的随意性，没有形成科学规划最优的运输线。物流企业资源共享不够，也缺乏龙头企业的带头引领作用，分散的农产品没有得到集中配送、集中运输与供应，运输车辆与运输设备使用不合理，空载率较高，无形中增加了物流成本。农产品生产缺乏规范、统一、有效的指导，超过80%的农产品是自由生产的，即产品生产的种类和数量都由农户自己决定，长此以往无法使农产品种植效益最大化，其季节性和时效性的特点会加大生产标准化的难度和产品质量管理的难度；农产品对加工、保险、仓储、运输、物流设备等方面要求严格，集中化、规模化的农产品种植可以提高运输设备的使用效率，统一的温度调控和包装要求不仅便于管理，还可以减少浪费、降低损耗，而陕西省农产品在质量、包装、设备使用、配送运输等方面标准化不足，物流标准化配套且统一的规范体系和规章制度尚在摸索之中①。

10.3.5　专业技术人才储备较为匮乏

物流专业人才缺失是农村物流发展的短板问题。陕西省人口结构、规模参差不齐，农村人口流失呈现"低龄化"，留居农村的老人文化程度不高，对新鲜事物的接受程度受限，在互联网意识、电商意识、创新意识等方面远落后于城镇居民。而随着现代化信息技术的应用，农产品上行和工业产品下行过程中对物流专业技术人才的需求随之上升。陕西电商物流人才缺口主要集中于广告营销、网点运营、创新创业、物流管理与经营，而目前既具有创新开拓思维又熟悉电商物流流程的现代高素养农民数量较少，对物流发展和乡村振兴起的推动作用较为轻微，农村物流正面临着"有劲无处使"的尴尬局面。

除此之外，农村物流重点依托于电子商务的发展，有调查发现，一些电商物流发展缓慢的农村地区居民主要通过微信朋友圈来销售自家农产品，并没有真正形成正规的电商流通模式。一方面除了基础员工之外，农村一线从业的中高层管理人才数量也明显不足，当前高校机构的人才培养模式重理论轻实践，教育培训与实际发展相脱离，理论不能很好地应用到实践中，使得既懂电子商务又懂农村物流的复合型专业人才极为短缺。另一方面因农村地区配套基础设施、工作环境、生活以及教育文化等都与城市存在较大的差距，愿意到农村地区开展电子商务服务的电商人才较少。总之，陕西省农村物流缺乏专业技术人才，严重阻碍了陕西省农村物流朝着集约化和高质量的方向发展。

综上，陕西农村物流在物流基础设施、特色农产品品牌、数字信息化技术、冷链物流技术装备、专业技术人才等方面有所欠缺。当前，制约农村居民致富增收的瓶颈已从生产领域转移到流通领域，加快构建便捷、高效、通畅的县乡村三级物流体系，完善农村物流网点建设，实现农产品上行工业品下行，对减少农村物流成本，促进农业产业结构调整，提高农业现代化水平有着重要的意义。因此陕西省应着力改善农村物流发展的薄弱点，为农村物流提供更广阔的发展空间，促进农村经济焕发勃勃生机。

10.3.6 新冠疫情下陕西省农村物流体系现实困境

新冠疫情暴发以来，对物流业总体和细分领域都有显著影响，同时各个城市、社区以及村庄中都采用了不同程度的防疫措施，使得跨城物流效率受阻、电商履约率降低，对农户收入造成了不同程度的创伤，新冠疫情之下农村物流体系面临以下问题：

（1）应急物流体系尚未健全，农村物流是农村基础服务设施之一，近年来新冠疫情等突发公共事件时有发生，给社会经济发展造成巨大冲击，有效的应急保障体系和服务能力能及时减少突发事件的破坏，防止灾害进一步蔓延。然而应急物流是一个较新兴的领域，在建设中仍然存在很多不尽如人意之处，农村发展相对落后，在这方面更处于弱势地位。2020 年伊始，病毒肆虐和新冠疫情蔓延为农村居民的生活带来了一定的影响，也暴露了陕西省农村物流服务的突出短板，政府应对灾难的各项措施有待完善，健全的物流体系是保障民生的重要手段，提升农村应急物流服务能力，维护居民的正常生活秩序，保证农户的安全财产是高质量物流体系建设的重要工程。

（2）城乡双向流通通道受阻。疫情下，道路管控从严从紧，各高速路口纷纷设立防疫检查站，运输效率大大降低，流通速度有所减缓，冗长的检查时间也对时限要求的农产品来说也是一种负担。

（3）农产品线下销售渠道受限。农产品物流从生产端、流通端到销售端多个环节受阻，供需不对称的现象急剧放大，疫情之下，人员外出流动较少，日用及食品的购买纷纷转至线上，线下农产品积压严重，滞销的农产品与严格物流防疫给农户造成了巨大影响。

（4）物流费用居高不下。主要是由于供需关系导致的，疫情封控会导致在岗人员数量不足、运力下降。此外，较长的运输周期变长也会增加运输成本，大多数跨市运输需要48小时核酸报告、提前申请当地防疫码。在各项防范措施下，稍有不慎就会无法按时到达目的地，1~2天的运时可能增加到3~4天，无形增加货运成本。

虽然物流业规模不断壮大，现代社会对其依赖性愈发强烈，各领域各行业对物流需求和要求越来越高，物流业发展动能逐步增强，但疫情对物流行业的影响仍不能忽视。

第 *11* 章

陕西农村物流高质量发展水平测度

本书在前几章通过理论思辨、现状概述和空间分析，基本展现了陕西省农村地区物流高质量发展的整体实际情况。由于陕西省内各市所属的农村地区经济社会发展基础不同，农村物流高质量发展水平在不同地区之间也呈现出较为明显的差异，本书开展了更为深入的研究。结合高质量发展的内涵，本章构建了科学的综合评价指标体系，从经济发展、物流规模等多个角度对陕西省十个地级市区域的农村物流发展水平进行了全面测度，并结合所得计算数据分析得出了综合评价结果，进而提出农村物流高质量发展路径与措施。

11.1 高质量发展评价指标体系构建

11.1.1 评价指标选取原则

构建科学合理的评价指标体系是测度农村物流高质量发展水平的基础，由于农村物流本身是一个复杂且多层次的综合系统，在选取指标时一定要充分考虑多方面因素，以求能够真实地反映农村物流的发展水平。因此，在构建评价指标体系时应注重遵循以下原则：

（1）科学性原则。该原则要求构建评价指标体系时需要遵循经济社会发展的客观规律，在充分考虑高质量发展相关理论和内涵的基础上选取评价指标，通过陕西省各市统计年鉴等权威渠道获取相关数据，使所构建的评价指标体系经过数据计算得到的结果能够实事求是地反映陕西省农村物流的客观发展情况。

（2）全面性原则。农村物流是一个系统性的综合有机体，其发展水平评价涵盖经济发展基础、物流设施设备、信息化水平等多方面的丰富内涵，不是单单某一维度指标就能够完整描述的。在构建评价指标体系时，需要综合考虑农村物流系统中各个维度指标的含义，尽可能从多角度使农村物流的发展状况得到真实而全面的反映。

（3）代表性原则。农村物流发展整体是一个较为复杂的系统，包含的内容和涉及的层次十分丰富，在实际选取评价指标时存在大量的参考备选项。为了简化计算过程并准确地反映农村物流的发展水平，需要优先考虑更为契合农村物流高质量发展研究主题的代表性指标，更好地结合陕西省农村物流的发展现状，确保评价指标体系的可信度与适用性。

（4）可操作性原则。由于国内关于农村物流行业的基层数据统计制度还不够健全，有些指标可能研究层面上更加重要，但实际中数据很难获取同时难以保证数据的准确性。因此，为了保障所构筑的评价指标体系实证分析的可行性，需要充分考虑对应数据的可得性和可量化性，灵活选取已有统计数据或者可推算数据的指标，以便于后续的数据处理。

11.1.2　评价指标体系设计

自高质量发展这一概念被提出以来，即成为新时代中国经济社会发展的科学指南。高质量发展被普遍认为是以"创新为内生动力、协调为根本特点、绿色为基本形态、开放为必由之路、共享为根本目的"的新型发展理念，体现在物流领域，特别是农村物流上具有丰富的内涵。农村物流高质量发展受制于多重因素的影响，与经济环境、基础设施建设、生产力水平、组织架构、资源限制等内外部因素密切相关。本书在已有研究成果的基础上，遵循上述指标选取原则，综合考虑陕西省农村物流发展特征、互联网及电子商务快速发展对农村物流发展的影响和相关统计数据可获得性，最终决定从经济发展、物流规模、基础设施、信息化程度四个维度来构建陕西省农村物流高质量发展水平的评价指标体系。

（1）经济发展水平是农村地区物流高质量发展的基础支撑，也是农村物流系统的服务对象，两者之间关系密切。区域经济增长能够带动物流业升级，而物流水平的提升又会助推农村经济的蓬勃发展。农村地区的经济社会发展有利于释放下沉市场，加快构建"工业品下行，农产品上行"的流通路径，进一步扩大农村物流需求。在同省内，与经济发展水平较低的农村地区相比，经济发展水平更高的农村地区拥有更充足的资源和发展动力来健全完善当地的物流运输体系。结合统计数据的可获得性，选取农村居民人均可支配收入、农村社会消费品零售总额和农林牧渔总产值作为衡量指标。

（2）区域物流规模是当地物流发展水平最直观的评价准则，主要体现在物流运输的供给与需求两方面。区域物流规模越大，意味着物流供给量和需求量越多，相应地该区域内的物流承载能力越强，当地物流发展通常也就呈现出较高的水平。综合考虑农村经济社会发展的特点和农村物流的规模特征，选取农村人均邮政业务量、农村人均货运量和农村人均货运周转量作为衡量指标。

（3）基础设施水平是农村地区物流高质量发展的硬件基础和保障。以"四好农村路"建设的全面铺开为标志，以公路交通运输网络为主要代表的农村基础设施已经成为推动农村物流高质量发展的重要支撑平台，良好的基础设施状况将有助于农村地区开展货物运输活动、提高货运效率。此外，由于电子商务在农村地区的快速推进，电商物流服务站等相关基础设施建设情况也逐渐成为影响农村物流发展的重要因素。综合考虑交通基础设施水平，选取公路运输网密度、农村邮政营业网点平均服务人数、农村电子商务交易企业数作为衡量指标。

（4）信息化是现代物流高质量发展的核心推动力之一，农村地区也不例外，推进农村物流信息化建设对于提升农村物流水平至关重要。通过信息化技术手段对农村物流产业的升级改造，推动了物流模式创新再造与物流信息处理的标准化，有效提升了农村地区物流行业的运作效率和资源整合能力。农村物流信息化程度主要体现在农村电子商务的发展及农村信息化基础建设情况，综合考虑后选取农村人均电子商务销售额、农村互联网宽带普及率作为衡量指标。

陕西省农村物流水平评价体系如表 11 – 1 所示。

表 11 – 1　　　　　　陕西省农村物流发展水平评价指标体系

目标层	一级指标	二级指标
陕西省农村物流高质量发展水平	经济发展	农村居民人均可支配收入
		农村社会消费品零售总额
		农林牧渔总产值
	物流规模	农村人均邮政业务量
		农村人均货运量
		农村人均货运周转量
	基础设施	公路运输网密度
		农村邮政营业网点平均服务人数
		农村电子商务交易企业数
	信息化程度	农村人均电子商务销售额
		农村互联网宽带普及率

11.2　农村物流高质量发展水平测度方案设计

11.2.1　选取研究方法

有关区域物流水平测度的模型构建通常是依据已建立的评价指标体系对物流能力进行测度，区域物流能力的评价方法，主要包括因子分析法、主成分分析法、灰色关联法、模糊物元法、距离向量法（TOPDIS）、熵权法等。综合过往研究经验可以发现，因子分析法和多元回归法比较适合大样本空间，一般样本数量是评价指标 3 倍以上，本书研究主体是面向陕西省下辖 10 个地级市农村物流高质量发展水平进行评价，样本数量不符合要求，故此方法不适用；层次分析法和模糊综合评价法主观性比较强，且指标数量过多会使得数据统计量大而难以确定合理的指标权重，无法达到评价的目的。

本书选取基于熵权的 TOPSIS 评价方法，熵是一个状态函数，用来衡量系统混乱程度。系统的无序程度越高，则指标的信息熵越大，指标在综合评价中所占的权重就越大。通过信息熵，先计算出各指标的权重，为综合评价提供依据。TOPSIS 模型是系统工程常用分析方法，多运用到区域水平测度、供应商选择等问题研究。其原理是对有限个评价单元和理想目标值的接近程度进行排序，在现有的对象中评价其优劣。该方法对于指标的多少、样本的大小没有过多的限制条件，整个评价过程都基于样本数据，排除了人为因素的影响，大大提高了决策分析的客观性与科学性。基于熵权的 TOPSIS 评价方法既能够避免了对样本数据要求的限制，又能发挥其权重选取客观性的优势。

11.2.2　处理指标数据

（1）首先构建样本数据的初始评价矩阵 A：

$$A = (a_{ij})_{m \cdot n} = \begin{bmatrix} a_{11} & \cdots & a_{n1} \\ \vdots & \ddots & \vdots \\ a_{m1} & \cdots & a_{mn} \end{bmatrix} \tag{11.1}$$

a_{ij} 为第 i 个城市、第 j 个指标的样本数据的实际取值，其中 i = 1，2，…，m；j = 1，2，…，n；m 表示城市数量，n 表示评价指标数量。

（2）指标归一化处理。计算第 i 个城市、第 j 个评价指标的数据值的相对比重 X_{ij}：

$$X_{ij} = \frac{a_{ij}}{\sum_{i=1}^{m} a_{ij}} \tag{11.2}$$

（3）信息熵计算。基于标准化处理后的指标值，计算第 j 项指标的信息熵：

$$信息熵\ E_j = -\frac{1}{\ln m} \sum_{i=1}^{m} X_{ij} \cdot \ln X_{ij} \tag{11.3}$$

（4）确定指标权重。基于各项指标的信息熵 E_j 值，确定指标权重 w_j：

$$w_j = \frac{1 - E_j}{\sum_{j=1}^{n} (1 - E_j)} \tag{11.4}$$

（5）建立向量标准化的加权矩阵。首先，对初始评价矩阵 A 中的每一项数据进行标准化预处理，即：

$$Y_{ij} = \frac{a_{ij}}{\sqrt{\sum_{i=1}^{m} a_{ij}^2}} \tag{11.5}$$

在此基础上，构建加权矩阵：

$$Z = (Z_{ij})_{m \cdot n} = \begin{bmatrix} Y_{11} \cdot w_1 & \cdots & Y_{n1} \cdot w_1 \\ \vdots & \ddots & \vdots \\ Y_{m1} \cdot w_m & \cdots & Y_{mn} \cdot w_m \end{bmatrix} \tag{11.6}$$

（6）计算正负理想解。令 P^+ 表示第 j 个指标观测数据的最大值，称作正理想解；P^- 表示第 j 个指标观测数据的最小值，称作负理想解。

$$P^+ = (P_1^+, P_2^+, \cdots, P_n^+) = \{\max Z_{ij} \mid j = 1, 2, \cdots, n\}; \tag{11.7}$$

$$P^- = (P_1^-, P_2^-, \cdots, P_n^-) = \{\min Z_{ij} \mid j = 1, 2, \cdots, n\}; \tag{11.8}$$

采用欧几里得度量计算标准化加权矩阵中各项指标数据到正负理想解之间的距离，令 D_i^+ 为第 i 个指标与 P_j^+ 的距离，令 D_i^+ 为第 i 个指标与 P_j^- 的距离：

$$D_i^+ = \sqrt{\sum_{j=1}^{n} (Z_{ij} - P_j^+)^2} \tag{11.9}$$

$$D_i^- = \sqrt{\sum_{j=1}^{n} (Z_{ij} - P_j^-)^2} \tag{11.10}$$

（7）计算各评价对象与理想解的相对贴近度。

$$C_i = \frac{D_i^-}{D_i^- + D_i^+} \tag{11.11}$$

相对贴近度 C_i 的取值范围是 [0，1]，C_i 越大，表明该地区物流的发展水平越高。

11.3 陕西农村物流高质量发展水平测度

11.3.1 市级层面

本书对于陕西省农村物流高质量发展水平的测度主要聚焦于比较陕西

省内 10 个城市各自的农村物流发展状况，所需的样本数据主要来自 2020 年《陕西统计年鉴》、陕西省各市公布的 2020 年国民经济和社会发展统计公报，关于邮政行业的相关数据则主要采集于陕西省各市公布的 2020 年邮政行业发展统计公报。

陕西省农村物流发展水平评价指标权重如表 11 - 2 所示。

表 11 - 2　　　　　陕西省农村物流发展水平评价指标权重

目标层	一级指标	二级指标	权重
陕西省农村物流高质量发展水平	经济发展	农村居民人均可支配收入	0.0772
		农村社会消费品零售总额	0.0731
		农林牧渔总产值	0.0346
	物流规模	农村人均邮政业务量	0.0637
		农村人均货运量	0.1334
		农村人均货运周转量	0.1913
	基础设施	公路运输网密度	0.0633
		农村邮政营业网点平均服务人数	0.1783
		农村电子商务交易企业数	0.0508
	信息化程度	农村人均电子商务销售额	0.0848
		农村互联网宽带普及率	0.0495

2020 年陕西省 10 个地级市的农村物流发展情况在四个维度上各自的理想贴近度及排名如表 11 - 3 所示。

表 11 - 3　　　　陕西省各市农村物流发展水平分维度理想贴近度及排名

城市	经济发展	排名	物流规模	排名	基础设施	排名	信息化程度	排名
西安市	0.9806	1	0.1707	4	0.8006	2	0.9424	1
铜川市	0.1051	8	0.8616	2	0.0917	6	0.2249	6
宝鸡市	0.6861	3	0.1571	5	0.0617	7	0.3103	5
咸阳市	0.4243	5	0.0654	6	0.1101	5	0.8037	2
渭南市	0.5965	4	0.2421	3	0.0593	8	0.1083	9
延安市	0.4168	6	0.0470	7	0.8564	1	0.3519	4
汉中市	0.2368	7	0.0034	9	0.1179	4	0.5031	3
榆林市	0.7132	2	0.9792	1	0.1601	3	0.1893	7
安康市	0.0564	9	0.0171	8	0.0257	9	0.1186	8
商洛市	0.0184	10	0.0029	10	0.0014	10	0.0026	10

2020 年陕西省 10 个地级市农村物流发展的理想相对贴近度和各自排名如表 11 -4 所示。

表 11 -4   陕西省各市农村物流发展水平相对贴近度和排名

城市	相对贴近度	排名
西安市	0.5336	1
铜川市	0.4579	4
宝鸡市	0.1757	5
咸阳市	0.1089	7
渭南市	0.1672	6
延安市	0.4811	3
汉中市	0.0897	8
榆林市	0.5218	2
安康市	0.0698	9
商洛市	0.0534	10

（1）市级农村物流高质量发展水平维度评价。

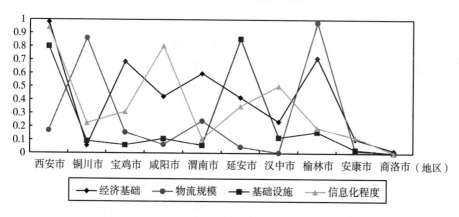

图 11 -1   陕西省各市农村物流发展水平分维度评价

图 11 -1 中呈现的是每个维度上陕西省 10 个城市农村物流高质量发展的评价比较情况。除了西安市在四项维度上均处于相对优势地位、商洛市在四项维度上均处于相对劣势地位之外，其他城市基本都是各有所长、发展现状存在显著差异的情况。

在经济基础这一维度上，西安、宝鸡、渭南、榆林 4 市的农村地区发展情况相对较好，而铜川和安康两市则相对薄弱，意味着这两地农村地区经济总量小、产业转型升级缓慢等发展不充分问题较为显著。

在物流规模这一维度上，铜川市和榆林市保持了较大的优势，其他城市的发展水平则相对持平，原因可能在于铜川市和榆林市的传统能源产业基础雄厚，矿物资源年产量均处于较高水准，产业链布局下沉到农村地区带动了物流规模的扩大。

在基础设施这一维度上，西安和延安两市表现出较大优势，由于西安市和延安市的假日经济都比较发达，因此围绕旅游和特色农产业，在农村地区开展了大规模的服务性物流运输基础设施建设。而其他各市发展水准相对较低且差距不大，需要持续推进"四好农村路"等基础设施建设项目。

在信息化程度这一维度上，西安市和咸阳市具备一定优势，商洛市发展水平较低，其余各市在一定浮动范围内均处于中等发展水平。随着西咸一体化进程的不断推进，"互联网 + 信息共享"的信息化改革在包含咸阳核心区在内的大西安都市圈内部全面铺开，因此也惠及到了农村基层地区。

（2）市级农村物流高质量发展水平整体评价。

通过表 11 - 4 的结果可以看到，陕西省内各市农村物流发展水平大致可分为三个层级，第一层级城市包括西安市、榆林市、延安市和铜川市。由于西安市是陕西省省会城市并且在交通强国等相关国家战略中皆处于重要的地位，势必会吸引大量的政策倾斜和资源扶持，城乡一体化发展的趋势也加速了该区域内农村物流高标准、高质量发展，多重有利因素使西安市的农村物流发展具备领先优势。榆林市、铜川市和延安市基本都符合自然资源丰富的特征，依托当地旅游、能源等较为成熟的特色产业集群，有效辐射带动了农村地区交通基础设施的完善和优势商品运输流通的蓬勃发展，极大地提升了农村物流发展水平。

第二层级城市主要包括宝鸡市、渭南市和咸阳市，综合来看该层级城市在农村地区虽然已经具备了一定程度的物流发展基础，但距离高质量发展水平仍有较大提升空间。从地理区位上观察，第二层级城市同属于关中平原地区，公路运输网络在该地区的覆盖率较好，基本实现了范围内建制村全通车。然而该层级城市在农村地区物流产业发展不平衡不充分的问题比较显著，在相对较好经济基础支撑的情况下农村物流产业结构转型升级迟缓，区域内部各县乡村配套物流服务设施建设情况参差不齐。未来需要围绕农村物流产业深入推进改革，加快信息化物流服务融合发展进程，向更高质量发展迈出跨越式的一步。

第三层级城市主要包括汉中市、安康市和商洛市，三者的评价排名是最低的，意味着普遍来看在陕西省内各市所属的农村地区物流发展水平不算高。汉中、安康、商洛同属于陕南地区，区内多连续的山地丘陵，地理环境复杂，路网建设成本高且难度大，相对劣势的交通区位致使当地广阔的农村地区经济社会发展滞缓。尽管近年来围绕陕南乡村旅游规划在全域交通网络建设上取得了初步成果，但受限于发展定位，无论是交通基础设施还是经济发展水平等各种方面与同省内其他地级市依然存在较大差距。对于第三层级城市，在下一个发展阶段需要重点关注其农村地区的物流基础建设状况，提升优化农村地区路网结构，结合乡镇地区的实际需要给予针对性的政策指导和资源帮扶。

可以看到，陕西省各市域的农村物流高质量发展水平存在较为显著的差异性，总体大致呈现出"陕北—关中—陕南"得分递减的分布格局，并且不同市域内各维度的发展水平也存在明显的不平衡现象。因此，在探索农村物流高质量发展路径与措施时需要明确各自发展劣势，立足发展优势，找准发展定位，实现差异化高质量发展。

11.3.2 县域层面

在对陕西省十大地级市所属农村地区的物流发展水平进行测度的基础上，充分结合前文对于县域农村物流空间布局考察范围的界定，深入落实到县域层面对陕西省农村物流高质量发展水平做进一步测度。经筛选后确定为 75 个县级行政单元，资料来源为陕西省各县人民政府公布的 2020 年国民经济和社会发展统计公报以及政府工作报告。针对部分地区指标数据存在不同程度的缺失现象，本书根据往年统计数据采取增速推导或者指数平滑计算等方法补全。

陕西省县域农村物流发展水平评价指标权重如表 11 - 5 所示。

表 11 - 5 陕西省县域农村物流发展水平评价指标权重

目标层	一级指标	二级指标	权重
陕西省县域农村物流高质量发展水平	经济发展	农村居民人均可支配收入	0.0686
		乡村消费品零售额	0.1831
		农林牧渔总产值	0.0356
	物流规模	农村人均邮政业务量	0.0701
		农村人均货运量	0.3159
	基础设施	农村快递服务营业网点覆盖率	0.1153
		县域公路网密度	0.0952
	信息化程度	互联网宽带接入用户数	0.0805
		移动电话用户数	0.0357

2020 年陕西省 75 个县域行政单元农村物流发展水平的理想相对贴近度结果如表 11 - 6 所示。

表 11 - 6 陕西省县域农村物流发展水平理想相对贴近度

地区	相对贴近度	县域	相对贴近度	县域	相对贴近度	县域	相对贴近度	县域	相对贴近度	县域	相对贴近度
阎良区	0.4948	礼泉县	0.1098	宝塔区	0.2386	洋县	0.1487	吴堡县	0.0310
临潼区	0.1170	长武县	0.0666	安塞区	0.0848	西乡县	0.1658	清涧县	0.0473
长安区	0.2616	旬邑县	0.0786	延长县	0.0427	勉县	0.0278	子洲县	0.0931
蓝田县	0.1131	淳化县	0.2132	延川县	0.0392	宁强县	0.1487	神木市	0.6395
周至县	0.1696	武功县	0.3552	志丹县	0.1139	略阳县	0.0783	石泉县	0.0636
印台区	0.1172	彬州市	0.1812	吴起县	0.1081	镇巴县	0.1108	宁陕县	0.0357
宜君县	0.0574	华州区	0.1548	甘泉县	0.0319	留坝县	0.0347	紫阳县	0.1078
陈仓区	0.0902	潼关县	0.0445	富县	0.0608	佛坪县	0.0237	岚皋县	0.0553
凤翔区	0.0998	大荔县	0.4087	洛川县	0.0680	横山区	0.0739	平利县	0.0874
眉县	0.0542	合阳县	0.1025	宜川县	0.0466	府谷县	0.2704	旬阳市	0.0787
陇县	0.0613	澄城县	0.1871	黄龙县	0.0247	靖边县	0.1352	白河县	0.0451
千阳县	0.0764	蒲城县	0.2828	黄陵县	0.0381	定边县	0.0751	丹凤县	0.1053
麟游县	0.0337	白水县	0.1349	子长市	0.0464	绥德县	0.0412	山阳县	0.1642
太白县	0.0327	富平县	0.2860	南郑区	0.2808	米脂县	0.0581	镇安县	0.1058
三原县	0.1143	华阴市	0.1835	城固县	0.2750	佳县	0.0209	柞水县	0.1930

陕西省县域农村物流高质量发展水平整体评价曲线如图 11 – 2 所示。

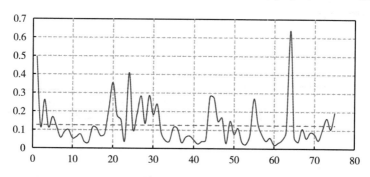

图 11 – 2 陕西省县域农村物流发展水平整体评价曲线

图 11 – 2 的平滑曲线图横坐标轴代表陕西省不同的县域行政单元，纵坐标轴代表农村物流发展水平的理想相对贴近度，图中虚线代表理想相对贴近度的平均水平，相对贴近度越高，即意味着该县农村物流发展水平越高。从曲线整体走势可以看出当前陕西省县域农村物流高质量发展水平根据地区划分不同存在较强差异性，区域发展不平衡不充分的问题十分明显。曲线图中较为突出的几个峰值所代表的县域地区分别为阎良区、长安区、周至县、武功县、神木市、大荔县、蒲城县、富平县、府谷县、宝塔区、澄城县、淳化县、柞水县，这些县域在农村物流发展水平上呈现出明显优势，从空间地理分布上来看较为分散，是精准落实"一村一品、一县一业"发展方针的典型范例。这些县域无一例外都立足自身资源优势，形成了特色主导的产业格局，打造出柞水木耳、蒲城酥梨、阎良甜瓜、城固柑桔、澄城樱桃等这些陕西省乃至国家级的特色品牌名片。同时，注意到第一梯队的陕西省农村物流强县与其余大多数居于平均水平以下的县域之间形成了规模较大的断层，这对陕西省全面补足区域物流发展短板、提振农村物流高质量发展水平提出了更为迫切的要求。

第*12*章

农村物流高质量发展典型经验

陕西省农村物流发展现存的问题有道路基础建设不足、农产品标准化水平不高、物流设施设备以及技术人才缺乏等，同时，客观的地理环境以及农村地区经济发展水平也对农村物流的发展有一定的影响，但发展滞后的主要原因是没有"特色做法"做引领，单纯依靠增加投入无法从根本上解决问题。通过对现有的在农村物流高质量发展方面成效显著的地区进行调查发现，其发展初期遇到的问题与陕西省类似。如广西、福建等地，其农村物流发展初期也存在道路基础设施建设不够完善、物流设施设备以及技术人才缺乏等问题，但当地政府因地制宜，通过实践探索出符合当地特色的农村物流模式，最终取得一定成效。进一步印证了地理条件和经济基础并非决定性因素，正确的发展方向和有力的改革措施才是促使农村物流快速发展的制胜法宝。

本章从农村物流发展经验着手，总结各地区农村物流案例背后的指导思想和主要做法，探究其对于陕西省农村地区的借鉴意义，讨论陕西省农村物流未来可能的发展方向。主要内容包括物流模式创新、物流设施建设以及专业人才引进与培养等，其中不仅包含国内的农村地区，还涉及部分国外地区的特色做法。

12.1 物流基础设施类

物流基础设施建设是物流发展的根本要素，但农村地区由于地形条件、人口分布等原因，无法像城市一样建立系统规范的物流基础设施网络。因此，各农村地区通过对县、乡、村三级农村物流节点进行资源整合，建立仓储物流服务中心，集中处理县级及以下行政区划的物流需求。另外，一方面，县级物流中心对县域内不同地区的村、乡级物流节点的物流需求进行分级，实现上下行物流精准匹配，大大提高了农村物流的整体运行效率和质量；另一方面，结合当地的地区特色，创造性地提出相应的措施以改善当地的物流现状。主要以技术为导向，打造特色物流设施，促进农村物流高质量发展。

福建省交通运输部门实施运输站场"323"建设计划，推动有条件的邮政、供销以及综合运输服务站点共创共建，引导乡镇建设以客运、货运服务两种功能为基础，结合其他三种功能为一体，具备"2+3"功能的综合运输服务站，作为农村物流多级分拨的乡镇级物流节点；在行政村建设配备快递寄递功能的港湾式客运站，作为农村物流多级分拨的村级物流服务点。宁德市松罗乡在交通运输部门的利好政策引导下，将客运站升级改造为综合运输服务站，站外配备充电桩和冷藏库，同时将"三通一达"等快递服务网点也整合进来，建设成一个小型物流中转中心。

福建省武平县通过推行"交供快"融合发展模式，整合县域内客货运输场站、快递物流、农村淘宝、邮乐购、供销通世达等农村物流资源，实现"一县一中心、一乡一站点、一村一服务点"，全县物流快递由县城物流园区统一分拣，再统一分拨至乡镇，配送至村。当地还研发了"乡村运达"App和微信公众号，实现客户、农户、收派件员等信息整合，通过"抢单派送"方式，充分利用当地闲置或者配置不当的配送资源，达到提高配送效率、降低配送成本的效果。

江西省万安县基于农村物流发展现状，先后建设了日货物吞吐容量200吨的仓储物流集散中心、日进出量2万件的仓储物流分拣中心和占地1000平方米的县域商贸物流配送仓，兴建了占地180平方米、容量500立方米的冷链仓库，同时整合7家县内快递物流企业的76辆快递配送车，在全县135个行政村分别设置电商村级网点，对应建立68个村级电商服务站，实现了全县17个乡镇、61个贫困村全覆盖，快递配送点对电商服务站实行100%覆盖，保证所有站点上行24小时内的时效①。

多级分拨的农村物流体系不仅在国内诸多地区有着广泛的开展，国外部分农村地区也采取了类似的做法。荷兰农产品物流主要是三级分拨模式，通过在市场附近建立农产品中转站，农户将农产品都集中到市场，再由市场将其运送到中转站，最后由中转站分配给末端消费者。这样的三级分拨模式的优点是使物流配送过程标准化和程序化，将复杂的作业简化成易于推广和考核的运作方式，对于企业而言意义重大。其次是配送效率高，通过三级分拨，每一级别的产品数量都不小，先进的技术、设备能够更加方便地应用在整个物流过程中，提高效率。同时由于数量上具有优势，规模效应也能使得整个物流过程的成本降低。

在江苏，农村物流县乡村三级物流体系已经初步建立，通过积极配套农村公路，优化农村地区物流场站布局，解决农村物流"最后一公里"问题。此外，社区和街道布设的智能快递柜，极大地缩短了取货行程，同时智能快递柜还能远程开箱，子女还可以在线帮助不会操作的老人。农村物流体系完善后，在农村拿取快递更加方便快捷，日用品、工业品实现"买得到，送得到"；此外，一些农产品也能够通过线上销售渠道快速售卖，优质农产品实现"方便卖，获利高"。

广东省茂名试验区开展的"村村通"项目，利用智慧物流快线着力解决农村物流"最后一公里"问题。智慧物流快线是由广东某民营科创企业自主研发的一种通过在低空架设索道，利用云端系统控制穿梭机在索道上运输货物的新型智能化、轻量化、小批量、多批次运输系统②。该新型基础设施得到推广后，"镇—乡""乡—乡"之间的物流运输壁垒被打破，生活在农村的人们一方面能够享受到快速配送的便利，外卖不再是城市的专属；另一方面能够将自家的农产品进行网上售卖，即便是小批量也能够卖出好价钱，开通物流快线后，每个月的运输量从200多件增长至3000多件③。

陕西省农村物流在多级分拨方向也有尝试，但还不够深入，未建立起系统的仓储物流中心服务网络，原本就不高的农村物流运力并没有得到充

---

① 江西万安：打通农村物流"最后一公里"[EB/OL]. 央广网，2020 - 12 - 21.
　②③ 穿梭机高空行走送包裹！茂名试水全国首条智慧物流快线[N]. 羊城晚报，2020 - 4 - 16.

分且合理的利用，尤其是部分山区的农村物流运行效率仍旧较低，无法完全满足当地人们的物流需求。因此，陕西省农村物流可以在上述方向上继续深入，借鉴目前已经取得成效的农村地区经验，针对那些物流周转慢、周转难的农村地区，建立专业化的县级物流集散中心，打造特色农村物流基础设施，从而提高当地的物流运行效率和使用体验。

12.2 高效物流模式类

高效合理的物流模式能够提高物流运行的效率，对于农村地区而言更是如此。我国大部分农村地区都处于地广人稀的状态，基础物流设施也不够完善，想要发展农村物流并且促进农村物流向着高质量高效率进步，最有益的做法是在现有模式的基础上发展创新模式。目前，各农村地区根据实际情况，主要是通过深化交邮融合，以尽量高的效率和尽量低的成本解决农村地区的"最后一公里"配送问题，推动当地农村物流长效发展①。

四川省攀枝花市交通运输和邮政系统通过交邮共建项目，整合交通运输和邮政普惠服务优势，设立交邮共建配送中心，吸纳韵达、申通、中通和百世4家快递企业入驻，依托村村通邮政网点、乡村超市、产业合作社等网点集中开展农村物流服务，利用农村客运车辆集中配送，使得农村电商物流成本下降70%以上，农村客运成本下降30%以上②。构建起县乡村三级物流体系③，形成"客货同网、资源共享、信息共通、快捷高效"的新型农村物流发展格局。各级服务站点收集发往外地的快递物件，由配送车辆集中运送到交邮服务站，再通过市区快递中心分拨发往各个地区，打通了当地农民增收致富"最初一公里"，使农村产品变成商品的效率更高。

贵州省政府从数据入手，创新建立了全省农村客运出行服务平台"通村村"。该平台通过在各个县建设统一调度中心，在村搭建村级物流服务站点，通过云端大数据整合乡村出行以及上下行物流需求，合理制定车辆

---

① 曹淑雯. 江苏省农村物流发展水平综合评价研究 [J]. 物流工程与管理, 2022, 44 (3)：4.

② 我市减贫案例获评全球最佳 [N]. 攀枝花日报, 2021 – 10 – 21.

③ 杨传堂：交通运输自身强强国家为人民 [J]. 人民交通, 2018 (4)：10 – 11.

调度方案，为乡村民众提供班车、包车、网约车、出租车、公交车、学生定制班车、购票和快递进村、小件快运、电商物流、农村货运等安全、便捷、高效的出行服务和物流服务。一方面极大改善了当地出行难问题，提高出行效率；同时以柔和的方式逐步取缔"黑车"，保证了当地居民的出行安全。另一方面则是在大数据动态调整的机制下，利用客货混载、以客带货等形式解决了乡村物流"最后一公里"问题，使"城货"能够方便下乡，"山货"可以快速进城，极大提高了当地居民的生活质量。

重庆市奉节县乡村地区采取警保联动的方式，解决农村物流的"进城"和"到村"问题，以促进当地农村物流高质量发展。该地区的警保联动农村劝导站在发挥交通安全管理服务功能的基础上，联合当地邮政部门创新推出了快递服务，打破了邮件"只送乡镇、不送村"的格局。此外，京东物流"一村一站，京东助农计划"也进驻"警保联动"劝导站，其主要内容是京东物流新建县级仓储批零中心，以农村交通安全劝导站为物流网络，实现农村地区的生鲜类农产品快速流转，市内流转速度由原来的3~5天压缩至1~2天，省外流转速度由5~7天压缩至2~4天，提速近50%①。

除了国内地区采取交邮融合策略发展农村物流以外，国外也有一些地区采取类似交邮融合理念的方式来解决当地农村地区的包裹投递等问题。比较典型的是德国北部勃兰登堡地区，据统计数据显示，该地区平均人口密度极低，每平方公里仅有40人，以普通的包裹投递成本巨大。为了解决该地区的包裹投递问题，政府推出了一项名为"KombiBUS"的服务，该服务利用已有的公共交通基础设施，让公共汽车混载运输包裹、邮件和旅客，从而实现相对低成本的包裹投递。该服务通过在本地区设定的投递枢纽处（具有存储功能的中转站）进行包裹投递，所有的公共汽车站都提供收发包裹服务，在不增加投入的情况下更高效地解决了当地的包裹投递问题，实现了资源的最大化利用。

陕西省部分农村地区与上述地区情况相似，因此，当地政府应该因地

---

① 警保联动农村劝导站，助力打通乡村物流"最后一公里"［EB/OL］. 华龙网，2020 - 12 - 11.

制宜，结合实际情况，合理选择方式实现"交邮融合"。对于秦岭一带的农村地区，发展公共交通的投入大、难度高、成效低，想要解决当地的物流配送问题，应该从其他方向着手，参考贵州、重庆等地区的做法，采取适合当地实际情况的方式发展农村物流。

12.3 特色电商平台类

电商和物流自始至终都是不可分割的两个主体，在农村地区更是如此，农村电商得以发展的前提便是诸如道路、仓库等物流基础设施的建设，由于电商行业的需要，农村地区的物流基础设施也能够不断完善，不论是企业还是政府都乐于提供各方面的支持，以促进当地经济发展。因此，通过促进各大电商平台与当地物流农产品的融合，建设特色电商物流，从而提高农村地区的基础物流服务水平，同时加强农村与城市之间的物流联系。主要做法可以分为两类，一类是以菜鸟乡村为代表的"方案提供型"，另一类是以美国、日本生鲜企业为代表的"平台搭建型"。

菜鸟乡村是由阿里旗下菜鸟网络牵头，通过整合快递、电商平台、商家以及经销商，推动快递企业建立乡镇乃至村级物流站点。通过菜鸟乡村项目，县域内多家快递企业联合起来共同成立一家合资公司，共享各自企业内部部分人力资源，同时缩小单个快递员的配送范围，提高配送密度，减少不合理的人员配置带来的资源浪费。菜鸟乡村利用自主研发的"溪鸟共配系统"，连通不同快递企业的包裹信息处理系统的信息端口，使得原本分散流动的快递物流信息能够进行统一读取或录入操作[1]。县级配送中心和乡镇物流站点都能够通过该系统共同处理包裹，避免了切换系统时可能出现的问题，同时也减少了切换系统的时间，提高了包裹处理的整体效率，不断提高农村快递服务质量和消费者终端体验，在协同推进农村物流高质量发展中取得了显著成效，为农村物流发展提供了新思路。

---

[1] 整合物流资源 突破信息壁垒——菜鸟乡村推动农村物流高质量发展 [EB/OL]. 中国交通新闻网，2020 – 6 – 17.

国内采用农商结合发展农村物流的案例不多，主要是以菜鸟乡村为代表。而国外则更多地采用这种方式提高农村地区物流响应效率以及物流质量，如日本的 Cybird，美国的 PeaPod、Farmigo 等。日本生鲜电商 Cybird 公司通过整合农户的农产品资源和消费者需求，搭建交易平台让农户和消费者之间能够无阻碍沟通，如此一来消费者可以通过该交易平台直接从农户手中购买自己需要的生鲜农产品，从而减少由于信息不对称等带来的生产和浪费。此外，Cybird 公司每月在东京涩谷地区举办集市，消费者甚至可以直接到线下与农户面对面沟通，了解其所关心的信息，如农产品的生产环境及过程。这种类似于直销的从"生产者→消费者"模式，极大减少了农产品的流通环节，一方面能够减少多余的流通费用，另一方面还能极大提高物流运输效率，优化消费者体验。

　　美国的农村物流发展强调"一体化物流管理体系"，要求突破部门限制，规划和管理整体行为管理，以整体利益为基础。美国的 PeaPod 将超市作为其一级供应商，将收集到的订单与伙伴超市进行共享，然后共同购买、包装并送货。美国生鲜电商 Local Harvest 将中小型农场、社区支持农业农场和消费者等资源进行充分整合，搭建生产者和消费者之间的交易沟通平台。消费者不仅可以根据需要向生产者直接购买农产品，还能向农场提出自己的特定农产品需求，由本地的物流系统直接进行配送，以达到降低物流成本、加快配送速度的目的。

　　美国的 Farmigo 的做法与 Local Harvest 有所不同，该公司以"食物社区"概念为出发点，将在地理位置上相近的消费者进行组合，以"食物社区"为单位与当地农场建立联系。由发起人向网站申请建立食物社区，这个发起人也是食物社区创建后的"带头人"。Farmigo 会为每一个社区制作专门的购物网页，然后带头人就可以把农场的产品添加到社区来。Farmigo 以社区为单位收集订单，然后统一向农场发出订货需求，"食物社区"中的成员每周都可以各自在其社区对应的 Farmigo 网页上提交订单，建立连接的农场每周将来自同一个"食物社区"的订单合并，固定一周为对应社区定点配送一次[①]。

---

① 魏浩，万胡亮. 国外生鲜农产品电子商务运营模式浅析［J］. 金田，2015（9）：416.

菜鸟乡村目前正在国内不断试行，试点地区的改革成效显著，陕西的部分农村地区应当积极引进。同时，国内目前的大型生鲜企业以盒马鲜生这类企业经营范围较为宽泛，很少参与到农村地区的物流通道构建中去，难以具体推动某一个农村地区的物流发展。因此陕西省可以借鉴美日的模式，引进、扶持一批中小型的地方生鲜或者农产品企业，一方面让农村地区的特色产品能够销售出去，促进当地经济发展；另一方面可以提高当地物流水平，打造高质量农村物流。

12.4 规范物流服务类

物流服务的标准化、先进化是物流向着高效、高质量发展的必经之路，对于农村地区而言更是如此。对于大部分农村地区而言，物流管理水平相对于城市而言较低，比较容易出现混乱无序的状况，从而直接影响物流效率。因此，农村地区应加强物流标准化建设，强化物流运作环节的监管问题，以此来保证物流活动的有序进行。

河南省栾川县为了确保运营顺畅和服务高效，坚持标准化引领，利用城市共同配送的经验，深入农村物流配送的不同场景、不同环节进行调研分析后，制定了一套包含《园区货物装卸作业流程》《货物分拣作业流程》《乡镇配送作业流程》《仓库管理制度》《客户投诉处理流程》等26个规章制度的运营管理体系。栾川县政府从物流企业降本增效、行业规范管理、城市管理秩序环境、消防安全、治安管理等方面入手，将位于城区内的35家物流企业整合入驻县级物流中心[1]；在原有乡镇客运站的基础上建设乡镇综合服务平台，对站内硬件和软件设施进行新建和改造，加装了视频监控，配置了托盘、叉车、地牛、货架、电脑、打印机等设备，安装了公司开发的农村物流管理信息系统，使原有的客运站增加了物流、快递、中转分拨配送、前置仓储、农产品加工暂存、电商等功能；在首批60个行政村通过利用村委会、农家店等场所，配备物流终端设备，物流、快递、

电商货柜工具，统一门头形象，设立了物流末端配送点。

江苏省苏州市通过整合规范冷链仓储节点、完善农产品追溯体系以及加大冷链物流设施设备投入等方式，加强物流服务标准化，强化监管水平。江澜农业在形成本地农产品的有效汇集模式之后，就各合作方已建立的冷链仓储设施，分类进行规范整合，形成标准化冷链仓储节点，有效解决农产品储存难的问题。通过与相关技术方合作，开展试点工作，在自有试验基地及一些符合条件的合作基地初步建立起一套物联网管理体系，将基地种植、采摘、加工、包装及仓储、物流通过物联网功能，对农产品从种植、储存到物流运输的全过程信息化监控，实现对农产品的质量管理的物流时间管控，有效解决农产品追溯难的问题。江澜农业在所有车辆上加装了车内食材监控系统、车辆实时定位系统，以实现对所有车辆在途状态、货物在途状态的实时管理，有效解决农产品保鲜难和运输难的问题。

陕西省大部分农村地区目前物流标准化建设还比较薄弱，物流运作监管环节不够严格。因此可以参考上述地区的经验做法，考虑从业人员的基础素质，因地制宜、因人制宜制定管理办法，加强物流运作的监管工作，有序推动物流高质量发展。

12.5 专业技术人才类

大部分农村地区的产业都以农产品为主，电商的发展使得农产品有了外销的机会，但想要顺利外销还需要畅通的物流渠道辅助。因此，农村电商与农村物流是相辅相成，互相促进的关系。电商人才的引进不仅带动农产品销售，更能够推动农村物流的发展。各地通过出台政策，引进和培养面向电商产业的人才，除了引进行业相关人才以外，也在不断加强本土人才培养，希望以人才推动当地农村电商和物流发展。

广州市黄埔区农业农村局通过加强农业农村人才培训力度，以农村政策和农业法律法规解读、都市休闲观光农业建设、农业科技大数据应用与管理、农村电商现状与运营、农产品品牌打造、农产品新媒体运营模式等课程为主要培养内容，为黄埔区现代农业发展培养了一支爱农业、懂技术、善经营的新型职业农民队伍。通过开展农业电商培训，依托新媒体的应用、双联动力等渠道，积极发展线上线下融合的农业电子商务新业态新模式，打通农业电商发展壁垒。在电商人才培养政策下，当地电商规模不断扩大，农村物流也顺势而为快速发展。

湖北省十堰市竹山县实施4个"一村一"人才计划，指的是一村一名电商人才，一村一名大学生村干部，一村一个人才创新创业示范基地，一村一个农民专业合作社①。竹山县围绕四个"一村一"计划，在人才培养方面，截至2020年9月，通过课堂培训、现场教学等方式累计培养电商人才3000余人、大学生村干部245名，累计建设创新创业示范基地78个，农民专业合作社1463家，其中市级以上示范社14家，省级以上示范社7家。在人才评选方面，由人才办、人社局、农业局相互配合，出台了《加强农村人才队伍建设的意见》《乡村优秀科技人才选拔管理办法》《竹山县四个"一村一"典型评选细化方案》等文件，在评选类别、评选原则、评选条件等方面制定了严格规范的操作办法，对人才实行荣誉和物质双重奖励。

陕西省农村地区的农产品资源丰富，虽然部分地区也在通过电商渠道进行农产品销售，但大部分地区缺乏专业的人才资源作支撑，还有很大的发展空间。各地区县政府可以借鉴上述地区的人才培养和引进模式，为陕西省农村电商和物流发展注入新生力量，提高其发展质量和效率。

总体来看，经过最近几年的发展，陕西省农村地区物流已经成功实现了从无到有的转变，而现在正是突破从有到优的关键时期。上述各省份乃至国外的农村物流特色经验做法，对应陕西省各个农村地区都有不同程度的参考价值。陕西省农村地区应该在借鉴参考的基础上，结合实际的经济、地理、人口等情况，形成适合本地农村物流高质量发展的特色模式和做法，从而加快陕西省农村物流高质量发展的脚步，解决目前遇到的一系列问题。

---

① 竹山."一村一"人才计划助推乡村振兴［N］. 十堰日报，2018－7－31.

第 *13* 章

陕西农村物流高质量发展路径与对策

结合陕西省农村物流发展现状和现行国家及地方推出的政策文件，提出陕西省农村物流高质量发展目标，并探索实现高质量发展目标的培育路径。推动陕西省农村物流高质量发展作为巩固脱贫攻坚成果、助力乡村振兴的重要举措，需要各级政府、交通、发改、商务、农业、供销、工信及邮政等多部门协同完成任务，研究制定陕西省农村物流高质量发展工作方案。在提出陕西省农村物流高质量发展多维融合物流资源、推广现代技术应用、创新农村物流模式、推动绿色低碳物流的培育路径的基础上，对应提出"物流基础设施、多点融合模式、物流信息化、物流服务标准、人才技术装备"的"五位一体"全面协调发展的建议与措施，即优化网络服务功能，完善物流基础设施布局；提高资源利用效率，深化多点融合模式发展；强化电商引领作用，提升物流的信息化水平；完善监管服务体系，提升农村物流服务标准；提高物流运营效率，加强人才技术装备运用，以推动陕西省农村物流高质量发展。

13.1 陕西农村物流高质量发展目标

2019 年 9 月，中共中央、国务院联合发布《交通强国建设纲要》，其把"农村地区交通基础设施网络广覆盖""完善农村配送网络，促进城乡双向流通"纳入交通强国建设的任务体系中；2021 年印发的《关于加快农村寄递物流体系建设的意见》指出 2025 年要实现农村地区寄递快递物流网点全覆盖、村级服务全覆盖，农产品上行和工业品下行双向畅通，形成一套对农村居民开放便捷、对农村物流资源集约共享、农村物流过程安全高效、"农产品进城"和"工业品下乡"双向流通渠道畅通的农村寄递物流体系，让联动城乡的纽带在供给能力和服务质量上显著提升，农村居民能够享受到优质全覆盖的便民惠民寄递物流服务①。

2021 年陕西省发布《关于全面推进乡村振兴加快农业农村现代化的实施意见》指出，坚持共建共享原则，加快交邮、供销等合作，推动基础设施资源共享共用，打造功能多样、资源高效利用、物流服务优质的农村物流三级网络节点，加快电子商务进农村工程、农产品网络促销以及农产品保鲜冷链设施设备的建设与运用，做好产地与销地冷链衔接等，推动农村物流高质量发展。该意见指出，预计到 2025 年，广大农村地区不仅进一步完善基础设施，公共服务水平也将得到显著提升，农村居民对农业农村基础设施现代化、生活设施便利化带来的幸福感显著增强，农业农村现代化取得实质性突破。2021 年 8 月陕西省邮政管理局为贯彻落实国务院办公厅印发《关于加快农村寄递物流体系建设的意见》的精神，提出将加快推进陕西省农村物流三级配送体系建设、整合物流资源、以邮政快递的物流网络为基础发展县乡村物流寄递体系，助力乡村振兴。2021 年 10 月陕西省省长调研快递进村服务网点时强调，坚持优先发展农村，加大对农村资源要素的支持力度，以渠道下沉和农产品上行为主线，让联动城乡物资的农村物流流通渠道畅通，将优质的农产品上行到消费者，实现农民增收致富的同时，农民享受电商时代优质的购物体验，形成双向流通的良性循环。

结合陕西省农村物流发展现状及国家、陕西省相关政策提出的农村物流发展目标要求，提出陕西省农村物流高质量发展目标就是到 2025 年，基本建成覆盖陕西省县乡村三级物流节点体系，乡村快递物流运输服务网络覆盖全部农村，培育一批具有影响力的农村物流品牌运输企业，先进物流

---

① 快递"下乡""进村"仍存堵点"最后一公里"待畅通 [EB/OL]. 商业要闻_财经_中金在线网，2021 – 10 – 12.

运营模式、信息技术、物流技术得到广泛推广运用，物流网络信息化程度显著提高，实现"人优其行，货畅其流""农产品进城"和"工业品下乡"在农村得到有效保障，"交邮"融合发展在构建国内大循环和国内国际双循环相互促进的新发展格局中展现新作为、踏上新台阶①。

13.2　陕西农村物流高质量发展培育路径

结合目前陕西省农村物流高质量发展现状，陕南、陕北农村地区物流网点数量及覆盖率较关中地区差距较大，为实现陕西省农村物流高质量发展，有针对性地解决陕西省农村物流发展短板，提出陕西省农村物流高质量发展培育路径，具体路径如图 13 – 1 所示。

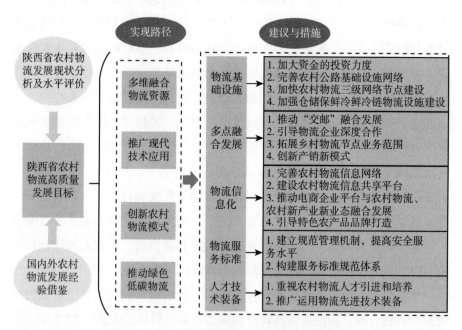

图 13 – 1　陕西省农村物流高质量发展实现路径

（1）多维融合物流资源。引导电子商务、邮政、供销、快递、物流、

---

① 四川将打造 52 个县乡村三级物流体系建设重点县［N］. 四川农村日报，2021 – 8 – 19.

商贸流通等各类主体开展市场化运作，着力推动"交邮"融合发展，整合物流企业运输资源，促进"多站合一、一点多能、一网多用"，增加物流节点的服务功能，推动仓储、揽收、分拣、运输、配送"五统一"，场地、车辆、人员、运营、管理"五整合"，提升资源的利用效率。

（2）推广现代技术应用。依托云计算、大数据、物联网等技术，加速农村物流数字化、智能化改造，不断完善农村物流信息网络；推广现代化农产品加工技术、提高农村物流在农产品运输方面水平、改进物流包装技术等，以此改善农村物流技术水平。

（3）创新农村物流模式。鼓励物流配送企业联合布点或借助第三方资源开设服务点，引导超市、物流企业、电商平台、农户之间的合作，例如邮快合作、快快合作、快交合作、快商合作、快供合作等不同合作模式；加快布局城乡一体化配送网络，积极推进共同配送模式；充分考虑乡村自有资源，将农村现有富余的运力资源和人力资源纳入物流配送体系，活化农村末端物流。

（4）推动绿色低碳物流。推动绿色低碳物流发展，积极加快构建循环型绿色物流体系，持续发挥循环经济效益在物流过程中的应用。

13.3　陕西农村物流高质量发展对策建议

13.3.1　优化网络服务功能，完善物流基础设施布局

陕西省农村物流高质量发展需要完善的物流基础设施作为支撑，尤其是农产品畅通"最初一公里"进城和工业品畅行"最后一公里"进村。为实现陕西省农村物流高质量发展，陕西省应该积极完善农村物流基础设施布局，加快推进"四好农村路"建设，完善农村道路网络，提升农村道路等级，健全农村道路养护体系，加强县级农村物流枢纽建设，健全县乡村三级一体的农村物流服务网络，尤其是以关中为"一核"，陕南、陕北为"两翼"的农村地区，还有物流网点布局很少的地方，例如留坝县、佛坪县、黄龙县、太白县等。

（1）加大资金的投入力度。

交通运输主管部门应协同财政部门统筹专项资金通道，加大对物流基础设施建设的支持力度，尤其是革命老区、脱贫地区、乡村振兴重点帮扶地区等农村交通基础设施的建设。同时积极争取国家投资、地方政府筹资和实行市场融资的资金投融资渠道，鼓励政府部门与社会企业合作，但是严格规范地方政府与社会资本的合作及政府性基金等投融资模式，建立健全国家投资和地方各级财政投入的保障制度，优化项目资金获取结构。鼓励民间资本进驻物流基础设施建设，探索特许经营、合资经营等新型路径，不断加大招商引资力度，引导社会资本参与农村物流基础设施建设。

（2）完善农村公路基础设施网络建设。

四通八达的农村公路网络是农村物流发展的基础，交通运输主管部门应持续推动农村基础设施建设，按照"四好农村路"的标准和要求，解决制约陕西省农村物流高质量发展的交通短板，尤其是解决还存在农村交通供给严重不足的行政村。持续加大农村公路建设力度，实现"村村通"，修成平坦宽阔的农村公路，基本形成集城乡物资双向流通通畅，运输服务便捷、安全、高效、绿色为一体的农村公路基础设施网络；同时加强农村道路常态化管理养护，加大公路病害处治力度，及时抢修灾毁水毁路段，保障"农产品进城"始端和"工业品下乡"末端的集散功能，确保工业品及涉农物资下乡、特色农产品进城、资源回收利用等货物运输的农村公路便捷顺畅。

（3）加快农村物流三级网络节点建设。

交通运输主管部门协同供销合作社、邮政管理局打造县级物流服务中心，乡镇物流中转点和村级物流服务点的农村物流三级网络节点，基本形成"县级网络节点为中心、乡级物流中转点为支点、村级物流服务点为终端"的县乡村三级快递物流网络体系，实现县乡村邮政和快递网点的共享共用机制；实施乡镇通三级公路、县乡公路改造、通村公路完善、建制村通双车道、通村公路联网，实现三级节点互联互通，提升农村外通内联水平，有效保障涉农物资、消费品下乡和农产品进城的流通通道畅通。

（4）加强仓储保鲜冷链物流设施建设。

农产品的冷链保鲜是必要的，仓储保鲜冷链物流设施对保障农产品的品质、降低其在流通过程中各个环节的损耗极其重要。因此陕西省交通运输主管部门应该统筹农业农村厅、地方各级政府坚持因地制宜，针对具有特色农产品生产规模的地区，尤其是水果、蔬菜、水产品等需要保鲜冷链物流设施的农村地区，合理规划布局，建设一批通达便捷、能够兼顾大多数适当农产品生产规模的农民合作社或农户的田头仓储保鲜、分拣包装、产后初加工等设施，并且在县一级建设功能更加齐全的骨干冷链物流基地，打造冷链物流枢纽。

13.3.2 提高资源利用效率，深化多点融合模式发展

农村物流高质量发展涉及交通、邮政、物流企业、电商企业以及农户等主体，陕西省应推动跨部门、多主体协同发展机制，坚持节点共建共享，创新通村客货运运营模式，构建农村客货运长效发展机制，促进多点融合模式发展，整合县级客货运站、邮政网点、地区物流企业网点、大型超市、农资服务社以及部分农户等资源，鼓励"一点多能、一网多用"，因地制宜建立农村物流服务奖励机制，引导各类市场主体参与农村物流服务市场，支持探索建立资源共享机制，充分发挥市场主体活力，提高物流网络及物流节点资源的利用效率。

（1）推动"交邮"融合发展。

交通运输主管部门、邮政管理局推动以邮政、快递业为主，发展交邮合作、集中共配模式，在不影响客运站功能前提下，坚持"一点多能、一网多用、功能集约、便利高效"的原则，推进"交邮"融合发展，在客货运站建设快递办公区，同时根据客货运站现行状况按需建设仓库用房，用于快递物流的集散与分拨，客货运站基本形成集货运、客运、快递物流、邮政快递为一体的综合运输服务站，实现场站资源和设施的高效利用、客货运站服务功能的多元化。另外可以积极发展农村客运班线携带小件货物的货运业务，提高农村客运车辆的利用效率，在快递小件上满足县、乡、村区域物流配送需求，助力站场、线路、运力等资源共建共享。

（2）引导物流企业深度合作。

交通运输主管部门统筹邮政管理局、商务厅、发展改革委引导陕西省

物流企业积极进驻客货运站，通过联盟或合资等多方式协同合作，对农村物流开展业务交叉合作，取长补短，对农产品揽收、运输、工业品下乡的分拣、运输及派送等业务开展深度合作，一方面避免县域物流企业过度竞争，另一方面通过整合物流企业资源进驻客货运站，打造邮件快件、电子商务物流、涉农物资配送中心，形成功能多样化、服务高品质的农村物流节点。

（3）拓展乡村物流节点业务范围。

交通运输主管部门应该会同商务厅、发改委及供销合作社充分借助农村地区物流节点，在乡级、村级的物流节点结合实际适当增加电商产品展示、农村居民购票、缴费、存取款以及农产品代销和消费品代购服务。另外利用农村物流配送网络通达的优势，合理规划运输线路，为村镇的邮政快递、涉农物资以及大型超市等提供"定时、定点、定线"的配送服务，满足村镇快递物流、日常生产生活必需品供给需求，提高农村物流服务的功能面和覆盖面。

（4）创新产销新模式。

"农产品进城"会经过多次物流流通环节，并且因为长链条的物流环节使农产品最终品质下降，销售价格提高，导致农产品"买难卖难"的问题。陕西省商务厅、发改委、农业农村厅应该统一农村居民对农产品种植、采摘和加工作业标准，一方面有利于涉农物资的统一供应，另一方面有利于农产品的统一销售。同时创新发展"特色产业＋网络电商"的产运销一体化模式，"商超快递＋物流连锁"的高效物流配送模式，提高农产品转运效率，降低农村物流成本；"电子商务＋农村物流"服务模式，实现"以商养运、以运促贸"。

13.3.3 强化电商引领作用，提高物流的信息化水平

农村物流信息化离不开数字乡村的建设，其在提高乡村网络消费能力的同时，还能提升乡村治理水平和治理能力。电子商务作为"互联网＋"时代的信息产物，改变了农村地区居民的生产生活方式，尤其在电子商务进农村之后，农村物流和农村经济实现跨越式发展。陕西省相关部门应该充分认识到农村信息化新基建建设对推动农村物流高质量发展的决定性作

用，强化电商引领，加快信息化设备普及推广，开展绿色配送，提高农村物流的信息化水平，推动农村物流信息化、智能化发展。

（1）完善农村物流信息网络。

农村地区信息化程度较低，导致农村较多居民获取农产品市场信息是凭借传统的电话传递或者人际传递的方式，这些传统的信息获取方式存在一定的信息滞后性，使得市场信息不对称，很大程度上限制了农村物流的发展。陕西省交通运输主管部门应该会同邮政管理局、工业和信息化厅通过将跨部门、多主体的资源信息进行整合，实现有效衔接，信息共享，对生产及物流流通环节的作业及包装标准化。同时发展"互联网＋"高效物流，创新智慧物流运营模式，推动电子运单跨方式、跨区域共享认同①，建立综合信息服务中心，及时发布市场信息和物流信息，通过信息流带动其他要素的流动，提高农村居民获取信息的便捷性和准确性，破解农村物流信息不对称的问题。

（2）建设农村物流信息共享平台。

陕西省农业农村厅、工业和信息化厅应该积极运用先进的互联网信息技术，搭建具有时效性、广覆盖的农村物流信息共享平台。农户可以将自己的农产品基本信息发布在该平台上，从而通过互联网让外界消费者了解，达到对农产品的宣传目的，实现农产品的市场化；同时推进"溯源体系建设"，实现农产品运输过程中质量问题的追溯管理。另外，农村居民可以从该平台了解涉农物资、日常生产生活必需品及一些其他工业产品的信息，并通过平台选购，还可以帮助那些不会使用互联网购物的农村居民进行代购，实现农村消费形式新转变。

（3）推动电商企业平台与农村物流、农村新产业新业态融合发展。

交通运输主管部门协同发改委、商务厅应该打造"互联网＋农业生产经营＋物流"的新型农村生产经营模式，鼓励和引导大型电商平台在特色农产品区发展电商产业，不仅与物流企业密切合作，还通过直播、公众号推广等宣传形式扩大农村特色农产品知名度，进一步畅销农产品。增强品

---

① 一脑、五网、两体系，数字交通"十四五"发展规划印发［EB/OL］.交通运输部，2021－12－24.

牌意识，鼓励各地区以农村物流服务水平提升为出发点，充分挖掘区域特色，因地制宜开展具有地方特色的农村物流服务。

（4）引导特色农产品品牌打造。

农业农村厅及地方政府结合全省农产品分布特点，在全省范围内形成"一村一品、一县一业"的发展态势①，立足各地县域本土化特色，结合其先天优势，从产业基础和拥有资源出发，明确产业规划，加强标准引领；引导规模化生产的农户带动小农户，解决农产品规模小、分散不集中的问题，积极利用地区特色农产品优势，打造特色农产品品牌，并结合自己的特色产品，利用文化赋能营销策略将农产品的"故事"属性充分开发出来，深度挖掘农产品内涵，真正做到"人无我有，人有我特"，并依靠新零售、内容电商、直播带货、社交电商等新业态多样化塑造品牌形象，利用多样的数字化手段让消费者和投资者熟悉、认可品牌，扩大品牌影响力，推动特色农产品知名度提升。

13.3.4 完善监管服务体系，提高农村物流服务标准

提高农村物流服务标准，是培育主营业务突出、管理水平高、竞争力强、服务有质量的专业化农村物流服务企业的关键所在，因此要规范行业管理，以农村市场需求为导向，建立健全陕西省各地农村物流服务企业管理体系，构建农村物流服务企业的动态考核机制，完善农村物流服务品牌的评估与认证体系，促使农村物流向着标准化的方向迈进，不仅可以提升运营管理效率，还可节约运行成本。

（1）建立规范管理机制，提高安全服务水平。

交通运输主管部门和地方各级政府、发改委共同推进交通物流中心建设，加强各货运代理商的经营管理，货运代理商和运输企业可以通过交易平台成交业务，做到公平、公正、公开。建立诚信认证体系，对交易平台的全部车辆建立诚信档案，为企业提供有安全保障的车辆运输服务，降低企业的物流运作风险。对农产品、涉农物资等实行"统一采购、统一存

---

① 人行兰州中支：精准扶贫青年调研走在先［EB/OL］．中国青年报，2018－12－08.

储、统一配送、统一价格"的运作模式，强化对农村物流节点的监督管理，严格把关农产品质量，一律杜绝不合格产品流入物流环节，保证产品质量和农民利益。

（2）构建服务标准规范体系。

交通运输主管部门同发改委、邮政管理局等明确站点功能布局、设施设备配置、站牌设置标准等，实现站点建设的标准化；结合站点功能定位和服务要求，制定站点服务标准和货物仓储、车辆调度、邮件收投、商品配送等运行标准。结合乡村快递物流特点，制定安全运输和服务标准，畅通投诉渠道，规范经营行为；建立参与交邮合作客运企业的统一考核评价体系，将考核结果与业务承接资格、政策支持等挂钩，剔除服务质量差、安全管理问题突出的企业、车辆和从业人员，提升农村物流服务品质。

13.3.5　提高物流运营效率，加强人才技术装备运用

一方面，"农产品进城"要经过较多的流通环节，加上自身易腐蚀、易损耗、分季节供应等特点，对装卸、仓储、运输等要求高，加之物流技术装备水平的高低也会导致农产品最终品质不同；另一方面，由于"农产品进城"属于长链条的物流运输，需要受教育程度较高、具有较强专业知识的物流人才对其运输情况加以监督。但是目前陕西省农村物流在装卸搬运和仓储保鲜冷链设施设备方面存在较大的不足，车辆装备水平不高，缺少冷藏保温车等先进专用运输车辆，导致农产品货损大、运输效率低、成本居高不下，农村物流人才也较为缺乏，制约着陕西省农村物流的高质量发展。因此要不断推广应用新技术，集中招募培训高素质农村物流人才，推动新技术、新装备、高素质人才在农村物流体系中的渗透率。

（1）重视农村物流人才引进与培养。

陕西省教育厅及地方政府应充分认识到农村电商物流人才对实现农村物流高质量发展的重要作用。在专业物流技术人才层面，引导地方政府和物流企业协同完善物流人才培养体系，可以建立专家库为农村物流发展提供决策支持，同时坚持"政、产、学、研、用、培"六位一体的人才培养模式，积极引导校企合作，与地区物流相关专业一流的高校开展定向专业

人才培养，并给予其具备竞争力的待遇和优惠政策，吸纳高校物流人才，提高农村物流从业人员的专业化水平。在农村居民及相关电商从业者层面，建立专业技术培训机制，鼓励农民主动参加就业技术培训，开设培训班，农民可以将自己在从事农村电商物流经营过程中遇到的问题、有效的解决办法、经营活动等与大家分享，彼此交流合作，不断提高农民的综合技能和素质。

（2）推广运用物流先进技术装备。

交通运输主管部门应该统筹邮政管理局、物流企业加快县级骨干冷链物流基地、村镇农产品保鲜冷链物流基础设施的建设，物流企业按需配备冷藏保鲜运输车、标准化托盘等，让农产品品质得到保障；推广运用先进的技术，例如条形码、车载卫星定位装置以及射频识别技术等，让物流运输过程趋向于数字化监控与管理，实现农村物流的信息化运作，提高运营管理效率；提升物流运输各个环节的机械化水平，降低人工操作率，部分有条件的农村地区还可以运用更加先进的配送方式，例如，无人机配送、机器人配送以及智能收投终端等，提高农村物流服务的智能化水平。

第 *14* 章

陕西农村物流服务示范品牌的实践探索

自我国改革开放以来，工业化、城镇化速度剧增，逐渐成为国家发展的"动力源"。与此同时，我国农业也进入了高速发展的新赛道，农村产业结构不断升级优化，综合生产能力显著增强，为农村发展融入了新的业态。农村物流作为农村产业升级改造的一部分，对我国农村经济的发展具有重大意义。不仅充当起连接城市和农村的纽带，为城乡经济流通搭建桥梁，还保障了生产与消费的良性循环，有利于实现城乡一体化发展、推进供给侧结构性改革和优化产业结构[①]。

全面推进乡村振兴让农村物流得到新发展、实现大发展，根本原因不仅在于农村物流供给侧提供了更好的网络基础、更优的组织模式，更在于农村物流需求侧需求特征的转变。在农村互联网经济快速发展、电子商务与农村物流逐步融合的背景下，农村物流服务品牌逐渐成为撬动农村经济新杠杆，促使着农村物流与其他产业融合发展。推广农村物流服务品牌，既是贯彻落实党中央、国务院关于实施乡村振兴战略的重要举措，也是打赢脱贫攻坚战的有效路径之一[②]。

总体而言，在当前农村物流发展过程中要充分利用品牌构建在资源集聚、产业创新等方面的辐射带动作用，因地制宜地打造符合自身特色的农村物流服务示范品牌，实现农村物流高质量发展，助力农村经济腾飞。针

---

① 构建高效物流体系 助力乡村全面振兴 ［EB/OL］. 江苏省发展和改革委员会, 2019 - 7 - 10.
② 农村物流服务品牌申报工作实施方案 ［EB/OL］. 中国政府网, 2020 - 6 - 3.

对陕西农村物流服务示范品牌，在考虑不同地区、不同发展成效的前提下，从农村物流服务品牌模式入手，分析其模式的切入点和创新点，以期为其他地区农村物流服务品牌建设提供一定参考借鉴作用。助力形成品牌效应拉动地方经济发展，优化市场环境，促进产业融合，构建功能完备、运营高效、模式创新的农村物流服务新体系。

14.1　白河县

近年来，白河县委县政府抢抓国家电子商务进农村综合示范项目建设机遇，将项目建设与本县资源情况、发展现状相适应融合，把物流整合和共享配送作为项目建设的突破口，把项目发展的重点放在资源整合和业态融合上，在城市和乡村之间建立双向的商品流通渠道，拓宽农产品上行的渠道，促进了县域农村物流快递业的协同发展，贯彻了商务部等三部委文件精神和工作意图，最终有效实现了项目建设的目标，全县的电子商务产业也实现了稳步高效的发展[①]。

14.1.1　基本情况

白河县位于陕西省安康市的东南部，南面是大巴山，北、东、南三面皆紧挨湖北省，西面与陕西省的旬阳市相邻，属于陕南地区，是进入陕西省的要道之一[②]，古语称"镇秦雍，控荆襄，秦头楚尾"。白河县区内有11个乡镇121个行政村，是国家扶贫开发重点县，曾连续三年荣获"陕西省工业增长速度前十名""陕西省省级文化先进县""国家卫生县城""省级生态县"等荣誉称号[③]。

白河县是农业大县，其中木瓜、茶叶、生态养殖业等产业是县域内最

---

①　陕西"快递进村"，让乡村"活"起来［EB/OL］. 陕西农村报，2020 – 11 – 10.

②　陕西白河. 支部建在网上 党员连在线上［EB/OL］. 中国共产党新闻网，2017 – 2 – 16.

③　白河县累计减贫 6.6 万人 74 个贫困村全部脱贫退出［EB/OL］. 安康市人民政府网，2020 – 5 – 29.

具特色且占有农业主导地位的产业。但是因为乡村物流道路建设不足，交通状况闭塞、物流运输线路不通畅，导致了农产品的运输成本过高，极大地限制了农产品的产业发展，使得县域经济的发展速度极其缓慢。要想富，先修路。近年来，白河县累计完成投资 10.45 亿元，升级改造县乡公路 131.7 公里，新建进村入户路 361 条共计 1105.9 公里，新修便民桥、通车桥 52 座共计 1485 千米①。

14.1.2 做法经验

（1）整合物流企业，实现规范管理。

以邮政快递为基础，通过股权收购、现金入股、资产折合等方式，与县域内的申通、韵达、百世、顺丰速运等 8 家快递物流企业进行合作，成立白河县物流有限公司②。对全县内快递物流实行统一的管理、运营和结算，使企业在运输、仓储、人员等环节的成本降低，而运营质量有了很大程度的提高，农村物流发展获得更多的效益。

（2）整合末端网点，实现业态优势互补。

一是坚持融合建点。按照国家电子商务进农村综合示范项目建设要求，以"商务流通项目捆绑融合、站点业态互补、一网多建城乡流通网络"为建设思路，在规划布局镇村电商和快递服务网点时，优先选择在原有超市、便利店和商店中改造。对电商站点外的重要商业网点，按照线上线下连锁经营的模式，建设改造了一批标准化镇村便利店、镇级物流服务站和县城连锁快递超市，作为电商站点的补充，扩大了电商网络体系，提升了城乡商业网点硬件和流通水平。二是集中服务功能。在末端网点增设邮政投寄、包裹快递、金融信息、产品销售、日常收费等附加服务，使得网点盈利点尽可能得多。三是完善流通体系。通过推进镇村电商与商业服务体系融合、快递下乡与城乡物流配送体系融合、工业产品进入农村的渠道与农产品销入城市的渠道融合建设，县乡村三级商业网点业态实现优势

---

① 脱贫有路通小康——白河县交通扶贫纪实［EB/OL］. 安康市人民政府网，2020 – 11 – 17.
② 订单进山 产品出山［N］. 安康日报，2020 – 1 – 16.

互补，资源得到充分利用。基本构成了县级配送分拣中心作为主导，镇级的物流服务站点为辅助，村级的电子商务网点和具有物流服务网点功能超市、连锁商店等为终端的工业产品、农产品等商品的流通网络体系。

（3）整合配送线路，实现城乡统一配送。

一是优化进村配送线路。在全县域内采用定车、定人、定时、定线的"四定模式"，按照物流线路的方向开通 5 条物流班线和 120 条支线，将 60 余台物流车辆投入运营使用，覆盖全县 11 个镇、50 多个村（社区）①。县级配送中心每天将货件配送至镇级物流服务站，镇级物流服务站再将这些货件分类分发到各个村级服务点。县公司与各镇级站点统一结算费用，所有站点严格遵守国家快递收费规定。二是畅通入城快递渠道。各镇和县城快递超市等站点负责本区域内上行货品收集，定时由班线货车运回县城物流配送中心，再统一分发至全国各地进行销售。班线货车增加农特产品拉运、再生资源回收、便民服务等运输业务，使物流企业扩大流通并极大地提高了服务"三农"的水平，相关企业的经营收入也有了一定程度的增长，行业监管也更加标准化、更加严格。县经贸、交通、市场监管等部门严格按照国家《快递暂行条例》加强对快递物流企业监管，对寄递流程进行更加严格的监管控制。

（4）整合配送要素，实现资源共享。

一是建立健全县级配送中心。建成集分拨、配送、仓储、办公于一体，占地 5000 余平方米的县级城乡物流配送中心，现已有 7 家快递物流企业、2 家专线物流企业、4 家商贸物流企业入驻，50 余台车辆投入运营，为 200 余人提供了就业岗位，实现了一套人马、一批车辆、一片场地、一套系统的物流配送运营模式②。二是优化城乡配送功能。按照上行和下行两个流向，建立信息共享平台，实行分头进货、分头出单、统一配货、统一送货，使物流配送速度更快、配送过程更安全，进而更大程度地提高配送效率，同时物流成本也得以降低。在城乡配送功能得到优化后，如今平均每天有 10000 多单的货件进入县城配送中心，其中农产品进城的货件超

①　白河县这个项目入选交通运输部首批农村物流服务品牌 [EB/OL]. 安康市人民政府网，2020 - 6 - 9.

②　白河县：党建引领新业态 电商赋能助振兴 [EB/OL]. 陕西党建网，2022 - 10 - 11.

过千单，在城市和乡村之间流通的货物件数达 20 余吨，配送效率提升了 50%、成本缩减了 30%。三是补齐镇村配送短板。为便于收件投递，在县城新建 20 个"哈哈快递超市"连锁网点，11 个镇级物流服务站，与 108 个村级服务网点达成物流代办的关系，完全打通物流配送"最后一公里"①。

14.1.3　取得成效

（1）建成多个农产品销售点，培养出大批物流人才。白河县已建成了 60 个线上线下连锁便利店，20 个县城连锁快递超市。已开展 85 场以电子商务、网店微店运营、物流服务网点运营知识为主题的培训会，约 6431 人得到培训，多次对贫困户进行知识培训，助力缩小农村贫富差距。通过各种培训的开展，在县域内培育出了一批掌握电商知识并能够灵活运用的物流人才②。

（2）做强网销产品。加快"三品一标"认证，已完成木瓜酒、春燕茶、"活二八"汤圆、肉糕、天宝乌鸡蛋、黄姜、绿松石雕、何首乌、袁大师春卷、魔芋、核桃、香菇、木耳等 15 个产品有机认证并取得了有机转换证书，农产品的质量有了有效保障，为富硒农产品销往全国提供了有利条件。强化了产销衔接，积极借助中省市"两联一包"和苏陕协作等资源，先后建立了校地合作、乡愁消费、农商互联、苏陕协作、文旅融合等 5 种稳定高效的生产和销售衔接渠道，实现订单引进、产品售出③。

（3）推动电子商务产业的发展。截至 2020 年，白河电商服务中心已发展电商企业 166 户，电商从业人员 1000 余人。以电商进农村综合示范项目建设为主导，为县域内的居民提供了代买代卖、代缴费、快递代收发等增值服务，累计 10000 余名的群众得到了服务，使得 206 户贫困户的收入得到了增长，由此初步建成了县乡村三级电商公共服务体系④。

---

① 让老土地长出新农业 [EB/OL]. 阳光报 – 阳光网，2020 – 9 – 8.

② 订单进山　产品出山 [N]. 安康日报，2020 – 1 – 16.

③ 绿色循环成大道——来自白河县高质量发展的报道 [EB/OL]. 安康市人民政府网，2021 – 10 – 14.

④ 订单进山　产品出山 [N]. 安康日报，2020 – 1 – 16.

14.2 鄠邑区

为使乡村振兴得到进一步发展，农村物流发展水平实现进一步提升，同时适应地方特色的农村物流业务发展需要，陕西省鄠邑区形成了以区级配送中心为核心，辐射 11 个镇街服务中心及 185 个村级物流服务站点的农村三级物流体系，可实现快递业务覆盖率达 90% 以上，并且可以对工业品下乡、农产品进城、电商进村、快递入户的"最后一公里"难题进行有效解决，发展崇信物流"电商扶贫 + 农村三级物流"，为坚决打赢脱贫攻坚战、实施乡村振兴战略提供坚强有力的物流服务保障①。

14.2.1 基本情况

有着"画乡"之称的陕西省鄠邑区原名户县，地处关中渭河流域，位于西安市西南部，总面积 1282 平方千米。2016 年 11 月国务院批复撤销户县，设立西安市鄠邑区。2017 年 9 月 9 日，鄠邑区正式揭牌，成为陕西省西安市的第 11 个区。

区位交通优势明显。鄠邑区北邻西咸新区、东接高新区，与咸阳国际机场的距离仅有 48 公里，仅需 10 分钟左右的高速公路行程便可达西安市的主城区。西成高铁专设鄠邑站，西汉高速、西咸北环线纵贯全境，环山旅游路横穿东西，西宝、西户、咸户等国道、省道和 9 纵 9 横（含渭河堤顶路）的县乡道路四通八达，西汉高速四改八、西法城际铁路、鄠眉高速、西户快速干道即将开工，是全省唯一的全国交通综合示范区②。

物流服务高效便捷。截至 2019 年 10 月，区内货运物流企业有 23 家，镇、村级物流点 180 余个，功能覆盖整车零担公路、铁路、航空运输及仓储配送。同时，拥有通村快捷货运公司。顺丰物流、德邦物流、

① 西安唯一！鄠邑区入选国家首批农村物流服务品牌 [N]. 潇湘晨报, 2021 - 3 - 4.
② 筑就美丽乡村幸福路——鄠邑区推进"四好农村路"建设服务高质量发展侧记 [EB/OL]. 西部网, 2020 - 7 - 3.

中通物流等知名物流企业在鄠邑区设立了数个网点，有效地增强了鄠邑区物流网络和货物配送能力，为人民群众提供了优质、高效、便捷的物流服务。

14.2.2　做法经验

（1）县（区）主要做法。

① 完善路网，夯实基建。近几年在交通运输部的正确领导与省市交通运输部门的大力扶持下，鄠邑县积极响应"四好农村路"的号召，对农村公路建设与运营，养护与管理一体化的协调发展进行加快推进。截至2019年底，鄠邑区农村公路总里程突破1655公里，路网结构具有"九纵九横"的特点，全面实现了区域内通村公路与客运班车的覆盖，为农村物流进一步发展夯实了基础①。

② 加大扶持，用足政策。区政府成立电子商务扶贫工作领导小组，制定了《鄠邑区电商扶贫工作实施方案》《西安市鄠邑区农村物流网络建设规划》《鄠邑区城乡物流网络建设信息管理制度》等文件②，其中对各部门工作职责和职能进行了明确说明，强化组织协调力度，从农村物流工作目标、试点内容、实施步骤、时间安排、保障措施等五个方面，进行了全面、系统的安排部署，为电商扶贫工作保驾护航，支持城乡物流发展上档升级。同时，提升对国家、省市关于物流扶持相关政策的灵敏度，激发各部门争取资金积极性，对物流企业开展的全省物流试点项目创建工作进行全力配合。结合行政效能革命工作开展，为企业创建工作提供"清单式"服务，给予电商扶贫工作262万元资金支持，争取补助资金500余万元，鼓励扶持全省首批农村货运物流试点企业——西安崇信物流示范公司做大做强。

③ 规范运作，完善体系。坚持物流发展的系统观点，注重整体效能，实现物流建设分拨中心"三统一"。一是基本功能统一，统筹交通运输、

---

① 西安唯一！鄠邑区入选国家首批农村物流服务品牌［N］. 潇湘晨报，2021 – 3 – 4.

② 四好农村路丨西安市鄠邑区努力创建全国示范县［EB/OL］. 西安大交通发布，2019 – 11 – 29.

仓储保管、分拣配送、信息咨询服务等功能和设施，有效整合交通、运力优势资源，实现了农村物流的集中储运及中转和配送。二是网络体系统一，按照物流业务发展需要，形成了以城区通村仓储配送为中心，五竹、玉蝉、余下、蒋村等 11 个镇（街）185 个村级站点的三级化网络覆盖体系①。三是形象标识统一，在物流车辆箱体、货物包装、道路节点设立物流形象标识，提升物流业对外形象。

④ 创新融合，助力发展。一方面，牢牢把握乡村振兴的着力点，持续推进"互联网＋农村物流"建设，将"协会＋农户""企业＋协会＋农户"的模式并入农村物流网络体系，创建订单式农村物流，并加强与邮政、供销、农资等部门之间的合作，行业间取长补短，对资源进行充分运用，以实现运输成本的节约。另一方面，围绕脱贫攻坚，鄠邑区结合实际，把加快贫困村产业路建设作为助推脱贫攻坚和经济发展的重要突破，为鄠邑区户太葡萄、同兴西瓜销售创造了良好的交通条件，促进了地方产业的快速发展。

（2）典型企业——崇信农村三级物流做法。

① 建立健全物流运输格局，提供多元化物流服务。工业的不断发展在一定程度上促进了通村物流的发展，逐步形成依托中铁快运、零担汽运、整车汽运、航空运输、快递运输等全方位的运输服务的多元物流服务格局，使得各个环节做到无缝衔接，在满足客户需求的情况下实现综合成本最小化，保障通村物流正常运行。

② 建成适合区域发展的农村物流三级网络。依托于农村物流三级网络，开展三级货品零散发送、一级仓储三级零散配送、商贸一级发送方案，有效解决了作为鄠邑的支柱农产品葡萄及其他农副产品、农资、工业品、日用品的零散及批量运输和仓储难题。

③ 加大农村物流的基础设施建设。2014 年收购户县汇通通村快捷运输有限公司，新增通村快捷运输车辆 50 辆。近年来，为适应人民生活发展所需，新增机动叉车、搬运车 9 台，建成 4000 余平方米的仓储中心及自动化运营管理系统，正常运行 185 个村镇服务站点，为企业良好发展及通村

---

① 《西安唯一！鄠邑区入选国家首批农村物流服务品牌［N］. 潇湘晨报，2021 - 3 - 4.

物流的运营打下了良好基础①。

④ 借助平台优势，资源共享，实现共赢发展。公司与其他快递企业联合，成立了西安市商贸物流协会与物流联盟，设立门户网站"崇信便民网"、建成车辆 GPS 及作业站场远程监控互联网信息平台，效益可观。

⑤ 成立商贸部，组织农资下乡、农产品进城，降低生产成本，增加经济收入。为了让特色水果葡萄的销售减少阻碍，公司采取了措施：一是通过商贸部联系外地客商及与电商销售平台的对接；二是联系水果批发市场的客商进行对接；三是由公司专人进行采购或对接，按照客户需求定制服务；四是得到铁路部门高铁快运的运力支持，每年葡萄成熟时，对葡萄运输费用给予极大政策扶贫优惠，大大降低了物流成本，促进本地葡萄及农副产品外销外运，农民收入逐年增加。

14.2.3　取得成效

（1）农村物流三级网络建成，有力促进了农村物流快速发展，有效降低仓储、配送成本。三级货品零散发送、一级仓储三级零散配送、商贸一级发送、统配统送模式融合全面的物流运输格局，使鄠邑支柱农产品葡萄及其他农副产品、农资、工业品、日用品零散及批量运输和仓储难题得到解决，运输成本费用降低 15%～30%②。

（2）电子商务进村，增加农户收入。引领带动区域电商发展，强化与阿里、京东、赶街网等知名电商企业合作，加快农产品网上推广，形成了丹鹤锅巴、金麒麟醪糟、鄠醴黄酒、大王醋、天丰醋等网红品牌。阿里在鄠邑区设立天猫优品服务站与京东便利店，2018 年区政府与京东共同举办葡萄文化节，开通的"京东·鄠邑馆"运营良好。深入开展电子商务入村培训，产业农户基本掌握在微信等其他平台上的网销技能，取得了显著的经济效益和社会效益。

（3）小件快递入户，网购便捷便民。积极顺应农村物流大发展的必然

---

① 西安唯一！鄠邑区入选国家首批农村物流服务品牌［N］.潇湘晨报，2021－3－4.
② 果蔬出省出国　生鲜抢占"C 位"陕西农村物流发展积厚成势［EB/OL］.中国交通新闻网，2021－9－18.

趋势，对"三通一达"快递公司进行了有效整合，设立镇村快递投放点，方便群众熟悉网购业务及快递发送，主要以农副产品供销、商品配送、小件快捷运输为主的农村物流业务网络全面实现。结合实际需求，在农副产品丰收季节，适时开展"货运一站通"便捷叫车服务、小件采购、授权结算、货品专递等衍生服务项目，提升农村物流水平，满足农村群众物流需求。

（4）快递联盟、联运，解决运输难题。公路、铁路、航空多元化联合运输方式解决了农副产品销售运输难题，增加了产品市场竞争力，直接有效提升了产品销售额。运用中铁快运、高铁快递的运力扶贫，有效降低支柱农业葡萄产业零散运输费用。

（5）农资下乡，农产品进城，物流成本大幅下降。运用农村物流三级网络，统一分流、配送组织工业品下乡、农产品进城，以工带农，提高农村物流发展的延续性，降低生产成本，增加销售收入。

14.3　扶风县

交通运输部办公厅近日印发的《关于公布第二批农村物流服务品牌并组织开展第三批农村物流服务品牌申报工作的通知》，确定了宝鸡市扶风县"电商引领＋精准扶贫"项目为第二批农村物流服务品牌35个之一，为陕西省此次唯一入选的县区①。近年来，扶风县通过对已有的县级配送中心、镇村超市、下乡商品配送、上行农产品采购等节点和运力资源进行整合，搭建了"电子商务＋农村物流县乡村三级物流"服务体系，打通了农产品上行和工业品下行的农村物流最后一环，探索出"电商引领＋精准扶贫"的农村物流发展道路，极大程度推动该县物流健康发展，对助力脱贫攻坚起到了积极的示范引领作用②。

① "6·18"大促带动农村物流大提速，"村村通快递"近在眼前［N］. 中国商报，2020 – 6 –11.

② 阡陌纵横通达四方 梦圆小康富美三秦［EB/OL］. 中国交通新闻网，2020 – 12 – 23.

14.3.1　基本情况

扶风县因"扶助京师、以行风化"而得名，位于陕西省中部偏西，是宝鸡市的东大门，也是西周文化的发祥地、佛教名刹法门寺所在地，素有"周礼之乡""青铜器之乡"和"佛骨圣地"的美誉。截至 2019 年，扶风县下辖 1 个街道、7 个镇，共 113 个行政村、9 个社区。根据第七次人口普查数据，扶风县常住人口约 31 万人。2021 年以来，扶风县大力推广高产栽培技术，引导动员群众扩种玉米等粮食作物。据统计，2021 年全县夏粮种植面积达到 40.75 万亩，平均亩产 410 公斤，较去年增长了5.4%，总产量 16.4 万吨。夏播秋粮 30.98 万亩（其中玉米 28.9 万亩，秋杂 2.08 万亩）①。积极实施"3 + X"农业特色产业工程，突出发展优质果品、设施蔬菜、食用菌、畜禽等优势特色产业。农村人居环境面貌不断改善。

14.3.2　做法经验

在 2015 年，商务部提出将"推动电子商务进农村，培育农村电商环境"作为重点任务，农村产业经济由农村电子商务的兴起而实现发展，电商成为实现脱贫攻坚的重要平台。近年来，扶风县委县政府始终跟随党中央政策领导，高举脱贫攻坚和乡村振兴伟大旗帜，积极发展特色农业、工业和旅游产业，加大对电商的扶持力度，根据本地特色探索形成扶风的"融合多产，突出特色；强固根基，培育网军；开发网货，拓宽渠道"电商模式，县域电商发展势头迅猛，成为了农民脱贫增收的重要途径，农村人居环境面貌不断改善。

扶风县电商环境的营造和发展，需要农村物流的不断发展完善作为保障，2014 年扶风迅达农村物流有限公司通过与网络平台销售高度结合，为农产品创造销路。扶风迅达农村物流有限公司隶属于陕西新贸集团，公司

①　2019 年扶风县国民经济和社会发展统计公报［EB/OL］. 扶风县人民政府网，2020 – 7 – 15.

成立于 2014 年 8 月，注册资本 500 万元，资产总额 3200 万元，现有员工 89 人，拥有各类厢式专运货车 22 辆，城市配送专用车 12 辆，建有物流仓库、配送中心 14320 平方米，在全县 8 个镇（街）116 个行政村（社区）发展建设交通货运物流服务站 302 处。依托陕西新贸集团在连锁超市、电子商务、农产品市场、企事业单位、学校餐饮配送等领域的资源优势，以及扶风县"国家电子商务进农村综合示范县"的项目优势，所搭建的"电子商务＋农村物流县乡村三级物流"服务体系，目前已实现 46 万余件的工业品、快递等各类商品的配送，农副产品吞吐量达 35 万余吨，营业收入 5680 万元，实现经济效益和社会效益双丰收①。

（1）依托资源优势，构建农村物流三级配送体系。

在县乡村物流节点方面，扶风迅达农村物流有限公司将集团在乡村地区开办的连锁超市（包括乡级直营超市、村级直营超市、村级加盟超市）发展为乡级和村级的物流节点，同时在扶风县城建设现代物流园作为县级物流服务中心，由此构建了县乡村三级物流节点；在运输组织方面，在为乡村商超日常配送的同时，扶风迅达农村物流有限公司紧跟形势，积极联合申通、韵达、天天等部分快递企业开展合作，开通辐射全县邮路 5 条，通过农村物流车辆配送专线将快递一并送至乡村物流节点，乡村地区的快件通过回程车辆揽回县城物流服务中心。至此，扶风迅达农村物流有限公司县乡村农村物流三级网络循环体系已经形成。

（2）搭建电商平台，打通农产品上行和工业品下行"双通道"。

为了充分发挥资源优势，有效减少空载率，2015 年，集团创建了宝鸡友云电子商务有限公司，搭建全县农商互联电商平台"印象扶风"，涵盖工业消费品、农特产品两大类 8300 个单品，授权设立"印象扶风"镇村网购体验店 151 家，2017 年组建"蜗居乐购"电子商务公司，采用手机 App 运营模式，开启扶风一站式网购商城，实现同城一小时快捷配送②。通过电商平台，一方面各商超可以进行农村地区日用商品的采购，而另一

---

① 扶风县"电商引领＋精准扶贫"项目入选交通运输部农村物流服务品牌［EB/OL］. 扶风县人民政府网，2021 - 9 - 27.

② 全省唯一！扶风县"电商引领＋精准扶贫"入选农村物流服务品牌［EB/OL］. 陕西扶风网，2021 - 9 - 8.

方面城区消费者也可以购买扶风当地的特色农产品等。公司通过电商平台，利用农村物流专线车辆实现了农村地区工业品的下行和农产品的上行的畅通无阻，同时降低了车辆空载率，最终节约了农村物流的配送成本。

（3）统一标准，提升农村物流业务服务水平。

扶风迅达农村物流有限公司配置了车辆定位监控系统和即时呼叫系统，实现了农村物流安全顺畅、全程监控等一条龙服务；坚持统一门牌、统一采购、统一价格、统一核算、统一售后的"五统一"原则；达到有资金、有场地、有设施、有商品、有市场、有客户的"六有标准"；将工作人员工作职责、工作标准、一牌一图等制度上墙公示，接受社会各界监督。

（4）积极争取国家资金补助，不断丰富完善农村物流体系。

作为国家电子商务进农村综合示范县，扶风县获得商务部1500万元中央财政资金补助，拿出其中300万元用于农村物流体系的建设①。县交通局、商信局先后出台了《扶风县"十三五"交通规划》《扶风县电商集中销售活动物流奖励暂行办法》《扶风县农产品上行物流补贴办法》等奖扶办法②，通过以奖代补、专项补助等形式，加大对示范企业及建设项目的扶持。通过对农村物流服务站点建设项目进行补贴，用以提高物流节点硬件配备水平，且资金的注入有效地降低了农村物流运营成本。

（5）发展不忘初心，彰显帮扶情怀。

近年来，在政府的倡导下，公司先后与9个贫困村确立了结对帮扶关系，累计帮扶贫困户1036户2590人。通过托管法门、天度、城关3镇街384户贫困户实施"托管贷"，目前已为参与的贫困户累计兑现收益553.9万元。通过在全县20个贫困村网点试点开发"1＋1"帮扶活动，在公司的镇村网点以代收代卖的方式解决"卖难"问题等方式，逐步实现帮扶由"输血"向"造血"扶贫的转变，被交通运输部科学研究院采集并向全国推广。截至2019年12月底，累计投入帮扶资金1740万元，帮助546户

---

① 扶风县"电商引领＋精准扶贫"入选交通运输部第二批农村物流服务品牌［EB/OL］. 宝鸡新闻网，2021－9－7.

② 陕西的路，美滴很，撩咋咧！［EB/OL］. 中国交通报社网，2020－11－30.

1315 名贫困户脱贫摘帽①。

面对新冠疫情，慷慨解囊，彰显物流人情怀。面对 2020 年突如其来的新冠疫情，集团公司高度重视，结合企业的优势，严格按照县委、县政府"外防输入，内防扩散"部署，认真落实"六保、六稳"任务，勇于担当，周密安排，要求物流配送中心及几个超市备足备齐全县城乡居民、农村群众的粮食及蔬菜和其他生活用品，同时也想尽一切办法采购急需的防毒、消毒用品和其他防疫需求物品。严格遵循防疫规范操作流程，创新防疫期间的采购、供货模式，采取电话预约，微信平台宣传，网上下单送货上门等形式，保障了城乡居民的生活需求，稳定了民心，维护了社会稳定。同时集团公司利用物流优势，多方采购防疫物资，在疫情期间向天度镇村民、城关街道办南宫村等其他各村组防控一线队员，县敬老院、市场监管局及一线防疫人员捐赠生活日用品及消毒用品总价 40 万余元，为城乡居民生活和防疫提供了保障，也充分体现了物流行业优势②。

14.3.3　取得成效

（1）促进了工业品下乡，提高了农村居民生活品质。扶风县凭借其搭建的农村物流三级体系和电商平台，一方面，可以将种类丰富且有质量保证的日用品快速配送到村，货真价廉的同时也满足了人们的生活所需；另一方面，还可以将农村地区的快递、快运等送至集中的乡村物流点，为人们的取货创造了便利。

（2）促进了农产品上行，增加了农村居民收入。通过农村物流三级体系和电商平台及相关业务，截至 2020 年，公司代收代卖农户分散种植的苹果、猕猴桃、辣椒等农副产品 8320 吨，解决了群众"卖难"的问题，增加了居民收入。仅永安村物流配送点 2019 年就帮助群众销售了苹果 237 吨、红薯 12 吨、物件收发 1860 件，基本实现了全村苹果零库存③。

（3）促进了农村地区就业，助力脱贫攻坚。扶风迅达物流公司积极践

---

　　①② 扶风县"电商引领 + 精准扶贫"入选交通运输部第二批农村物流服务品牌 [EB/OL]. 宝鸡新闻网，2021 - 9 - 7.

　　③ 陕西的路，美滴很，撩咋咧！[EB/OL]. 中国交通报社网，2020 - 11 - 30.

行"物流＋基地＋扶贫"经营模式，为长期合作的天度镇苹果、城关街道蔬菜、绛帐镇洋葱三个农特产品基地常年提供业务培训、技术指导和资金帮扶；公司配合政府扶贫计划直接安置贫困户就业 51 人，为 381 名农村低收入人员提供了与农村物流相关的工作岗位，带动 6800 余户农民增收致富。

下一步，扶风县将继续大力发挥"电子商务＋县乡村三级物流"服务品牌效应。在此基础上进一步创新思路，积极探索发掘农村物流与其他相关行业深度融合发展空间，创造条件，尽快购置绿色电动货运车辆，将县乡村三级物流向组级农户延伸，为广大农户及消费者提供便捷、高效、省心的物流快递服务，不断提高农村物流发展新水平，扩展物流服务新功能，为做强做大县域经济做出更大贡献。

NO 4

城市绿色货运配送篇

第 *15* 章

城市绿色货运配送高质量发展理论基础

近年来，由于城镇居民的物流需求日益增多、商贸场所的聚集很大程度地引发了物流配送业务的迅猛增长。此外，城市规模的迅速扩张和产业结构的调整，使城市物流呈现出交通拥堵、能源消耗以及物流运营成本增加等外部经济特性。因此，绿色、环保、节能已成为当今社会无法回避的问题，这也是城市物流配送发展的必然趋势。对此，2017 年，交通运输部联合公安部、商务部开展了城市绿色货运配送示范工程，以地级市为单位，在全国范围内全面铺开试点建设工作。在当前碳达峰、碳中和战略下，城市配送已经成为节能降碳的重要领域，发展城市绿色货运配送的重要性进一步凸显。为推动城市绿色货运配送高质量发展，本章重点从可持续发展理论、协同理论以及创新理论三个方面阐述绿色物流的相关理论，并介绍国内外对绿色物流、城市物流绿色化以及物流绿色度理论的探索研究，为城市绿色货运配送高质量发展奠定理论基础。

15.1 绿色物流相关理论

绿色发展需要加强环保意识，不能将经济发展以破坏环境为代价。生态优良会促进经济的发展，经济的发展将巩固生态的发展，形成良性循环，实现经济、生态可持续发展。为应对物流带来的环境问题，我国贯彻落实"绿色物流"发展理念，在此背景下，本章节将阐述绿色物流的基础理论，分析国内外对绿色物流的研究现状，从而为绿色物流的研究发展提供一定参考。

15.1.1 可持续发展理论

在人类的生产生活中，必然存在着资源浪费、环境污染等问题，而在各种物流活动中也会出现这样的情况。因此，必须采取一系列的对策，以消除和降低对环境的负面影响，从而实现经济和环境的协调发展。2019 年 8 月 29 日，中国国际交流中心、美国哥伦比亚大学、阿里研究院与社会科学文献出版社发布了《中国可持续发展评估报告（2019）》，寻求实现可持续发展目标的综合评价方法，可持续发展既是联合国千年发展目标后 2030 年可持续发展议程的新要求，也是我国进入高质量发展新时代后经济社会发展的新要求。

因此，在可持续发展的理念下，绿色物流与资源环境之间应该是互利共生、协调发展的，从而推动绿色物流的进一步发展。本书从可持续发展的角度出发，研究了在物流过程中，如何提高资源利用效率，减少或避免垃圾对环境的污染，实现物流配送企业的可持续发展。

15.1.2 协同理论

协作理论是 20 世纪 70 年代开始在信息论、系统论、突变论、控制论等学科中逐渐发展起来的一门新学科，也被称为协同学，它源自希腊文，意思是"共同工作"。它是德国联邦物理学家 H. 哈肯基于激光理论于 20 世纪 70 年代早期创立的。物流是国民经济的重要组成部分，是支撑其他工业发展的重要支柱，促进与其他行业的协调发展，有利于促进我国经济的高质量发展。物流产业协同发展的研究大多是从宏观与微观层面进行研究的：凯文等（2018）在"一带一路"背景下，分析 2013～2014 年数据明确物流能够促进中国经济的发展。陈强（2017）从协同理论出发，对新疆地区的国际商贸与物流的关系进行了研究，并就如何推动新疆地区的国际物流和国际贸易协调发展提出了一些对策。朱耿（2015）在对末端物流协同配送的相关文献进行综述的基础上，对其内涵、特征进行了分析，并指出协同配送可以提高物流的效率。

无论是在自然界还是在社会中，都存在着各式各样的结构系统，同样系统之间与系统内部也都存在着协同作用。因此，只有在各方面都实现城市绿色物流配送的协调发展，才有可能实现城市物流的高品质跨越。协同是绿色、高效发展的主要表现形式，其主要方式有：精细分工、企业考核管理、绿色配送标准等。

15.1.3　创新理论

哈弗大学教授熊彼特的《经济发展概论》最早提出了创新的概念。他认为，创新是将新的生产条件和新的生产要素"新结合"引入生产系统中。随着经济学者不断地扩展和充实，创新理论也越来越多地被运用到各个方面，受到了越来越多的国内外学者的重视。陈昌兵（2018）认为提高劳动生产率以及全要素生产率是经济高质量发展的根本，并分析得出经济高质量发展的动力在于创新。武力超等（2022）就出口对绿色技术创新的作用进行了分析，发现出口扩大边际和集约边际对企业的绿色技术创新有明显的促进作用。

随着我国物流业的迅猛发展，传统的物流模式和物流技术已经不能满足现代市场的要求，因此，创新在物流业中发挥重要作用。王晓晶（2013）提出了制造业物流需求、市场竞争程度和开放水平、信息与通信技术、创新政策与制度环境、人力资源与创新精神、创新风险与筹资难度、集群与创新网络等区域物流创新的影响因素，并分析了这些因素对区域物流的影响。陈海（2015）指出，信息技术对我国物流的创新起着举足轻重的作用。通过对以信息化为基础的物流创新路径的探讨，将有助于促进信息技术和物流创新的结合。张文静（2022）认为在供应链管理体系下企业应不断创新物流管理形式。

因此，本章节认为创新不仅是物流产业进步的灵魂，也是我国兴旺发达的不竭动力。为达到物流持续发展的目的，实现城市绿色货运高质量发展，应不断进行政策创新，不断增强自身的核心竞争力。政策创新是城市绿色配送高质量发展的重要保障，包括建立城市配送需求调查预测制度、深化新能源配送车辆通行便利政策、推进城市货运配送车辆通行便利化和停车便利化创新政策。

15.1.4 绿色物流研究

20 世纪 60 年代，是全球环境保护意识觉醒以及提升的一个时代，全球各国政府以及国际组织都在大力倡导绿色发展，由此推行的各项绿色运动推动了绿色物流的发展。国内外众多学者开始对绿色物流的发展、指标体系以及绿色物流绩效测度进行研究，如谢泗薪、王文峰（2010）提出，绿色物流全方位关注环保，统一了企业经济绩效、消费者权益、环境效益还有社会效益。但是，与国际绿色物流相比，我国的绿色物流发展还存在着一定的差距，主要体现在观念落后、政策不健全、技术落后等方面。蒋鹏，刘广东（2018）的实证分析显示，政府是绿色物流发展的关键因素，企业和行业的竞争力以及企业形象是绿色物流发展的驱动力。

综上文献可知，绿色物流是当今世界物流发展的必然趋势。然而我国绿色物流还处于起步阶段，行业依然存在着理念落后、设备技术水平差、消耗高、人才短缺、法规政策不完善等各种问题，阻碍了我国物流业的绿色发展。绿色物流的发展需要企业和行业的驱动以及政府的持续推进。物流产业需要以保护环境与节约资源为目标，协调经济效益与环境效益之间的关系，统筹规划、协调共享，加强区域合作，完善区域物流基础设施衔接，加快绿色物流人才引进与培养步伐，形成环境共生型绿色物流系统，促进经济社会可持续健康发展。

15.2 城市物流绿色化概述

我国城市化进程的不断加快，使城市发展面临一系列难题。城市物流绿色化的产生主要源自传统城市物流的效益难满足城市发展的需要。在此背景下，本章节分析城市物流绿色化的动因，了解我国城市物流绿色化发展存在的问题和研究现状，并提出合理的措施建议。

15.2.1　城市物流绿色化动因

传统的城市物流基础设施落后且布局不合理，城市路网不够完善，绿色物流理念尚未形成，国家政策尚不健全，对城市居民的生活和城市的可持续发展产生直接影响。因此，国内外学者开始探索城市物流绿色化发展的动因。勒让德等（2005）从生物的视角探讨了区域物流的绿色发展路径，并对其成因进行了剖析。陆克久（2008）等则从当前城市物流对其环境的负面影响方面阐述了绿色化的动因。还有学者认为城市物流绿色化发展包括以下两个因素：传统城市物流的负效应和城市可持续发展的需要，促进城市物流绿色化。

综上文献可知，本书认为我国城市物流绿色化存在的问题主要包括以下几个方面：首先，我国在城市物流发展过程中对绿色物流意识较差，我国城市物流服务能力与成本效率往往是企业与学者研究主要内容，企业追求物流环节作为提升效益的手段，而未形成良好的社会责任感，在城市物流绿色化探索中往往本意出现偏差，是在出现城市发展难题后应用于解决城市道路资源短缺、环境污染等。其次，我国目前有关绿色物流的政策还不健全，如何利用中国特有的政策来促进城市的绿色物流，这是一个亟待解决的问题。另外，裴恺程和穆怀中（2021）通过对我国物流企业进行的实证分析，得出了我国物流企业在环保方面的积极作用。最后，我国城市物流绿色化进程中物流相关技术有所欠缺，比如缺乏统一规划；物流基础设施方面，设施设备绿色度较低；信息技术功能不完善，导致运输效率较低。所以城市物流绿色化探索需要城市所有主体共同参与，才能实现城市物流绿色化发展。

15.2.2　城市物流绿色化相关理论

城市物流绿色化实践最早的是发达国家，柏林、伦敦和鹿特丹等发达国家的城市于 20 世纪 80 年代便从交通规划、管理方面入手实践城市物流绿色化，并取得显著成效。理论研究方面，国外学者多是从评价和效益分析的角度下手，如马金麟（2012）针对城市物流的绿色化发展问题，结合运用层次分析法、模糊综合评价法和数据包络分析法对城市物流绿色度进行评价分析。此外，我国学者在借鉴国外先进实践和理论经验的基础上进行了理论研究，除了成因外，学者们多是从对策的角度出发，梁正等（2006）从物流的全过程出发，分析了我国城市物流的绿色发展策略，并就绿色发展的道路和方向等问题进行了探讨，为今后相关研究提供借鉴。

综上可知，依据我国城市物流的发展要求，我国经济逐步迈向高质量发展阶段，物流业也正处于从中高速发展阶段向高质量发展阶段转型的关键时期。2017年10月，党的十九大做出了"我国经济已由高速增长阶段转向高质量发展阶段"的历史性论断，并提出了高质量发展这一新的发展要求。随着物流服务在社会活动中的比重增加，以需求为导向的物流业正逐步朝着多元化的方向发展，单纯以速度为目标的发展已经不能满足当下的社会物流需求，因此高质量发展是物流业改革的根本出路。

15.3 物流绿色度理论概述

随着世界各国相继将发展绿色物流作为环保的重要手段，城市物流的绿色度已经成为衡量社会可持续发展、城市建设合理性以及城市居民生活品质的重要指标之一。因此，对我国城市物流绿色度的发展和评估进行深入探讨，既有助于找出其发展瓶颈，又可为我国的物流经济发展提供一定的理论依据。

15.3.1 绿色度产生过程及其内涵

目前，"绿色度"一词是学者们通过"绿色"这一概念引申而来，国内外还未明确其定义。大多学者们认为绿色可作为环境保护、无污染和无公害的代名词，并可泛指一切保护生态环境的行为、思想和观念等。近年来，世界各国学者对环保问题的研究日益重视，并在各个方面得到了广泛应用。因此，绿色发展的理论提出并渐趋成熟。绿色发展是生态、社会和经济效益的统一，因此可通过衡量环境效益、资源节约水平和经济发展水平来衡量绿色发展水平。绿色度概念就是为了对绿色发展状况进行测度而提出的。

国内学者首先对产品绿色度进行了评价，继而延续到企业绿色度评价的领域。对企业的绿色度评价中，麦茵华等（2007）提出了一种评价道路交通企业的绿色度指标，并以此为依据，构建了一套综合评价指标权重的方法。通过构造最优矩阵和最劣矩阵，并运用模糊多层次综合评价法进行了综合评价。王旭等（2008）引入绿色度理论，根据我国汽车再生行业的发展状况，建立了一套汽车再生行业的绿色度评估指标体系。提出基于模糊综合评判的评价模型，并应用该模型对某汽车回收企业进行了整体评价，为汽车回收企业改革提供了依据。

随着绿色度的深入研究，绿色度评价逐渐延伸到高污染、高能耗的物流行业，国内外学者开始对物流系统、物流企业以及城市物流进行绿色度评价。许太衡等（2009）从逆向物流的特性出发，建立了逆向物流的绿色度评价指标体系，并运用模糊层次分析法对长沙某生产企业进行绿色度评价，为国内家电企业的逆向物流拓展了理论依据。刘伯超（2012）从绿色供应链管理的内涵入手，分析了企业绿色度评价指标体系构建的原则，构建了基于供应链管理的绿色度评价指标体系，并进行了实证研究。根据以上文献可知，物流绿色度的研究，推动了现代物流绿色健康持续发展。

15.3.2 城市物流绿色度研究

对城市物流系统绿色度评价方面，金桢炜（2011）建立了杭州市物流系统的绿色度评价指标体系，并运用模糊综合分析方法对其进行了综合评估。面对城市物流的绿色化发展问题，马金麟和陈龙（2012）运用层次分析法对城市物流绿色化体系进行划分，并构建模糊综合评判模型，利用数据包络分析法把多个城市物流在各单因素指标的绿色度表现量化评价研究。李玲（2015）以重庆市为例，选取了城市经济、资源利用和城市环境三个指标并采用突变级数法构建城市物流绿色度评价体系，为城市物流绿色化发展提供依据。

结合上述文献，本章节认为提高城市物流绿色度应注意以下几个方面：首先，城市物流在运作过程中，应合理规划基础设施的布局和建设，降低资源消耗、减少污染气体排放以达到降本增效和保护环境的目的，从而实现经济效益、环境效益以及社会效益的统一。其次，物流行业应加大对城市物流绿色度研究，通过城市物流绿色度评估寻求关键因素，从而为城市物流绿色发展寻求改进方向，提高物流服务水平。通过评估结果对影响环境的关键因素进行改善，解决因物流造成的环境问题，为居民创造良好的城市环境，提高居民生活质量。最后，政府应制定下一阶段城市物流发展规划，完善城市物流绿色健康发展的法律法规，出台相应政策建议，有针对性地提出城市物流绿色发展相应的激励政策和发展规范，促进城市物流持续将抗发展。

15.3.3　城市绿色货运配送高质量发展绿色度研究

目前，物流业已成为我国国民经济发展的支柱产业和重要的现代服务业，其在配送规模和范围快速增长和不断扩大的同时，存在配送成本高、效率低、环境污染严重、集约化水平不高、产业支撑度不足等问题，难以满足现代物流国际竞争的需要。为此，交通运输部、公安部、商务部联合组织开展了城市绿色货运配送示范工程创建工作，截至 2020 年共公布了 46 个示范城市，并计划到 2025 年发展 100 个城市。城市货运配送的高效绿色发展不仅能够有效降低商品的流通成本、减少环境污染，而且能够进一步提升生产效率、促进区域协调发展①。城市绿色货运配送示范工程的创建有利于促进物流业降本增效、破解城市配送难点、深化资源高效利用和环境保护以及更好地保障和改善民生。

在"绿色物流"理念的引导下，国内外学者针对绿色物流配送发展水

---

① Liu J., Yuan C., Hafeez M., et al. The relationship between environment and logistics performance：Evidence from Asian countries［J］. Journal of Cleaner Production, 2018, 204（PT.1－1178）：282－291.

平提出了一系列的评价体系及方法。胡云超等（2012）梳理总结出了以政府主导、企业主导、基础设施建设和物流需求管理为措施分类的城市配送绿色化发展模式，为绿色城市配送评价体系构建提出了一种新的分类视角和目标原则。关于提高城市绿色货运配送高质量发展绿色度的实现路径，杨守德（2019）认为物流行业之所以会产生大量的污染，主要是受到了技术成本的限制，因此要实现物流业绿色高质量发展，首要的是在技术上实现突破。曾晓晴（2021）提出城市物流绿色配送创新发展的实现路径，分别是：政府补贴促进物流业绿色化技术革新；税收抵免激励物流业绿色化采购；校企合作助力物流业绿色化技术革新；积极引入金融企业分担城市物流业绿色化或风险。

综上文献可知，高质量发展绿色配送是当前社会经济发展对物流配送行业提出的新要求和新挑战，而构建以"便捷高效"和"绿色环保"为重要特征的城市货运配送系统正是落实高质量绿色发展的有效途径。

第 *16* 章

城市绿色货运配送政策梳理

16.1　城市绿色货运配送政策梳理

《交通运输部办公厅、公安部办公厅、商务部办公厅关于组织开展城市绿色货运配送示范工程的通知》提出推进城市绿色货运配送示范工程的任务，统筹规划建设城市货运配送节点网络，优化完善城市配送车辆便利通行政策，加快标准化新能源城市货运配送车辆推广应用，推进城市货运配送全链条信息交互共享，引导和鼓励城市货运配送组织模式创新。

国家关于推进城市绿色货运配送相关政策如表 16 – 1 所示。

表 16 – 1　　　　　　　　　城市绿色货运配送相关政策

类别	政策	内容
优化完善城市配送车辆便利通行政策	《国务院办公厅关于加快新能源汽车推广应用的指导意见》	有关地区为缓解交通拥堵采取机动车限购、限行措施时，应当对新能源汽车给予优惠和便利
	《国务院办公厅关于促进内贸流通健康发展的若干意见》	统一城市配送车辆的外观标识
	《关于进一步规范和优化城市配送车辆通行管理的通知》	根据城市配送规律特点，探索配送车辆分种类、分时段的配送策略。研究分时配送、共同配送、夜间配送等模式，推动客货运车辆错开高峰使用道路资源，提高基础设施的利用率，对开展"菜篮子工程"的城市货运配送车辆，应发放"全天候"通行证。并推进配送车辆停车便利化，研究推广城市配送车辆分时、错时和分类停车模式，进一步提高现有道路资源和停车设施的利用率

续表

类别	政策	内容
加快标准化新能源城市货运配送车辆推广应用	《交通运输部关于加快推进新能源汽车在交通运输行业推广应用的实施意见》	对新能源汽车不限行、不限购
	《新能源汽车产业发展规划》	到2025年，中国新能源汽车新车销量占比达到25%左右，智能网联汽车新车销量占比达到30%，高度自动驾驶智能网联汽车实现限定区域和特定场景商业化应用。加大对公共服务领域使用新能源汽车的政策支持。2021年起，国家生态文明试验区、大气污染防治重点区域新增或更新公交、出租、物流配送等公共领域车辆，新能源汽车比例不低于80%
	《关于推动物流高质量发展促进形成强大国内市场的意见》	持续推进柴油货车污染治理力度。研究推广清洁能源（LNG）、无轨双源电动货车、新能源（纯电动）车辆和船舶，加快岸电设施建设，推进靠港船舶使用岸电。加快车用LNG加气站、内河船舶LNG加注站、充电桩布局，在批发市场、快递转运中心、物流园区等建设充电基础设施。鼓励企业使用符合标准的低碳环保配送车型。落实新能源货车差别化通行管理政策，提供通行便利，扩大通行范围，对纯电动轻型货车少限行甚至不限行。发展绿色仓储，鼓励和支持在物流园区、大型仓储设施应用绿色建筑材料、节能技术与装备以及能源合同管理等节能管理模式。以绿色物流为突破口，带动上下游企业发展绿色供应链，使用绿色包材，推广循环包装，减少过度包装和二次包装，推行实施货物包装和物流器具绿色化、减量化
	《城市物流配送汽车选型技术要求（GB/T 29912—2013）》	结合全市城市交通和货运配送实际，规定配送车辆的使用环境、主要分类参数、技术要求、车载储能装置要求、标识、安全要求等相关内容，推动城市货运配送车辆向标准化、专业化方向发展
	《交通强国建设纲要》	强化节能减排和污染防治。优化交通能源结构，推进新能源、清洁能源应用，促进公路货运节能减排，推动城市公共交通工具和城市物流配送车辆全部实现电动化、新能源化和清洁化。打好柴油货车污染治理攻坚战，统筹油、路、车治理，有效防治公路运输大气污染

续表

类别	政策	内容
引导和鼓励城市货运配送组织模式创新	《城市绿色货运配送示范工程绩效考核评分细则》	从体制机制、城市绿色货运配送基础设施、配送车辆及配套设施、便利通行政策、先进组织模式、信息化建设、市场主体培育、物流降本增效和节能减排等 8 个方面，设置了 18 项评价指标，形成城市绿色货运配送发展绩效评估体系
	《关于加快道路货运行业转型升级促进高质量发展的意见》	对符合标准的新能源城市配送车辆给予通行便利，大力发展无车承运人等道路货运新业态，规范"互联网＋"物流新业态发展
	《关于进一步推进物流业降本增效促进实体经济发展的意见》	优化城市通行政策，鼓励商贸、物流企业协同开展共同配送、夜间配送
	《降低交通物流成本的工作方案》	通过降低公路、港口等收费，发展多式联运，推进无车承运人发展，提升城市绿色货运配送发展水平，以及推动货车"三检合一"等各种方式
	《关于贯彻落实〈交通强国建设纲要的〉实施方案》	加强城际干线运输和城市末端配送有机衔接，提供分时段配送、夜间配送等差异化服务
统筹规划建设城市货运配送节点网络	《交通运输部等十四个部门促进道路货运行业健康稳定发展行动计划（2017－2020 年）》	完善城市物流配送体系，组织开展城市绿色货运配送试点

16.2　城市绿色货运配送示范工程政策梳理

在 2019 年 12 月 19 日举办的"2019 城市绿色货运配送现场推进会"上，第一批绿色货运配送示范工程创建城市考核排名出炉，成都、深圳、广州名列前三。参考首批示范城市，名单发布一年半以来，22 个城市在推广新能源物流车的应用方面拉开了较大差距。深圳、成都等具有经济优势、政策产业基础的城市进一步提升，石家庄、邯郸、青岛、兰州等基础相对薄弱的城市提升效果有限，十堰、襄阳等城市甚至出现一定幅度下滑，首批绿色城市货运配送示范工程创建城市考核排名如表 16－2 所示。

表 16 - 2　　　　　第一批绿色城市货运配送示范工程创建城市考核排名

排名	城市	考核成绩	新能源专用车上牌量（2018～2019年8月）
1	成都	0.84	10505
2	深圳	0.83	29136
3	广州	0.80	4635
4	厦门	0.78	2074
5	苏州	0.76	467
6	襄阳	0.66	5098
7	安阳	0.58	315
8	长沙	0.57	2687
9	青岛	0.56	546
10	许昌	0.56	128
11	兰州	0.47	513
12	石家庄	0.43	243
13	泸州	0.43	31
14	太原	0.43	1651
15	衡水	0.42	451
16	银川	0.42	125
17	铜仁	0.38	0
18	邯郸	0.34	36
19	天津	0.33	3919
20	十堰	0.31	846
21	大同	0.25	165
22	鄂尔多斯	0.19	37

资料来源：2019年城市绿色货运配送现场推进会。

新能源物流车的应用是绿色货运示范城市的重要指标之一，也是国家能源战略和汽车工业战略的重要组成部分。但作为新生事物，新能源物流车在物流行业的应用还处于起步阶段。新能源物流车推广应用较好的地区，几乎都是政府给予了新能源物流车良好政策的城市，尤其深圳、成都等。从政策类型上看，主要以路权和运营补贴两种模式为主。不同地区采取了不同的政策组合，深圳等地区在充分给予新能源物流车路权的情况下，制定了运营补贴政策，提升企业用车积极性；其余大部分地区则主要以更加开放的路权政策吸引企业应用。而北京、上海等城市，由于其城市的特殊性，虽然没有较多的优惠政策，但新能源物流车也取得了良好的发展。

出台了新能源物流车路权政策的 19 个城市分别是深圳、东莞、长沙、成都、泸州、上海、南京、南昌、兰州、郑州、洛阳、咸阳、青岛、襄阳、天津、石家庄、邯郸、唐山和北京，其中长沙禁止燃油车货车进入二环，新能源车辆允许通行；厦门、天津等城市是在燃油车限行的基础上，给予新能源不同程度的便利，或早晚高峰、或关键路权通行；苏州、安阳等城市出台了补贴支持政策，其中苏州是按车型给予相应补贴，每车每年最高 2.8 万元。①

1. 深圳市推进绿色城市货运配送示范工程相关政策

2018 年深圳提出《2018 年"深圳蓝"可持续行动计划》其中提出了"城区物流电动化工程"，深圳市细化了计划内容并作为"深圳蓝"行动的一部分。为落实《2018 年"深圳蓝"可持续行动计划》，深圳市于 2018 年 10 月份推出《深圳市纯电动泥头车推广使用实施方案》，到 2018 年底全市投入运营的纯电动泥头车保有量达到 3000 辆，并在补贴、路权等配套政策和充电桩等配套设施方面予以支持和保障。

在环保政策方面，深圳市港航货运局发布了通知，自 2018 年 5 月 1 日起不再受理燃料类型为"电能"之外的轻型货车车辆道路运输证办理申请，中型、重型货车办理道路运输证不受燃料类型限制。

在补贴政策方面，2018 年《深圳市现代物流业发展专项资金管理办法》规定企业需要具备道路运输经营许可证，车辆取得有效的道路运输证；企业拥有纳入工业和信息化部《新能源汽车推广应用推荐车型目录》，需要至少 300 辆的规模，其中纯电动车数量不少于 100 辆；同时企业车辆数据需要接入市交通运输委纯电动物流配送车辆监管平台，并要求在深圳市内行驶里程达到 1.5 万公里/年。新能源车辆按 2017 年车辆购置国家补贴标准的 50% 确定，分三年平均发放。每年考核运营达标的车辆可获得当期资助，运营不达标的车辆不能获得当期资助。

① 杨姣姣，姜晓红，章祖宁，等. 我国各地区电动物流车路权政策对比分析［J］. 物流工程与管理，2021，43（3）：106－109.

在路权政策方面，《关于继续设置"绿色物流区"禁止轻型柴油货车通行的通告》要求，每天0时至24时，除任务和紧急车辆外，禁止轻型柴油货车驶入"绿色物流区"。在以上政策的基础上，深圳市政府还发布了关于继续施行《新能源纯电动物流车电子备案规程》的通告、关于继续对异地号牌载货汽车实施限制通行措施的通告（异地及高排货车限行措施）、关于实施新能源汽车道路临时停放当日首次（首1小时）免费的通告等新能源车支持性政策。

2. 天津市推进绿色城市货运配送示范工程相关政策

2019年天津市编制《天津市物流业空间布局规划（2019－2035年）》，打造"物流中心＋城市配送点＋末端配送站"的三级城市配送网络节点体系，支持利用城市现有铁路货场、物流中心转型升级为城市配送节点。

天津市于2017年发布《天津市商务委天津市交通运输委天津市公安局关于对开展城市配送车辆统一标识的通知》，在符合相关法律法规、技术标准条件下，推动城市配送车辆实行统一标识、统一车型、统一管理、统一技术标准的"四统一"工作，开展集中配送和共同配送业务。

根据2019年印发的《天津市城市配送车辆规范》，市商务局、市交通运输委、市公安局对"四统一"的城市配送运营企业优先给予政策支持；市商务局对接天津市供应链城市共同配送服务平台的运营企业，根据市财政预算计划，安排专项资金对安装的智能车载设备、车辆喷涂"天津城市共配"标识等费用给予补贴；市公安局对符合国家标准及相关规定的车辆，且经过市商务局备案的统一喷涂"天津城市共配"标识的车辆，登记、检验及通行提供便利政策；天津市供应链城市共同配送服务平台向主管部门申请优先给予城市配送运营车辆"停靠"及"通行"许可指标；对评选出的城市共同配送3A级运营企业，车载智能设备的流量费给予全额补贴，城市共同配送3A级运营企业的评选为一年一评，有效期一年，并颁发荣誉证书；对评选出的城市共同配送3A级驾驶员，岗前培训认证费给予全额补贴。

3. 成都市推进绿色城市货运配送示范工程相关政策

2017年7月，印发《关于印发成都市新能源汽车三年推广应用实施方案（2017－2019 年）和充电基础设施建设实施方案（2017－2019 年）的通知》，2017 年 11 月起，成都市启用新能源车辆专属号牌，对城市配送车辆依照规定发放通行证，并向社会公布通行证办理的条件和程序；2019年，发布《成都市支持氢能暨新能源汽车产业发展及推广应用若干政策》，规定 2020 年及以后的年度不再对燃油货运车辆发放入城证（经认定需保留的除外）。

2017 年 4 月，成都市制定完成《成都市物流配送领域新能源物流车推广应用工作转向方案》，2017 年 7 月印发《关于印发成都市支持新能源汽车推广应用若干政策的通知》，提出加大充电基础设施建设力度，健全完善加补气、充电等基础设施建设，引导支持城市配送车辆清洁化发展。

2017 年《成都市城市总体规划（2016－2035）》提出构建三网融合绿色交通体系，推动示范城市建设城市货运配送基础公共信息服务平台，有效整合城际干线运输、城市配送相关公共信息系统以及城市交通管理信息系统等各类资源，促进各类信息资源的集约利用。

4. 广州市推进绿色城市货运配送示范工程相关政策

在补贴政策方面，广州市在《广州市新能源汽车发展工作领导小组办公室关于我市 2016 年、2017 年新能源汽车购置地方财政补贴标准的通知》《广州市推动新能源汽车发展若干意见》中提出，新能源货车购置地方补贴标准为《财政部 科技部 工业和信息化部 发展改革委关于调整新能源汽车推广应用财政补贴政策的通知》与《关于调整完善新能源汽车推广应用财政补贴政策的通知》等文件规定的中央财政单车补贴标准的 50%。

在环保政策方面，2018 年 3 月 26 日，广州市对《广州市道路运输客货运车辆排气污染防治工作规范》增添内容，针对"冒黑烟"或尾气超标的货运车辆，明确货运站场内业户应当加强所属车辆的维护保养工作，组织落实对环保部门或站场检测超标以及"冒黑烟"货运车辆的维修，并积极对场内"冒黑烟"机动车进行投诉和举报。要求业户做好进站货运车辆的排气污染防治，落实业户装卸货物车辆尾气排放达标的监管责任。

在路权政策方面，2019 年 1 月 10 日，广州发改委发布《广州市发展改革委 广州市住房和建设委员会 广州市交通委员会关于完善机动车停放服务收费管理有关问题的通知（公开征求意见稿）》。该意见稿鼓励新能源汽车发展，提出有利于新能源车车主充电的措施。该意见稿中提及了鼓励对短时停车实行收费优惠的政策，在实行政府指导价或政府定价管理的停车设施内充电（每天在同一停车设施充电首两小时内）的新能源汽车，免收停车费。

5. 厦门市推进绿色城市货运配送示范工程相关政策

《厦门城市绿色货运配送示范工程实施方案》以推动绿色城市货运配送示范工程为目标，以运力共享、包装共享和标准化运输为手段，以促进城市共同配送为重点，立足厦门，辐射周边，着力构建集约高效的厦门城市绿色货运配送体系，缓解城市交通拥堵，促进物流业降本增效。鼓励发展新能源、清洁能源物流配送车辆共享模式，线下合理布局租赁站点，线上整合信息资源，为用户提供综合服务。协同上下游供应链企业构建绿色运力网络，开展共同配送。

《厦门市支持快递业发展若干措施》鼓励快递企业采购新能源汽车作为专用生产车辆，根据中央和市相关文件进行补贴。

《城市配送集约高效发展实施方案》统一车型标准，推广绿色装备。制定符合本地发展实际的城市配送车辆选型技术指南。统一车辆外观，规范装备管理。出台城市配送车辆标识、颜色的统一标准和编码规则，所有城市配送车辆按要求统一喷绘或张贴标识、颜色和编码。统一指标投放，便捷车辆通行。对符合城市配送车辆选型技术指南和统一外观管理要求的城市配送车辆放宽通行限制，给予通行便利。新能源车辆、绿色装备购置等方面予以资金支持。

《厦门市运输结构调整工作实施方案》鼓励邮政快递企业、城市配送企业创新统一配送、集中配送、共同配送、夜间配送等集约化运输组织模式。加快新能源和清洁能源车辆的推广应用。支持在物流园区、工业园区、大型商业购物中心、农贸批发市场等货流密集区域，集中规划建设公共充电设施，保障新能源物流车的正常运营。优化新能源城市配送车辆便利通行政策，在限行区域和时段上享受比普通货车更为宽松的管理措施，在货运枢纽、装卸站点、商超车辆停靠点等公共或配建停车场设置一定比例的新能源城市配送车专用停车位，政府投资的公共停车场（点）停放新能源城市配送车辆 2 小时以内免费。

6. 苏州市推进绿色城市货运配送示范工程相关政策

2019 年 10 月印发《关于印发苏州市绿色货运配送车辆运营奖补办法的通知》对符合条件的新能源物流车按行驶公里数进行补贴。

2019 年 11 月印发《关于印发苏州市城市绿色货运配送示范企业认定考核管理办法的通知》，培养集约、高效、绿色、智能"苏式配送"特色，具有示范作用的城市绿色货运配送企业。将按照轻型封闭货车（微面型，核定载质量 1.2 吨以下，下同）、轻型封闭货车（中面型，核定载质量 1.2 ~ 2 吨，下同）、轻型厢式货车（轻卡型）、冷藏车四种新能源配送车车型，分别给予 0.4 元/公里、0.6 元/公里、1 元/公里、1.4 元/公里的奖补政策，四种车型每年每车最高奖补额分别为 0.8 万元、1.2 万元、2 万元、2.8 万元。奖补的示范企业需要满足以下条件：本企业投资购买 100 辆及以上的新能源配送车辆或 5 辆及以上的新能源冷藏配送车辆或者从事道路普通货物运输经营满 1 年，且为本企业投资购买的 10 辆及以上的新能源配送车辆。年度考核合格的示范企业，方可享受当年度新能源配送车辆运营奖补政策，优先享受省市相关扶持政策，示范企业的新能源配送车辆享受优先通行路权和停靠政策，领取专用通行标识。

《苏州市绿色货运配送相关典型商贸流通企业组织模式与配送效率调研》就绿色货运配送示范工程考核指标体系中组织模式、降本增效、节能减排相关指标进行了详细研究。此外，还明确了共同（夜间、集中）配送等先进配送模式比例、城市配送车辆利用效率增幅、平均吨公里配送运输成本降幅、单位周转量能耗降幅四项指标的计算方法。

7. 襄阳市推进绿色城市货运配送示范工程相关政策

《襄阳市新能源汽车充电基础设施建设运营管理办法》逐步形成以用户居住地停车位、单位停车场、公交及出租车、物流车场站等配建的自（专）用充电设施为主体，以公共建筑物停车场、社会公共停车场、临时停车位等配建的公用充电设施为辅助的充电服务网络，在城际间及对外通道上形成以高速公路服务区、长途客运站、城际客运站和加油（气）站为主要轴线的公用充电设施服务走廊。对向电网经营企业直接报装接电的经营性集中式、分布式充换电设施，执行大工业用电价格，2020年前暂免收基本电费，同时执行峰谷分时电价政策。

《襄阳市人民政府关于进一步加快服务业发展的若干意见》完善城市充电桩等新能源车使用的配套设施，为新能源车的推广运行提供便利条件；公安、交通、城建部门应通过在城区预留停车位、发放通行标识等方法，为新能源城市配送车辆提供通行便利条件，解决传统城市货运车辆行车难、停靠难、卸货难问题；出台新能源车辆运营补贴和传统货运车辆置换新能源城市配送车辆补贴政策，减轻城市配送物流企业的负担；构建襄阳物流配送共享信息平台。

8. 安阳市推进绿色城市货运配送示范工程相关政策

《安阳市新能源货运配送车辆运营补贴专项资金管理办法》从2019～2021年，每年市财政安排运营补贴专项资金300万元，每年每车给予不超过6000元的运营补贴，加速城市配送"绿色化"。

《关于创建城市绿色货运配送示范工程的实施意见》新增新能源汽车1200台，充电设施300套，纯电动汽车替代燃油汽车进城配送率达到95%以上；完善干线公路与支线道路衔接，利用城区周边现有物流园区，建设3～5个配送中心和分拨中心，建设50个以上末端共同配送站点。

《关于设立城市绿色货运配送示范区的通告》2019年4月1日～2019年10月31日，每天7:00～20:00，禁止燃油货运车辆驶入城市绿色货运配送示范区。

9. 长沙市推进绿色城市货运配送示范工程相关政策

《交通运输部办公厅 公安部办公厅 商务部办公厅关于公布城市绿色货运配送示范工程创建城市的通知》提出择优选取试点示范企业；完善货运配送节点网络；推进建设货运配送车辆充电桩；加快建设城市绿色货运配送运行监测服务平台；组织开展城市配送需求调查与预测；优化货运配送车辆城区通行管控；优化城市配送车辆停靠管理；推广使用新能源和清洁

能源货运配送车辆；加强需求引导，推进货运配送创新发展；支持和规范快递服务发展；规范运营服务，严格考核管理；强化货运配送市场专项整治等主要任务。

《湖南省电动汽车充电基础设施专项规划（2016 - 2020 年)》，提出到 2020 年，预计全省将新增集中式充换电站 415 座、分散式充电桩 20 万个，同时规定所有新建住宅配建停车场应 100% 建设充电基础设施或预留建设安装条件。

《长沙市人民政府办公厅关于印发长沙市创建城市绿色货运配送示范工程实施方案的通知》提出推进长沙市绿色货运配送发展，促进物流行业降本增效，建立和完善集约高效、服务规范、低碳环保的城市绿色货运配送体系。

根据《绿色交通"十四五"发展规划》《推进交通运输生态文明建设实施方案》《交通运输部关于全面深入推进绿色交通发展的意见》《关于全面加强生态环境保护坚决打好污染防治攻坚战的实施意见》等政策指导，长沙市交通运输部积极推动绿色运输装备的制造推广，推广应用新能源和清洁能源汽车，支持高污染高耗能运输船舶提前淘汰。

16.3　陕西城市绿色货运配送示范工程政策梳理

为推动陕西省城市绿色货运配送示范工程，在得到国家发改委、交通运输部等多部委关于陕西物流枢纽节点的系统定位下，形成如表 16 - 3 所示的支持政策。

表 16 - 3　　　　陕西城市绿色货运配送示范工程相关政策

类型	政策	内容
优化完善城市配送车辆便利通行政策	《陕西省促进道路货运行业健康稳定发展实施方案（2017 - 2020 年)》	对于符合标准的新能源配送车辆给予通行便利
	《陕西省人民政府办公厅关于促进物流业健康发展的实施意见》	统一配送车辆环保标准

续表

类型	政策	内容
加快标准化新能源城市货运配送车辆推广应用	《陕西省蓝天保卫战2020年工作方案》	加快车辆结构升级，推广使用新能源汽车，加快推进城市建成区新增和更新的轻型物流配送车辆使用新能源或清洁能源汽车，关中地区使用比例达到80%；关中地区港口、机场、铁路货场等新增或更换作业车辆主要使用新能源或清洁能源汽车
	《陕西省"十四五"综合交通运输发展规划》	加快淘汰更新排放不达标及老旧车等高污染排放车辆，新能源和清洁能源在交通运输行业得到深入运用，全省新增及更换公交车中新能源车辆占比达到90%；推进城市绿色货运配送，建立经济高效、绿色低碳的道路货运服务体系；开展柴油货车污染治理行动，加快老旧车辆淘汰更新，推广应用新能源、清洁能源运输装备
	《陕西省人民政府办公厅关于进一步推进物流降本增效促进实体经济发展的实施意见》	健全城市配送车辆标准体系
	《陕西省柴油货车污染治理攻坚战实施方案》	逐步淘汰不符合排放标准和能耗标准的货运配送车辆，引导企业淘汰不具备良好技术状况、不符合城市配送车辆技术规范、不满足城市配送车辆排放限值、不符合绿色货运要求的高排放老旧机动车辆，对淘汰更新为节能、新能源汽车的企业给予税收减免；鼓励有实力的城市商贸企业、货运配送企业、个体户加快淘汰非标准车辆，鼓励大、中型城市配送企业通过兼并、重组、挂靠个体经营户等方式，整合运力资源，引导车辆更新
	《陕西省人民政府印发关于〈大力发展"三个经济"若干政策〉的通知》	支持物流企业推广使用新能源车辆，对新购置纳入国家新能源汽车推广应用工程推荐车型目录的纯电动运输车辆，按照国家补助标准给予推广应用补助；对建设完成、经验收合格并正式使用的新能源汽车充电桩，按实际投资额（不含征地费用）的30%给予补助
引导和鼓励城市货运配送组织模式创新	《陕西省人民政府印发关于〈大力发展"三个经济"若干政策〉的通知》	在西安国际港务区开展公路物流和省级无车承运人试点，对接入部、省无车承运监测平台的企业办理道路普通货运（无车承运）经营许可资质；优先将试点地区一、二级汽车货运站项目纳入全省有关发展规划；支持试点地区农产品和冷链物流园区建设，以及水、电、气、路、热等相关配套设施建设；开展物流园区省级示范园区创建工作，认定一批具有多式联运功能、中转集散效率高、特色突出的知名品牌示范园区，根据示范效应和规模给予100万~300万元一次性奖励

类型	政策	内容
统筹规划建设城市货运配送节点网络	《陕西省人民政府印发关于〈大力发展"三个经济"若干政策〉的通知》	支持城区物流配送中心、乡（镇）配送站、村级服务点等三级配送网络建设；对上述符合现有专项资金支持条件的项目，由现有相关专项资金给予倾斜支持
	《陕西省人民政府关于加强城市基础设施建设的实施意见》	建立布局合理、功能协调、运行顺畅、高效集约的城市物流网络，实现物流发展与城市功能的有机协调，强化物流对城市运行的保障作用；规划整合建设一批新型城市物流配送中心，在城市社区布局建设共同配送末端网点；加强物流园区、物流配送基地及其仓储设施建设；积极推动西安、宝鸡等城市开展重要物资标准化城市配送试点
推进城市货运配送全链条信息交互共享	《陕西省交通运输厅关于做好网络平台道路货物运输管理工作的通知》	推进网络货运发展，深化供给侧结构性改革、发挥运输业规模效益和网络效益、促进物流降本增效的新办法，带动传统运输企业向供应链现代物流综合服务商转型升级的新路径；促进网络货运健康规范发展创造良好的市场环境

城市绿色货运配送的建设、规划、管理、运营涉及发改、公安、交通、邮政、国土、规划等政府部门，城市配送管理涉及面广，协调管理难度较大。陕西出台的货运配送相关政策相对独立，且对货运配送节能减排、环境保护的重视程度不够，制约了城市绿色货运配送的发展。现行的货运配送管理模式、标准规范、考核机制等不能满足城市绿色货运配送新业态、新模式的发展需求。

16.4　政策梳理总结

综合上述城市绿色货运配送政策及各个城市绿色货运配送示范工程政策的梳理情况，可以得出，相关政策主要围绕优化完善城市配送车辆便利通行、加快标准化新能源城市货运配送车辆推广应用、引导和鼓励城市货运配送组织模式创新及统筹规划建设城市货运配送节点网络四个方面展开。综合第一批绿色货运配送示范工程创建城市中考核成绩较高的几座城市示范工程相关政策，可得以下几方面内容。

1. 优化完善城市配送车辆便利通行方面

这方面的政策主要包括对新能源车辆的优惠及便利政策。例如，深圳市新能源汽车道路临时停放当日首次（首1小时）免费；天津市申请优先给予城市配送运营车辆"停靠"及"通行"许可指标并对部分车辆给予补贴；成都市启用新能源车辆专属号牌，对城市配送车辆依照规定发放通行证；广州市提出新能源货车购置地方财政补贴政策；厦门市推广绿色装备并对符合要求的城市配送车辆放宽通行限制；襄阳市公安、交通、城建部门应通过在城区为新能源城市配送车辆预留停车位、发放通行标识等政策；安阳市财政安排运营补贴专项资金，加速城市配送"绿色化"。另外，统一车辆外观标识也有利于车辆配送，例如，天津市推动城市配送车辆实行"四统一"工作；厦门市统一车型标准等。

2. 加快标准化新能源城市货运配送车辆推广应用方面

综上所述，各城市主要通过提出相关政策要求或是对使用新能源配送车辆的企业提供相应的福利补贴，以推广新能源城市货运配送车辆的应用及标准化。例如：深圳市对企业纯电动车的数量提出要求，并对考核达标企业给予补贴；天津市对评选出的城市共同配送3A级运营企业，给予补贴并颁发荣誉证书；厦门市鼓励快递企业采购新能源汽车作为专用生产车辆并进行补贴；苏州市对购买一定数量新能源配送车辆的企业给予当年度新能源配送车辆运营奖补政策和相关扶持政策；襄阳市出台新能源车辆运营补贴和传统货运车辆置换新能源城市配送车辆补贴政策。除此之外，一些城市也通过监管燃油货运车辆或健全基础设施建设等方法推广新能源配送车辆。例如：成都市逐步缩小燃油货运车辆通行范围，加大充电基础设施建设力度，健全完善加补气、充电等基础设施建设，引导支持城市配送车辆清洁化发展；广州市针对"冒黑烟"或尾气超标的货运车辆进行监管；安阳市设立时间段禁止燃油货运车辆驶入城市绿色货运配送示范区；长沙市推进建设货运配送车辆充电桩等。

3. 引导和鼓励城市货运配送组织模式创新方面

在组织模式的创新方面，第一批绿色货运配送示范工程创建城市主要实行以下两种政策。首先，各城市通过创建信息平台的方式引导和鼓励企业创新。例如，深圳市企业车辆数据需要接入市交通运输委纯电动物流配送车辆监管平台；成都市推动示范城市建设城市货运配送基础公共信息服务平台，有效整合各类资源，促进各类信息资源的集约利用；厦门市线上整合信息资源，为用户提供综合服务；襄阳市构建物流配送共享信息平台。其次，部分城市鼓励配送模式多样化。例如，厦门市鼓励邮政快递企业、城市配送企业创新统一配送、集中配送、共同配送、夜间配送等集约化运输组织模式；苏州市明确了共同（夜间、集中）配送等先进配送模式比例的计算方法；长沙市推进建设货运配送节点网络，加快建设城市绿色货运配送运行监测服务平台等。

4. 统筹规划建设城市货运配送节点网络方面

在节点网络的统筹规划中，天津市编制《天津市物流业空间布局规划（2019－2035 年）》，打造"物流中心＋城市配送点＋末端配送站"的三级城市配送网络节点体系，支持利用城市现有铁路货场、物流中心转型升级为城市配送节点；厦门市协同上下游供应链企业构建绿色运力网络，开展共同配送；安阳市完善干线公路与支线道路衔接，利用城区周边现有物流园区，建设配送中心、分拨中心和末端共同配送站点等。

对比陕西省城市绿色货运配送示范工程相关政策，不难看出，陕西省在优化完善城市配送车辆便利通行方面与加快标准化新能源城市货运配送车辆推广应用方面已出台相关政策，但各政策相对独立，协调管理有较大难度。在引导和鼓励城市货运配送组织模式创新方面和统筹规划建设城市货运配送节点网络方面，陕西省的现行政策稍有不足，仍需借鉴第一批绿色城市货运配送示范工程创建城市经验，制定推行相应政策，以满足城市绿色货运配送的新业态、新需求。

第 *17* 章

城市绿色货运配送创建城市典型经验

为深入贯彻党的十九大精神，推进落实国家新型城镇化战略，促进物流业降本增效，推动城市货运配送绿色高效发展，交通运输部联合公安部、商务部自 2018 年起在全国组织开展了城市绿色货运配送示范工程建设，并于 2018 年 6 月公布了第一批创建城市名单，其中包括天津、石家庄、邯郸、衡水、鄂尔多斯、苏州、厦门、青岛、许昌、安阳、襄阳、十堰、长沙、广州、深圳、成都、泸州、铜仁、兰州、银川、太原、大同 22 个城市。第一批绿色货运配送示范工程创建城市考核排名在 2019 年 12 月 19 日举办的"2019 城市绿色货运配送现场推进会"上出炉，下文选取了新能源专用车上牌量较高的天津市与考核成绩排名前八的城市分析创建经验，便于陕西省各城市借鉴学习。

17.1 天津市创建经验

天津市为扎实深入开展绿色货运配送示范城市创建工作，推动城市货运配送绿色高效发展，促进物流业降本增效，依托《天津市创建绿色货运配送示范城市实施方案（2018 – 2020 年）》，积极开展推进城市绿色货运配送工作。

17.1.1 基本情况

天津市坚持市场主导、政府引导、行业协同、公众参与的方针，加强智库建设、完善平台功能、做好宣传引导，发挥"资源整合＋结对共建＋一平台多节点"的模式优势，推动天津市绿色货运配送高效发展。据天津市工业和信息化局统计，截至 2018 年底，天津市新能源汽车推广规模已经达到 11.78 万辆，位居全国单一城市前五位。截至 2018 年 8 月，联盟内成员单位总计上报公共类充电桩 27.9 万个，其中交流充电桩 12.3 万个、直流充电桩 9.3 万个、交直流一体充电桩 6.3 万个。2018 年 8 月较 2018 年 7 月新增公共类充电桩 3959 个。从 2017 年 9 月~2018 年 8 月，月均新增公共类充电桩约 7728 个，2018 年 8 月同比增长 50.0%。

17.1.2　做法经验

1. 做法一：统筹规划建设城市货运配送节点网络

2019 年天津市编制《天津市物流业空间布局规划（2019－2035 年)》打造"物流中心＋城市配送点＋末端配送站"的三级城市配送网络节点体系，支持利用城市现有铁路货场、物流中心转型升级为城市配送节点。

2. 做法二：优化完善城市配送车辆便利通行政策

天津市于 2017 年发布《天津市商务委 天津市交通运输委 天津市公安局关于对开展城市配送车辆统一标识的通知》，在符合相关法律法规、技术标准条件下，推动城市配送车辆实行统一标识、统一车型、统一管理、统一技术标准"四统一"工作，开展集中配送和共同配送业务。2019 年印发的《天津市城市配送车辆规范》中指出各相关部门应对四统一的城市配送运营企业优先给予政策支持；市商务局对接天津市供应链城市共同配送服务平台的运营企业，对安装的智能车载设备或喷涂"天津城市共配"标识的车辆给予费用给予补贴；符合国家标准及相关规定的车辆，且经过市商务局备案的统一喷涂"天津城市共配"标识的车辆，市公安局应在登记、检验及通行方面提供便利政策；城市配送运营车辆可优先给予"停靠"及"通行"许可指标；城市共同配送 3A 级运营企业，车载智能设备的流量费应给予全额补贴并颁发荣誉证书；对评选出的城市共同配送 3A 级驾驶员，岗前培训认证费给予全额补贴。

3. 做法三：加快标准化新能源配送车辆推广应用

天津市依据《天津市创建绿色货运配送示范城市实施方案（2018—2020年）》，重点引导城市配送企业加大纯电动配送车辆的投入，鼓励企业自建专用交流充电桩，注重借助相关配套政策措施推广宣传节能车辆，在新能源配送车辆喷涂"天津城市共配"统一标识等；推进标准化托盘1200毫米×1000毫米、周转箱600毫米×400毫米等标准化单元器具在城市配送中的使用比例提高，协同供应链上下游企业，推动标准化箱盘匹配、盘车匹配、盘库匹配，加快托盘循环共用。

4. 做法四：推进城市货运配送全链条信息交互共享

天津市商务局发布的《市商务局 市交通运输委 市公安局关于印发天津市城市配送车辆规范的通知》中提出要推进城市货运配送全链条信息交互共享。因此天津市于2018年上线供应链城市配送服务平台，目前已接入2100辆车，且实现了车型统一、标识统一、管理统一、技术统一，能够促进城市货运市场的优化、整合和提升；加快智能产业与城市物流业的融合发展。加快推进物品编码体系建设，推动条码和智能标签等标识技术、自动识别技术以及电子数据交换技术在城市配送领域的广泛应用，鼓励企业的仓储、分拨等设施改造升级，建设智能物流基础设施。

5. 做法五：引导和鼓励城市货运配送组织模式创新

推动城市共同配送发展，将市区通行证配置向共同配送、集中配送企业适当倾斜，提高城市配送的集约化水平，降低城市货运车辆对城市交通的压力；鼓励企业实施夜间配送。制定配套政策措施鼓励物流企业施行夜间配送，如给予夜间配送司机和其他工作人员资金补贴、夜间停车免收停车费等，同时鼓励商场、超市和便利店等主要配送需求点提供夜间接货验货，推动形成夜运为主、昼运为辅的城市配送组织模式；与国家铁路局集团和北京局集团充分对接，利用闲置铁路货场，开展城市生产生活物资公铁接驳配送试点，探索实现"轨道+仓储+新能源汽车配送"的城市物流配送新模式。

6. 做法六：培育壮大规范一批物流企业和平台

依托具有海内外资源整合能力、完备供应链解决方案提供能力的第三方干线运输企业、跨区快递企业，培育发展具有国际竞争力的第三方物流；定期开展企业绿色货运高效配送评估，结果作为调整优化城市配送运力调控和车辆城区通行证管控政策的重要依据，并纳入企业诚信体系。

17.1.3 取得成效

1. 成效一

三年创建期间，天津市完善城配基础设施，推动城配车辆规范发展，规划布局了三级绿色货运配送节点网络。选取了 4 个一级货运枢纽、8 个二级公共配送中心、293 个三级末端共同配送站作为天津市绿色货运配送节点。

2. 成效二

天津市工信局提供的数据显示，2017 年与 2018 年，天津市共推广新能源汽车 7.9 万辆。在天津市，新能源公交车占在运公交车总量的 36%，累计已投运 3670 辆；邮政快递及城市物流领域累计推广超过 1.5 万辆。

2019 年前 4 个月，天津市推广新能源汽车 7374 辆，同比增长 68%，其中私人购买新能源汽车占到 83%。截至 2019 年 4 月底，全市新能源汽车保有量已达 12.5 万辆，占全市机动车保有量比例接近 4%，位居全国重点城市第 6 名。

17.2 深圳市创建经验

2018 年交通运输部发布的《关于开展城市绿色货运配送示范工程的通知》，主要任务是结合各城市实际，围绕加强城市货运配送枢纽设施规划建设、优化配送车辆通行管控政策、促进标准化新能源车辆更新改造、推进货运配送全链条信息交互共享、创新城市配送运输组织模式、完善体制机制和政策法规等方面，按照具有创新性和试点示范引领的要求，提出具体化的工作任务，作为突破口，争取率先形成示范。

17.2.1 基本情况

据前瞻产业研究院《中国新能源汽车行业市场前瞻与投资战略规划分析报告》统计，2018 年深圳市新能源汽车全年注册登记数量约为 11.7 万辆，占全市机动车总保有量的 8.1%，其中新能源物流车保有量达 61857 辆，已经连续 4 年成为全国新能源电动物流车保有量最大的城市。2018 年全年深圳市建成充电桩 20331 个，其中物流园区和大型商场充电桩 13736 个，历年累计建桩 60953 个。深圳是国内新能源物流车推广最积极的城市，一方面，深圳市政府在保障新能源物流车路权的同时加大对燃油车路权的限制，使得企业能够便利地使用新能源物流车；另一方面，深圳市全国首度推出新能源物流车运营补贴，不仅降低企业使用成本，还提升了企业使用新能源物流车的积极性。

17.2.2 做法经验

1. 做法一：完善基础设施，构建三级物流场站体系

深圳积极制定物流场站建设标准，研究形成物流场站开发运营模式，推动构建"对外物流枢纽 + 城市物流转运中心 + 社区物流配送站"三级物流场站体系。全市众多物流企业应市场需求，主动升级改造自营物流设施，在自动化、信息化、智能化管理手段和设施设备方面加大投入，加速提升物流配送效率。例如，深圳市重点物流企业深圳国际控股有限公司，将发展智慧仓 + 冷链物流作为战略方向，在康淮电商中心搭建起绿色智慧运营体系，实现一体化运营管理、大数据决策支持。不断完善的末端配送网络为城市配送"最后一公里"提供了坚实保障。

2. 做法二：出台鼓励政策，推动新能源物流车普及应用

在通行便利方面，深圳新能源物流车享有当日路内停车首小时免费的

优惠；完成电子备案登记并接受监管后，可享受比同类型普通货车高一级的通行路权，车辆及其驾驶人一年内无任何违法违规情形，可申请通行路权升级；全市还划定了 10 个"绿色物流区"，以改善城市配送车辆"通行难、停靠难"的问题。

2018 年《深圳市现代物流业发展专项资金管理办法》规定企业需要具备道路运输经营许可证，车辆取得有效的道路运输证；企业拥有纳入工业和信息化部《新能源汽车推广应用推荐车型目录》，需要至少 300 辆的规模，其中纯电动车数量不少于 100 辆；同时企业车辆数据需要接入市交通运输委纯电动物流配送车辆监管平台，并要求在深圳市内行驶里程达到 1.5 万公里/年。新能源车辆补贴按 2017 年车辆购置国家补贴标准的 50% 执行，分三年平均发放。每年考核运营达标的车辆可获得当期资助，运营不达标的车辆不能获得当期资助。

3. 做法三：搭建服务平台，推动行业信息化水平应用

深圳统筹搭建起绿色货运新能源车运行监控公共服务平台，以展示全市新能源物流车实时运行情况，实现充电桩、维修站等公共服务领域与物流企业的交互推送，为推动物流领域绿色发展及碳排放提供数据支撑，为企业运力投放提供决策参考。按照规划，深圳还将持续提升新能源物流车比重，至 2025 年新能源物流车力争达到 11.3 万辆。

强化物流行业信用体系建设，印发实施深圳市运输物流行业严重违法失信市场主体及其有关人员联合惩戒的政策文件，共享推送深圳市运输物流业行业"黑名单"，并通过市交通运输局门户网站、国家企业信用信息公示系统等向社会予以公示。

4. 做法四：发展智慧物流，探索无人机无人车配送

为打造绿色高质量的配送体系，深圳作为首批国家现代物流创新发展试点城市，在管理、机制、技术等层面也不断进行尝试。深圳也积极在城市配送新兴领域展开探索，包括推动无人车配送在宝安、南山部分片区试点运行，通过地图采集、激光雷达探测等技术在试点片区实现全场景、全天候的智能化服务；积极支持无人机配送技术研发测试，建立疫情防控物资配送的

"空中通道"，探索拓宽无人机在快递物流等服务领域的产业化应用。

17.2.3　取得成效

1. 成效一

自 2018 年 6 月被列入首批创建城市以来，深圳以完善城市配送基础设施、推广新能源物流配送车辆、推动新技术应用发展智慧物流为重点，加快推进城市绿色货运配送体系建设，形成打造绿色高质量现代物流系统的"深圳经验"。

2. 成效二

据深圳发布公开的官方数据，截至 2020 年底，深圳新能源物流车保有量 8.5 万辆，成为全球新能源物流车最多的城市。同时，结合城市货运配送枢纽布局，积极推进充电站、充电桩等基础设施建设，目前全市可供物流货车使用的充电桩建成量约 2.1 万个，智能、高质量、共享的物流车充电网络基本形成。

3. 成效三

深圳全力打造了"申请不跑腿、审批不用人、监管一网通"的交通运输智慧政务服务平台，实现普通货运经营许可、物流产业资助等 22 项物流相关行政审批事项全流程网上办理，审批时限进一步压缩，强化了物流行业信用的体系建设。

17.3　成都市创建经验

2018 年 6 月，成都市成功申报第一批城市绿色货运配送示范工程创建城市。按照"试点和示范结合、政府和市场协同、政策和项目并重"的总体思路，成都市依托城市共同配送试点及城市绿色货运配送示范工程创建，积极探索城市绿色货运配送发展方向，将践行新发展理念的公园城市示范区建设与打造绿色高质量现代物流体系相结合，在体制机制保障、物流基础设施建设、新能源货车及配套设施推广、城市先进配送组织模式、城市配送信息化建设、市场主体培育、物流降本增效和节能减排方面均取得了显著成效。

17.3.1　基本情况

成都市出台了 3 个节能与新能源汽车扶持政策，成都市人民政府关于同意《成都市绿色智能汽车产业发展规划（2018－2022)》的批复、《成都市电动汽车充电基础设施建设及运行维护技术要求（试行)》、《成都市电动汽车充电设施安全管理工作指南（试行)》。据《四川经济日报》2019年 1 月 10 日《成都新能源汽车产业驻"一带一路"国家工作站授牌仪式》一文报道，截至 2018 年底，成都市共累计推广应用新能源汽车超过 6.91 万辆，其中 2018 年推广应用 2.84 万辆；累计建成各类充（换）电站 418座，包括 55 座公交充电站，充电桩 1.4 万个，包括 382 个公交充电桩。其中，2018 年新建充电站 112 座，充电桩 4025 个。

17.3.2　做法经验

1. 做法一：优化物流节点空间布局

2022 年《成都市"十四五"综合交通运输和物流业发展规划（征求意见稿)》提出适应"一山连两翼"城市空间新格局，突出"东进、南拓、西控、北改、中优"差异化功能定位，结合新一轮国土空间规划，依托铁路、机场、公路综合交通网络，围绕服务超大城市民生需求、重点产业生态圈和产业功能区产业需求，规划形成结构合理优化、主体功能明确、区块错位协同、互联衔接共享、要素高效流动的"5 港 6 中心 N 基地"物流节点设施空间功能布局体系。

2. 做法二：优化完善城市配送车辆便利通行政策

从 2015 年 10 月起，成都市纯电动汽车、插电式气电混合动力车和燃料电池车三类新能源汽车不再受汽车尾号限行措施限制，成都市建立"交通运输主管部门负责运力调控，商贸流通主管部门负责配送需求引导，公安交通管理部门负责通行管理"的协同工作机制，健全完善城市货运配送需求调查制度，科学确定并及时向社会公布配送车辆禁止、限制通行的区域和时间；2017 年 7 月，印发《关于印发成都市新能源汽车三年推广应用实施方案（2017 – 2019 年）和充电基础设施建设实施方案（2017 – 2019 年）的通知》，从 2017 年 11 月起，成都市启用新能源车辆专属号牌，对城市配送车辆依照规定发放通行证，并向社会公布通行证办理的条件和程序；2019 年，发布《成都市支持氢能暨新能源汽车产业发展及推广应用若干政策》，规定 2020 年及以后年度不再对燃油货运车辆发放入城证（经认定需保留的除外）。

3. 做法三：加快标准化新能源城市货运配送车辆推广应用

2017 年 4 月，成都市制定完成《成都市物流配送领域新能源物流车推广应用工作转向方案》，2017 年 7 月印发《关于印发成都市支持新能源汽车推广应用若干政策的通知》，提出加大充电基础设施建设力度，健全完善加补气、充电等基础设施建设，引导支持城市配送车辆清洁化发展。推动制定符合国家标准、体现各地发展实际的城市配送车辆选型技术指南，进一步加强对城市配送车辆车型、安全、环保等方面的技术管理，推动城市配送车辆的标准化、专业化发展。大力推广新能源城市配送车辆，推动新能源汽车在城市配送领域的广泛应用。

4. 做法四：推进城市货运配送全链条信息交互共享

2017 年《成都市城市总体规划（2016 – 2035 年）》提出构建三网融合绿色交通体系促进各类信息资源的集约利用。其中包括支持互联网平台企业利用信息化技术优化公共货运配送服务，打通物流企业、生产制造企业和商贸流通企业信息互联共享的壁垒，提升供应链综合服务水平等。

5. 做法五：推动企业发展模式转变与创新

推动商贸企业流通模式转变方面，协同推进商贸企业供应链体系建设。促进传统物流企业转型升级和经营模式创新，推动创新型物流平台企业创新发展，着力培育城市配送领域"独角兽企业"。2018年9月成都市口岸与物流办公室对驹马物流在科学布局城市配送基础设施网络、系统制定城市配送车辆便利通行政策、推广应用新能源物流配送车辆、发展"互联网"共同配送等方面进行了调研交流。

17.3.3　取得成效

1. 成效一

成都市交通运输厅规划处印发的《成都市积极推动城市绿色货运配送示范工程创建》表示，当前成都市城市绿色货运配送示范工程设定的核心指标较示范期初大幅提升。2020年12月，成都市全面完成了城市绿色货运配送示范工程创建任务，并经交通运输部、公安部、商务部联合组织验收。

2. 成效二

成都市经济和信息化局公布了《2021年新能源汽车推广应用情况》，据悉，成都去年新增推广新能源汽车10.8万辆，全年增量位居全国第六。截至2021年12月底，成都市汽车保有量超过570万辆，位居全国第二；全市累计推广新能源汽车26.6万辆，保有量位居全国第七、中西部第一。《成都新能源汽车推广应用情况》中显示，2021年成都23个区（市）县中，武侯区推广量14302辆，金牛区11711辆，成都高新区11067辆，位列前三。

3. 成效三

充电设施方面，据成都市经济和信息化局发布的《2021年新能源汽车推广应用情况》统计，2021年成都市新建充电桩3.35万个、充换电站711座，截至2021年12月底，累计建成充电桩6.1万个（部分居民自用充电桩未纳入统计范围）、充换电站1413座，"车桩比"达到3.9∶1。

17.4　苏州市创建经验

苏州市绿色货运配送示范城市创建工作旨在初步建成集约、高质量、绿色、智能、体现城市特色的货运配送服务体系，破解"最后一公里"问题，推动物流降本增效。《苏州市创建绿色货运配送示范城市工作方案》明确了加快配送基础设施建设、加快配送车辆标准化建设、优化城市货运配送车辆通行政策、创新发展城市货运配送组织模式、推进城市货运配送信息化建设、培育绿色高效规范的市场主体6项主要任务。

17.4.1　基本情况

苏州市于2018年入选全国首批绿色货运配送示范工程创建城市，是长三角地区首个入选的城市。自创建以来，苏州立足高位、凝聚多方力量，深入推进可持续发展战略，加快推动绿色低碳发展，以提供个性化、高质量的物流配送服务为目标，坚持"以人为本、古城保护和科技创新"的理念，着力构建"集约、高效、绿色、智能、安全"的"苏式配送"服务体系。据中国江苏网2017年10月21日《苏州电动汽车超1.1万辆9136辆纯电汽车挂牌上路》一文报道，截至2017年10月，苏州市纯电动汽车上牌量达9136辆，非纯电动汽车上牌量达2325辆，上牌总量11461辆，车型包括小型轿车、普通客车、货车等。特别是2016年以来，苏州全市充电桩数量和充电总量每年都实现翻番增长，截至2019年底，共有2155台充电桩，其中包括949台公交充电桩，年充电量超6300万千瓦时，占全省总量的47%，同比增长270%。

17.4.2　做法经验

1. 做法一：完善物流基础设施

苏州市区（不含吴江）已经形成良好的物流园区基础，建立了望亭国际物流园、金闾新城物流园、高新区综合保税区、吴中出口加工区物流园、工业园区综合保税区物流园 5 个省市级物流园区。物流园区已经存在良好的用地以及设施基础，且整体占地规模较大，多式联运、干支衔接、保税物流、加工物流等功能较为齐全。

工业园区充电设施建设、运营、管理走在全市前列，2016 年 4 月发布《苏州工业园区电动汽车基础设施建设、运营、备案管理办法》和《苏州工业园区加快电动汽车充电基础设施建设和应用的实施意见（试行）》苏州充电设施建设主体呈现多元化态势，当前主要有苏州供电公司、协鑫（电动 e 交通）、特来电、海格、和顺、万帮（星星充电）6 家具有省级建设运营资质的企业及其他如格瑞行、中恒普瑞、能瑞、奇才电子、星恒电子、特斯拉等几十家开始尝试投入电动汽车充电设施建设行业的企业。其中国家电网的充电站 50 处，共 335 个桩；特来电充电站 67 处，共 772 个桩；星星充电站 57 处，共 809 个桩；依威能源充电站 30 处，共 89 个桩。

根据《关于下达 2018 年新能源汽车推广应用和充电设施建设目标的通知》文件精神，苏州市 2018 年新能源汽车推广应用和充电设施建设的目标任务为：新能源汽车推广应用 9000 辆标准车，充电桩建设 2245 个。

2. 做法二：配送运力标准化

2003 年 6 月，在交通、公安、物价等部门的合作下，货运出租车诞生，并出台了《苏州市货运出租汽车运输管理办法》，从法规层面确立了货运出租作为城市配送主体的地位。要求统一使用"车型统一、技术统一、标识统一、管理统一"的标准化配送车辆，并逐步实现使用轻型厢式或密闭式，总长小于 6 米，且总质量小于 4.5 吨的货运车辆。标准化集中配送车辆纳入 TOCC，接受公安交管、交通等有关部门的行业监督和管理。

2017 年 8 月 1 日，由市公安局、市交通运输局、市邮政管理局联合制定的《苏州市关于邮政快递专用电动三轮车规范管理的实施意见》正式公开发布，明确了苏州市将逐步淘汰非标快递三轮车，按照国家邮政局"三统一"标准，引进新版邮政快递三轮车 3 万辆，替换现有非标三轮车。目前苏州市快递三轮车已经实现了"一牌、两证、三平台"的建设，按照

"放管结合、行业自治"的原则，全面规范了苏州市邮政快递专用电动三轮车的管理，建立总量控制、源头管控和路面联动的车辆管理模式。

苏州市 2016 年出台的《促进苏州市快递业健康发展的指导意见》，引导快递企业推广使用新能源汽车从事快递运输，在购置补贴、城市通行等方面给予政策扶持。市邮政管理局向企业推广使用新能源汽车，在办理快递车辆统一标识证方面，开辟绿色通道，保障通行便利。目前，苏州市圆通、中通、申通、天天等快递企业通过购买或租赁的方式拥有近百辆新能源车，用于快递派送。

3. 做法三：优化配送扶持政策

苏州市政府高度重视现代物流业发展，出台相关政策文件，支持现代物流业的发展，包括从制造业、服务业等产业发展的角度入手，对物流发展提出高目标高要求；从互联网＋、专项资金管理办法等方面为物流发展提供信息、资金保障；尤其是在全国范围内率先出台的《苏州市货运出租汽车运输管理办法》，为城市配送的规范发展奠定了基础。

根据财政部《关于进一步完善新能源汽车推广应用财政补贴政策的通知》，2019 年 6 月 25 日后不再对新能源汽车（新能源公交车和燃料电池汽车除外）给予购置补贴，转为用于支持充电（加氢）基础设施"短板"建设和配套运营服务等方面。

根据苏州市《关于新能源汽车和残疾人驾驶汽车停放服务收费优惠政策的通知》，悬挂公安部门核发的新能源汽车号牌的车辆在道路临时停车泊位停车 1 小时以内（含）免费，鼓励其他类型的停车场对新能源汽车和残疾人驾驶的汽车给予停车收费减免优惠，具体优惠幅度由停车场经营者自主确定。

2019 年 11 月印发关于《苏州市城市绿色货运配送示范企业认定考核管理办法》的通知，培养具有集约、高效、绿色、智能"苏式配送"特色，有示范作用的城市绿色货运配送企业。示范企业需要为本企业投资购买 100 辆及以上的新能源配送车辆或 5 辆及以上的新能源冷藏配送车辆；从事道路普通货物运输经营满 1 年，且为本企业投资购买 10 辆及以上的新能源配送车辆。如若企业在年度考核中合格并荣获示范企业称号，那么便可享受当年度新能源配送车辆运营奖补政策，以及优先享受省市相关扶持政策。另外，示范企业的新能源配送车辆享受优先通行路权和停靠政策，领取专用通行标识。

4. 做法四：成立政府部门领导小组

城市绿色货运配送涉及众多行业、部门，是一项复杂的系统工程，为切实加快和推动苏州市城市绿色货运配送健康发展，确保实施方案提出的各项任务和重点项目落地，市政府成立由分管副市长任组长，副秘书长为副组长，市交通运输局、公安局、发改委、经信委、商务局、规划局、质监局等部门负责人为成员的苏州市城市绿色货运配送工作领导小组，牵头推进城市绿色货运配送工作，负责重大事项决策和部署。领导小组下设办公室，办公室设在市交通运输局，具体负责日常工作。按照转变政府职能、营造良好市场环境的要求，积极发挥成员单位在创建工作中的职能作用，健全完善情况通报、信息共享、督查考核等工作制度，进一步凝聚创建合力，确保各项工作取得实效。

在考核指标的基础上，结合苏州城市实际情况，制定出台《苏州市创建绿色货运配送示范城市工作方案》，明确了 6 个方面主要任务、8 项配套政策及 24 个重点项目。以市场为主导，整合现有场站设施，集聚优质物流资源，推动形成有机衔接、层次分明、功能清晰、协同配套的"8＋20＋200＋"的"圈层式"城市绿色货运配送三级节点网络体系。以居民的个性化需求为导向，引导和鼓励城市货运配送组织模式创新，支持城市货运配送企业发展统一配送、集中配送、共同配送等先进配送模式。推动发展货运出租、冷链物流、社区物流等多元模式，促进物流降本增效，满足居民个性化物流配送需求。

17.4.3 取得成效

1. 成效一

据中国商务新闻网 2021 年 8 月 17 日《16 城市齐吹绿色货运配送集结号》一文报道，苏州市共认定了 44 家城市绿色货运配送示范企业，其新能源配送车辆保有量达 5700 余台；中心城区大型超市、卖场、连锁店等采用共同（夜间、集中）配送比例达 85.4%；相较于示范期初，城市配送车辆利用效率提高 21%，城市配送成本下降 12.6%；新能源配送车辆数增长了近 20 倍，新增新能源城市配送营运车辆数量占全部新增和更新城市配送营运车辆数量的 58.2%，车辆单位周转量能耗降低 19.2%。

2. 成效二

依托全国城市绿色货运配送示范城市创建，苏州市区已形成三级网络布局。据中国商务新闻网 2021 年 8 月 17 日《16 城市齐吹绿色货运配送集结号》一文报道统计，具体包括 8 个干支衔接型货运枢纽（物流园区）、20 个功能完善的专业性或区域性公共配送中心和 240 个基础条件良好的末端配送网点。

3. 成效三

据苏州市工业和信息化局 6 月 30 日公布的数据显示，截至 2020 年 7 月，苏州市新能源汽车保有量 42589 辆。苏州公交行业新能源公交车保有量为 3878 辆，在苏州的公交车辆中占比为 72.12%，其中纯电动车 2520 辆，插电式混合动力车 1358 辆。截至 2020 年底，全市共有电动汽车充电桩 2.2 万台，车桩比约为 2∶1。截至 2020 年 8 月，苏州市区有 757 处充电站、5709 个充电桩，均已对接至苏州城市货运配送公共信息服务平台，更好地满足了广大货运驾驶员充电需求，同时也高质量地完成了交通运输部、公安部、商务部《城市绿色货运配送示范工程考核评价指标体系》中对新能源货车充电桩配置的相关要求。

17.5 广州市创建经验

围绕城市绿色货运配送，广州市交通运输局制订了详细的实施方案，做好顶层设计，联合公安、商务部门出台配套政策，完善干支衔接的公共货运枢纽设施，优化城市配送车辆便利通行政策，推广应用新能源城市配送车辆，推进运输组织模式创新发展，建设城市配送信息监管平台。

17.5.1　基本情况

广州市顺应国家政策的引导，积极推动城市物流配送试点工作，不断探索创新的配送模式，较好地适应了商贸服务业快速发展的需求。2017 年广州市政府审定《广州市新能源汽车发展工作方案（2017 – 2020 年)》，工作方案提出，力争到 2018 年全面实现公交电动化，到 2020 年底全市新能源汽车保有量累计达 20 万辆左右。在充电基础设施方面，到 2018 年底，全市初步构建起以专项规划为指引、各项配套政策完备、社会力量积极参与、监控管理到位的充电基础设施建设体系，基本实现适度超前、车桩相随、智能高效、使用便利的充电服务，力争各类充电桩（机）保有量达 7 万个，基本满足全市新能源汽车需求。截至 2018 年底，广州市累计建成充电桩超 2.6 万个，建成了一批集中式大型公交充电站。

17.5.2　做法经验

1. 做法一：扎实开展本地货车新能源化推广应用工作

为有效推进城市绿色货运示范工程，构建现代物流城市配送体系，广州市成立物流与供应链领导小组，小组将通过不定期会议的方式研究落实本地绿色货运示范工程的实施，并已开展 2021 年绿色物流城市配送车辆通行证申报工作，目前已实际发放 621 辆绿色电动货运配送车辆通行证。

2. 做法二：积极探索冷链物流发展

近年来，广州市冷链物流市场快速发展，冷链物流需求日益旺盛，广州的相关企业在冷链物流发展方面进行了探索，已建设进口冷冻食品车辆的监控平台，目前冷链协会正在制定《城市冷链配送》《食品冷链应急配送服务规范》《鲜活农产品冷链物流配送服务管理规范》等制度。同时市交通运输局积极开展"广州市籍承运进口冷冻食品从集中监管仓到广州市行政区域内的冷链运输企业及所属车辆"备案工作，据南方报业传媒集团新闻客户端 2019 年 7 月 30 日《上半年核发 278 张配送通行证，广州打通冷链配送"最后一公里"》一文报道，截至 2019 年上半年 7 月 8 日，广州市已为 60 家冷链物流企业的 428 辆冷链配送车辆核发了 278 张城市配送通行证。

3. 做法三：推进城市配送基础设施建设

逐步构建三级城市配送节点体系。一是重点扶持穗佳、德邦等物流龙头企业，着力将太和石湖片区打造成区域性大型物流转运中心。二是依托白云国际空港、广州（大田）集装箱中心站建设，大力发展"航空＋铁路＋公路＋水路"的立体式现代物流生态圈。开展农村物流配送节点建设。一是依照《广州市农村物流网络配送节点体系建设工作方案》，依托乡镇客运站、电商服务中心和村邮站，逐步落实一批农村物流功能突出、服务"三农"效益显著的网络节点。二是通过持续深入推进从化、增城等"交邮融合示范点"的建设，进一步完善农村物流网络节点，促进邮政业转型升级，并通过整合农村社会资源、充分发挥基层力量等方式，解决农村物流配送成本高、效率慢等问题，进一步推动农村绿色物流的发展。

4. 做法四：推动行业信息化水平应用

一是开发建设了广州城市物流配送监管平台，目前已实现运行监测等功能，平台可整合交通、公安、商务等部门政务信息与城市配送企业的信息平台的有效对接，以满足政府对企业的日常监管、绩效考核以及企业对政务信息服务的需求。二是指导林安物流发展有限公司搭建第四方物流服务平台，提供物流供应链一体化服务以及创新物联网的示范应用。

17.5.3 取得成效

1. 成效一

目前广州市公、铁、水、航等多种运输方式齐备，形成了高效的"干支衔接型货运枢纽（物流园区）-公共配送中心-末端共同配送站"三级城市配送网络，建立起"集约、高效、绿色、智能"的城市绿色货运配送体系。

2. 成效二

据《广州日报》2021年9月3日《广州被命名为绿色货运配送示范城市》一文报道统计，截至2020年底，广州市已建成干支衔接型货运站19个，公共配送中心56个以及共同配送站超过200个，城市配送节点近3万个。已备案的邮政普遍服务场所243个，投递道段1774条，邮筒（箱）966个，智能快件箱12165组，格口约106.67万个，信报箱303.63万户。

3. 成效三

据《广州日报》2021年9月3日《广州被命名为绿色货运配送示范城市》一文报道统计，截至2020年8月，广州市本市籍货车拥有量为41万辆，其中新能源货车2.4万辆，约占货车总量的5.8%；对比2017年新能源货车0.6万辆，试点以来已累计增加1.7万辆新能源货车。2018~2020年，广州市发放城市配送证的新能源配送车辆从10辆发展至近800辆。同时，广州市充电桩超过4万台（公桩＋私桩），充电总功率超过170万千瓦。

4. 成效四

据《广州日报》2021年9月3日《广州被命名为绿色货运配送示范城市》一文报道统计，目前，广州市物流注册备案企业约2.4万家，总体业务量、业务收入增速保持全国前列，已有A级物流企业121家。据广州市交通运输局组织对广州市物流配送企业进行抽样调查显示，广州主要的大型商超、卖场商品配送总货运量为1.7万吨，其中采取共同配送的货运量近1万吨，配送的比例为56.7%。

17.6 创建经验的启示

2019年12月23日，经城市申报、各省初选推荐和专家评审，并经交通运输部、公安部、商务部研究同意，交通运输部发布的《关于公布第二批城市绿色货运配送示范工程创建城市的通知》，确定唐山、秦皇岛、南京、无锡、徐州、南通、温州、台州、芜湖、临沂、郑州、济源、黄石、咸宁、岳阳、怀化、珠海、佛山、达州、西安、宝鸡、安康、乌鲁木齐、石河子等24个城市为第二批绿色货运配送示范工程创建城市。通过收集整理第二批绿色示范城市的产业环境情况，分析各个城市的2018～2019年8月新能源车的上牌数和2018年各个地区的GDP，可以看出各个城市的产业环境，具体如表17-1所示。

表17-1　　　　　　　　　　2018～2019年产业环境统计

市场潜力	城市	2018年至2019年8月上牌数（辆）	2018年GDP（亿元）	产业环境
TOP2	南京	2867	12820.4	经济基础较好，市场起步早，在配套方面已经具有一定优势
TOP5	无锡	493	11438.62	经济及货运基础相对较好，基础设施一般
TOP3	郑州	5353	10143.3	具有经济和市场基础，已经出台运营补贴
TOP4	佛山	1878	9935.88	物流需求大，受深圳市场影响，用户基础好
	南通	171	8427	具有一定经济及货运基础，基础设施一般
TOP1	西安	5466	8349.86	路权执行情况较好
	唐山	49	6955	河北GDP第一，基础设施一般
TOP5	徐州	623	6755.23	具有一定经济及货运基础，基础设施一般
TOP5	温州	468	6006.2	具有一定经济及货运基础，基础设施一般
	台州	125	4874.67	具有一定经济及货运基础，基础设施一般
	临沂	74	4717.8	经济基础一般，充电配套相对较弱
	岳阳	13	3411	经济基础一般，充电配套相对较弱
TOP5	芜湖	9043	3278.53	开拓新能源大本营
	乌鲁木齐	4	3099.77	充电配套相对较弱，受气温等影响大
TOP5	珠海	151	2914.74	靠近深圳，具有一定基础，充电配套一般
TOP5	宝鸡	1420	2265.16	经济基础一般，已经具有一定保有量，主要品牌是陕西通家
	秦皇岛	0	1635.56	经济基础一般，充电配套相对较弱
	黄石	1	1590	经济基础一般，充电配套相对较弱

续表

市场潜力	城市	2018 年至 2019 年 8 月上牌数 （辆）	2018 年 GDP （亿元）	产业环境
	达州	18	1583.9	经济基础一般，充电配套相对较弱
	怀化	11	1513.27	经济基础一般，充电配套相对较弱
	咸宁	1	1234.86	经济基础一般，充电配套相对较弱
	安康	2	1133.77	经济基础一般，充电配套相对较弱
	济源	0	641.84	经济基础一般，充电配套相对较弱
	石河子	0	／	经济基础一般，充电配套相对较弱

资料来源：公安部交通管理局、各省统计公报。

陕西省的西安市、宝鸡市以及安康市入选为第二批绿色示范城市。通过表 17 - 1 可知，西安、宝鸡的市场潜力相对较大，而安康市场潜力相对较小。从目前市场情况来看，西安市不仅具备经济基础，而且新能源物流车保有量已经达到一定规模，在用户认知度、基础设施等方面已经有一定积累，是未来一两年重点发展城市。在未进入第二批示范城市名单之前，西安新能源物流车保有量已位居全国前五。据了解，西安是新能源物流车推广较早的城市之一，在充电设施及运营商基础方面具有一定优势，目前已经有多个品牌入驻，市场相对开放。此外，西安的路权优势明显，新能源物流车不仅在传统燃油车限行期间，不会受到限行，而且能够在公交车道通行。宝鸡经济优势虽然不明显，但是也是少数保有量过千的城市之一，而且还有陕汽等本地汽车加持，也可以列为潜力城市之一。而安康市经济实力并不突出，且目前在配套设施等方面处于起步阶段，因此市场爆发力有限，与第一批的邯郸、铜仁等城市比较相似。

综合上述首批绿色货运示范城市发展经验以及陕西省推进城市配送绿色高质量发展的基础之下，在发展陕西省城市绿色货运配送示范工程的过程中应注意以下几点：

1. 利用支持性政策，推进示范工程

在国家产业发展政策的推动之下，各省市政府根据当地的情况制定了地区性的政策来推动新能源物流车发展。推广政策大体上归类为两个方

向：一是通过补贴、路权等措施，鼓励企业更换新能源物流车；二是通过对燃油车的路权、新增燃油车牌照、营运证等进行进一步管控，限制企业使用燃油车的便利程度。

国家新能源汽车补贴政策逐步退坡和政府对于新能源配送车辆补贴力度较弱，造成新能源货运车辆普及率较低，仅有深圳、武汉、安阳等少量城市除给予新能源车路权优惠外，还出台了地方性运营补贴，以鼓励物流企业、运营平台等对新能源物流车的使用和运营。大部分城市只是通过路权优惠政策鼓励企业使用新能源车，限制燃油车；更有部分城市仅出台了相关车辆替换目标，纯电动物流车与燃油车享有的路权基本一致，如上海市纯电动车与燃油车都不得驶入高架路等特定路段。目前推出运营补贴的城市非常有限，未来"路权＋补贴"的政策模式应成为西安市快速推广新能源物流车的主要手段。

2. 完善综合配送网络，细化通行管理政策

陕西省已建成较为完备的物流运输通道和多级配送节点体系。但通道与节点间的有机融合、各层级物流节点的布局与功能协同不够完善，尤其是大进大出的干线运输与小批量多批次的城市配送之间的高效衔接仍需进一步加强，陕西省大部分城市配送大多是企业自营配送，配送网点以企业自建自用为主，分布较为分散，社会共用型配送节点缺乏，导致配送组织效率低下，且自用型物流配送节点较多，造成仓储利用效率不高，设备闲置严重。目前，多数城市配送中的道路通行限制较多，在大型的商业聚集区和重要物流节点，配送拥堵现象突出，配送运输通道不畅通，同时在很多地方没有根据土地利用情况设置不同的配送通道区域，只是简单地按照城市中心区与非中心区的划分来标定路段，限制车辆通行。陕西省各主要城市对保障城市基本运行的配送车辆，特别是绿色能源及新能源配送车辆交通便利政策较为单一。对保障城市基本运行的其他城市配送车辆，特别是绿色能源及新能源配送车辆并未给予足够的通行优惠政策，对城市配送车辆通行管理政策还有待进一步细化。

3. 大力推广新能源车辆，统一技术标准

现阶段，新能源汽车的产品性能还不够成熟，故障率较高、续航里程

短、电池衰减严重等问题导致大部分物流企业处于观望状态，使用积极性普遍不高。政府应大力推广新能源配送车辆，并使充电设施供给与新能源配送车辆充电需求相匹配，提高陕西省新能源车辆普及率，提高城市配送绿色化程度。并以推广新能源车为契机，统一城市配送技术标准，解决各种运输方式之间的装备标准不统一、物流器具标准不配套、产品包装标准与物流设施标准之间缺乏有效的衔接、信息系统之间缺乏接口标准等问题。

4. 整合优化物流市场环境

良好的物流市场环境是物流业高速发展的前提，陕西省已培育了一批龙头物流企业，引进了一些全国知名物流企业落户，但与国内发达地区相比仍处于起步阶段，物流市场环境仍不理想。物流企业仍以大量运输业主、货代企业为主，规模以上物流企业占比较少，绝大多数物流服务主体规模小，分布散，无照经营穿插其中，物流服务大多处于价值链的低端，服务差异化程度低，低价策略仍是此类中小企业竞争的手段，竞争手段不规范使物流市场的运行受到一定损害，物流市场环境仍有整合优化空间。

第 *18* 章

陕西城市绿色货运配送发展现状及问题

近年来，陕西省社会物流总额保持平稳增长，物流规模持续扩大且物流相关行业总收入、总费用增长，行业运行效率有所提高，快递企业和集装箱运量快速增长。2019 年 12 月，交通运输部、公安部、商务部下发第二批城市绿色货运配送示范工程创建城市名单，其中包括西安、宝鸡、安康三个陕西城市。通过对西安、宝鸡、安康三个城市进行实地调研，分别从政府、物流园区及配送中心三个层面了解陕西城市配送绿色高效发展现状。通过分析人民政府办公厅、市交通管理局等下发的相关文件，针对西安市、宝鸡市和安康市的城市配送进行深度调研，运用二手资料分析法，对政府公开发布的统计数据、行业发展报告、政策文件进行系统整理和分析，梳理城市配送行业发展总体情况及需求。通过对陕西省大型配送企业和流通企业进行实地调研，了解主要问题，听取对于推进城市绿色货运配送发展的意见和建议。同时对陕西省的组织创建示范工作的相关单位进行专项调研，征求政府部门对于示范工程创建工作的意见和相关要求，了解分析各城市配送绿色高质量发展现状。

18.1 西安市城市绿色货运配送发展现状

通过对西安市进行调研，分析整理《西安市创建国家绿色货运配送示范城市工作方案》《西安市推进新能源汽车充电基础设施建设三年行动方案（2020 – 2022 年）》《西安市绿色物流转运中心创建方案》等多个文件，对现今西安市配送行业的现状与发展需求进行梳理。并通过座谈会等方式同西安市部分大型配送企业进行访谈交流，了解目前工作重点与工作难点，收集关于推进绿色货运配送发展意见和建议。

18.1.1 政策保障体系

西安市现辖新城区、碑林区、莲湖区、灞桥区、未央区、雁塔区、阎良区、长安区、临潼区、高陵区、鄠邑区 11 个区和蓝田、周至 2 个县。调研发现，西安市政府为构建西安市绿色物流配送体系，促进物流业降本增效，引领城市绿色货运配送示范工程实现新突破下发了多个文件，以完善政策保障体系。其中，西安市人民政府办公厅印发了《西安市创建国家绿色货运配送示范城市工作方案》，文件明确提出统筹规划物流配送基础设施，合理布局城市三级物流网络体系，重点推进城市共同配送、冷链专业配送、快递末端配送等领域示范项目建设，加快构建配送物流公共信息平台，推动建立"集约高效、服务规范、低碳环保"的城市绿色货源配送体系。同时，西安市办公厅印发《西安市推进新能源汽车充电基础设施建设三年行动方案（2020 – 2022 年）》，西安市发改委印发了《西安市绿色物流转运中心创建方案》，并会同西安市公安局交通管理局发布了《西安市发展和改革委员会 西安市公安局交通管理局关于保障绿色物流转运中心项目周边交通管理的通告》。

18.1.2 工作体制机制

西安市政府十分重视绿色货运配送示范城市创建工作，示范城市申报成功后，为明确各成员单位责任分工，共同推进示范工程各项任务的落实工作，西安人民政府办公厅专门下发了《西安市人民政府办公厅关于印发创建国家绿色货运配送示范城市工作方案的通知》，成立了由市长为组长，分管副市长任常务副组长，市政府办公厅分管领导和市发改委、市交通局、市商务局、市公安局（市公安局交通管理局）主要领导任副组长，市财政局、市工信局、市邮政局、市资源规划局等部门分管领导为成员的创建国家绿色货运配送示范工程专项工作小组，部署绿色货运配送示范工程创建工作。同时，下发了《市绿色货运配送专项工作小组办公室关于印发西安市绿色货运示范工程创建工作目标任务分解表的通知》以明确责任分工。

根据《西安市人民政府办公厅关于印发创建国家绿色货运配送示范城市工作方案的通知》文件，西安市人民政府成立创建专项工作小组，成员单位包括交通、公安、商务、财政等市政府有关部门。专项工作小组在城市绿色货运配送示范工程创建城市工作推进会议等会议中研究示范工程推进工作事项，部门之间沟通协调顺畅，形成责任分工明确的协同联动工作机制，并下发《关于印发西安市绿色货运示范工程创建工作目标任务分解表的通知》并制订工作进度计划，明确责任分工和保障措施，本年度示范工程创建工作稳定有序推进。

西安市财政局梳理了物流枢纽建设、企业引进培育、铁路货运、航空货运、新能源车推广方面的支持政策共 13 项，截至 2020 年中央支持资金、省级支持资金和市级安排资金超过 43 亿元；下达支持省级物流园区标准仓库建设、省级示范物流园区和西安市新型智慧城市项目建设等多项专项资金近 1000 万元，其中包括西安传化丝路公路港、京东智能物流园等建设项目；给予新能源汽车的补贴资金拨付到位①。

18.1.3　城市配送体系

推进绿色货运配送示范城市项目离不开三级物流网络配送体系的建设，西安市人民政府于 2021 年 10 月为此专门下发了《关于印发"十四五"综合交通运输发展规划的通知》，其中指出，以城市货运配送三级网络节点为基础推进绿色货运配送示范城市建设，加快完善有机衔接、层次分明、功能清晰、协同配套的城市货运配送节点网络体系。

为实现产业布局、满足货物运输需求，西安市限时依托现有物流园区，

---

① 奋进担当的西安财政人丨2020 年财政工作亮点之经济建设篇 ［OB/EL］. 西安市财政局官网，2021 - 1 - 22.

统筹规划建设 5 个干支衔接型货运枢纽（物流园区）、10 个公共配送中心、2272 个末端公共配送站（货物装卸点）等城市货运配送基础设施三级网络节点；利用城市通道网络，初步形成层次分明、功能清晰、有机衔接、协同配套的城市货运配送节点网络体系。西安市依托现有的物流园区，统筹规划干支衔接型货运枢纽（物流园区）、公共配送中心、末端公共配送站（货物装卸点）等城市货运配送基础设施三级网络节点，共确定了 5 个一级干支衔接型货运枢纽，分别为西安传化丝路公路港、西安临潼宝湾物流中心、中外运智慧物流园区、京东智能物流园（二期）、巴夫洛电商冷链物流园；布局了 14 个二级公共配送中心，分别为西安传化公路港、招商局物流陕西供应链集成服务平台、百利威（西安）国际电子商务产业园、京东西北电子商务基地、陕西国际快件产业园、巴夫洛电商冷链物流园、绿地全球商品西北运营中心暨交易基地、中国邮政速递物流（西北）航空电商物流中心、联储空港现代物流基地、唯品会西北总部及仓储运营中心、顺丰西北地区总部及电商产业园项目、亿达西安智慧冷链产业园、西安唐久便利现代化物流中心项目和西安临潼宝湾物流中心，现已建成投运 10 个，其他正在建设当中；形成了 120 余个标准化快递门店、末端公共服务站以及 3200 多个配送终端智能自提柜，初步构成三级城市货运配送节点网路体系①。

据第六次全国人口普查统计，西安市区常住人口 1316.3 万人，列入西安城市绿色货运配送示范城市创建重点项目的干支衔接型货运枢纽（物流园区）共 5 个，包括西安传化丝路公路港、西安临潼宝湾物流中心、中外运智慧物流园区、京东智能物流园（二期）、巴夫洛电商冷链物流园。目前 5 个干支衔接型货运枢纽（物流园区）均已经投入营运，功能实现如表 18 - 1 所示。

表 18 - 1 　　　　　　　　　　物流园区功能

园区名称	干支衔接	干线甩挂	多式联运	支线集散分拨
西安传化丝路公路港	√			√
西安临潼宝湾物流中心	√	√		√
中外运智慧物流园区	√	√		√
京东智能物流园（二期）	√	√		√
巴夫洛电商冷链物流园	√	√	√	√

① 资料来源：《西安市创建国家绿色货运配送示范城市工作方案》。

西安市绿色货运配送示范城市创建重点项目的公共配送中心共 14 个，包括西安传化公路港、招商局物流陕西供应链集成服务平台、百利威（西安）国际电子商务产业园、京东西北电子商务基地、陕西国际快件产业园、巴夫洛电商冷链物流园、绿地全球商品西北运营中心暨交易基地、中国邮政速递物流（西北）航空电商物流中心、联储空港现代物流基地、唯品会西北总部及仓储运营中心、顺丰西北地区总部及电商产业园、亿达西安智慧冷链产业园、西安唐久便利现代化物流中心和西安临潼宝湾物流中心。具体如表 18 - 2 所示。

表 18 - 2   配送中心功能

配送中心名称	统一仓储	集中分拣	共同配送
西安传化丝路公路港	√	√	√
招商局物流陕西供应链集成服务平台	√	√	√
百利威（西安）国际电子商务产业园	√	√	√
京东西北电子商务基地	√	√	√
陕西国际快件产业园	√	√	√
巴夫洛电商冷链物流园	√	√	√
绿地全球商品西北运营中心暨交易基地	√	√	√
中国邮政速递物流（西北）航空电商物流中心	√	√	√
联储空港现代物流基地	√	√	√
唯品会西北总部及仓储运营中心	√	√	√
顺丰西北地区总部及电商产业园	√	√	√
亿达西安智慧冷链产业园	√	√	√
西安唐久便利现代化物流中心	√	√	√
西安临潼宝湾物流中心	√	√	√

目前京东集团、顺丰快递、菜鸟物流等企业均已在西安市各区（县）、开发区设置了快递柜、菜鸟驿站等末端配送站点，能够为终端客户提供停靠、装卸、分拣等服务，极大地推动了西安市城市绿色货运配送项目的发展。

18.1.4 通行管控政策

西安市人民政府为推进绿色货运配送示范城市建设下发的《关于印发

"十四五"综合交通运输发展规划的通知》中指出，需要按照"总量控制、保障民生、通行便利、分类管理"的原则，通过建立科学合理的城市绿色配送车辆通行管控政策体系，着力解决城市配送车辆"通行难""停车难""装卸难"等问题，有序推进货运配送信息化建设，创新发展城市货运配送组织模式，落实新能源汽车推广等政策措施，按计划完成第二批国家城市绿色货运配送示范工程创建工作，促进城市配送良性发展。

西安市政府为此制定了促进城市绿色货运配送发展，鼓励推广新能源城市配送车辆的综合性政策。西安市制定《西安市人民政府办公厅关于印发进一步加快新能源推广应用的实施方案的通知》《西安市人民政府办公关于印发推进新能源汽车充电基础设施建设三年行动方案（2020－2022年）的通知》，扩大公共服务领域新能源汽车应用规模，统筹推进新能源汽车充电基础设施的建设，优化新能源汽车使用环境。积极优化落实配送车辆分时、错时、分类通行措施，鼓励企业在中心城区、居住区、大型公共活动场自建配送车辆停泊场地，健全城市配送运行体系。对从事城市配送的新能源物流车给予通行便利，不受市区道路限时限行的交通管理措施，免于办理相关通行证件，全力保障新能源配送车辆安全、畅通、有序通行。市公安局会同市邮政管理局共同印发了《西安市2021年加强邮政快递业配送车辆交通秩序管理暨快递小哥示范佩戴安全头盔实施意见》，持续开展快递外卖交通违法整治，优化城市配送车辆通行措施，改善城市道路交通环境。

陕西省人民政府于2021年9月18日发布《陕西省西安市补助提前淘汰老旧机动车超4万辆》中表示，持续引导企业更新不具备良好技术状况、不符合城市配送车辆技术规范、不满足城市配送车辆排放限值、不符合绿色货运要求的高排放老旧机动车辆，2020年共公示"符合提前淘汰条件高排放老旧机动车辆"2批次，2018～2020年累计公示符合提前淘汰条件的高排放老旧车11批次，共16.4万余辆。

为响应示范工程工作要求，西安市下发了《西安市关于推进停车资源有偿错时共享的指导意见》和《西安市人民政府办公厅关于印发西安市停车秩序专项治理工作实施方案的通知》，规范停车位和标志标线设置，统筹各类停车设施资源和不同停车需求时间差异，旨在缓解区域停车难的问题、平衡好缓堵与畅行之间的关系。为全力推进城市绿色货运配送高质量发展，西安市发布了《西安市发展和改革委员会西安市公安局交通管理局关于保障绿色物流转运中心项目周边交通管理的通告》，设置物流配送车辆的停放区域，适当开放重点项目货运车辆通行审批条件，优化全市重点建设项目运输配送环境，充分保障西安市物流车辆的通行与停放。2019 年公安部联合住建部印发《关于加强和改进城市停车管理工作的指导意见》；陕西交通广播于 2022 年 3 月 28 日发表的《西安新增 5000 个夜间免费停车位》一文显示，截至 2021 年底，西安市共调整设置路内停车泊位 4.9 万余个，为缓解夜间停车难，试点设置夜间免费便民停车泊位 2000 余个，允许车辆 21 时至次日 7 时免费停放，小型货运车辆可以利用现有的占道停车泊位（进行停放）。

18.1.5 城市配送车辆

西安市为了提高新能源车辆更新率，加快新能源物流车辆配套基础设施建设，在物流园区、配送中心等物流场所规划建设充电桩，保障新能源物流车辆的充电需求。西安市政协经济委员会主任杨国胜在陕西省政协举行"促进新能源汽车产业健康发展"月度协商座谈会上发言时说，截至 2021 年 12 月，西安全市累计建成投运各类充电场站 856 个、充电桩 11911 个。截至 2021 年 9 月，全市轻型物流配送车辆保有量 192458 辆，其中新能源轻型物流配送车辆保有量 23289 辆；截至 2021 年 10 月底，全市产销新能源汽车 18.3 万辆，同比增长 301%，新能源汽车保有量达 142202 辆，新能源车辆产业规模大幅增加，核心竞争力提升，产业链竞争力趋于稳定。

经调研，西安市为进一步推动新能源汽车充电基础设施建设，出台了《西安市人民政府办公厅关于印发推进新能源汽车充电基础设施建设三年行动方案（2020－2022 年）的通知》，积极推进全市货运配送车辆配套充电桩建设，努力建成布局合理、便捷高效、全面覆盖的新能源电动汽车充电网络，形成统一开放、竞争有序的充电服务市场。据西安市政协经济委员会主任杨国胜于 2022 年 7 月 28 日上午，陕西省政协举行的"促进新能源汽车产业健康发展"月度协商座谈会介绍，截至 2021 年 10 月，西安市累计建成投运各类充电场站 735 个，其中专用充电场站 196 个，社会公共场站 535 个，换电站 4 个。西安市已经建成充电桩 9073 个，其中交流充电设施 4080 个，直流充电设施 4922 个，交直流一体充电设施 71 个。

18.1.6 物流信息平台

调研发现，西安市为大力开展货运配送示范工程创建工作，引进培育了大型配送企业和流通企业并发展先进的配送组织模式，以此促进货运配送行业降本增效，积极推进城市货运配送行业发展。

西安市为逐步实现城市绿色货运和物流资源集约整合、激发市场活力、提升城市配送运行效率，加快建设完善具备城市绿色货运配送运行监测功能的服务平台，同时支持配送企业信息平台的建设，促进城市货运配送货源、车源等信息共享，实现车货匹配，强化行业监管、信息服务、大数据交易等城市配送管理功能。西安交通投资集团在西安市物流公共信息服务平台框架下，建设专门的城市绿色货运配送子平台，该平台包括行业监管和公共服务两大业务系统。平台将建立城市货运配送动态监测系统和城市货运配送企业信用评价系统，实现城市货运配送行业的动态监测和监管，提供信息查询、车辆监管、交通诱导、数据分析等基本服务，促进货运配送大数据在市场预测、物流中心选址、优化配送线路等服务领域的商业应用。具体举措如下所示。

推进货运配送公共信息服务平台建设。西安交通投资集团积极配合市级牵头部门建设城市货运配送公共信息服务平台，根据《关于印发西安市政府投资信息化项目管理办法的通知》，平台属于政府投资信息化项目，需遵循"集约整合、标准统一、数据共享、安全可控"的原则，且项目形成的业务数据须依托市级数据交换共享与其他政务部门交换共享。在西安市货运配送公共信息服务平台建设中，从安全、服务、应急等多方面入手，完善信息查询、车辆监管、交通诱导、数据分析、运行监测等功能，实现西安市货运配送公共信息服务平台与相关物流信息系统和平台之间可靠、安全、高效、顺畅的信息交换，实现行业内相关信息平台交换标准的统一，提供公正、权威的城市配送相关公共信息服务，促进配送各环节信息互通与资源共享。目前，西安交通投资集团已完成城市货运配送公共信息服务平台建设的筹备工作，分步完成了需求分析、可行性研究及初步设计。

引导示范企业推进信息化建设。充分利用"互联网+"、大数据、云计算等信息技术手段，打造智慧交通，实现交通信息化、智能化。将西安市货运配送公共信息服务平台与城市配送企业的信息平台有效对接，可以满足政府对企业的日常监管、绩效考核以及企业对政务信息服务的需求。陕西铁易达物流有限责任公司的铁e达物流平台采用"互联网+铁运+汽运"的模式，通过公开、透明的市场化运营，开展公铁联运、多式联运业务，破解铁路货运"承运前和到达后一公里"瓶颈，促进绿色物流发展。平台建设分为两期，已完成一期建设，中国铁路西安局集团有限公司所有货运站段和其他各站段逐步上线铁e达平台物资配送业务。目前正在对铁e达平台升级改造，加强平台在货主端服务、货源组织、运力组织等方面的社会资源整合等方面的服务能力，加大平台在城市配送、大宗运输、集装箱运输等业务方向的覆盖支撑能力。

18.1.7　配送组织模式

调研发现，西安市通过发展城市共同配送模式、大力推进多式联运、积极打造一体化配送模式、创新发展城市冷链配送模式、加大市场主体培育力度等措施，推进城市货运组织模式多样化发展，降低物流服务成本，提升物流服务效率。2022年3月19日，中国物流与采购联合会物流企业综合评估委员会审定发布了第33批A级物流企业名单，经过本次发布，中国物流与采购联合会已向社会陆续通告了33批，全国共有8135家A级物流企业。陕西省物流行业企业从2005年第1批开始就积极参加A级企业评估，到2022年3月19日第33批A级物流企业评估名单发布，陕西省创建达标的国家A级物流企业总数量为：228家，其中5A级物流企业16家、4A级物流企业51家、3A级物流企业150家、2A级物流企业9家、1A级物流企业2家，陕西省国家A级物流企业，已成为引领陕西省物流行业高质量发展的主力军。具体举措如下：

支持城市冷链配送发展。西安市根据《陕西省商务厅 陕西省财政厅关于推动农商互联完善农产品供应链项目申报的通知》，支持了西安爱菊粮食深加工供应链项目等 7 个农商互联农产品供应链项目。主要内容是支持农产品流通企业或新型农业经营主体推广现代冷链物流管理理念、标准和技术，建设具有集中采购和跨区域配送能力的农产品冷链物流集散中心，配备预冷、低温分拣加工、冷藏运输、温度监控等冷链设施设备，建立覆盖农产品加工、运输、储存、销售等环节的全程冷链物流体系。

加快发展城市共同配送。西安市根据示范工程工作要求和省、市大力发展"三个经济"等相关政策，支持辉煌物流、黄马甲物流等城市共同配送企业大力发展城市共同配送业务。辉煌物流公司是西北地区规模最大的集仓储租赁及管理、省际、城际、城乡干支线运输、短途市内配送为一体的专业第三方物流企业，备有各类运输车辆 500 多台，其中冷藏车辆 20 余台，拥有各类仓储 50 多万平方米，提供专业物流配送服务①。陕西黄马甲物流配送股份有限公司是华商传媒集团旗下一家专业从事物流配送的全资子公司，是集报刊发行、乳品征投、快递配送、电子商务、数据营销五大业务板块于一体的国家"AAAA"级物流企业。黄马甲公司业务已覆盖我国七省一市 89 个县区、3988 个自然村，目前使用中的仓库总面积 4.1 万平方米，全链路日均配送公里数达到 7.2 万公里，快递业务日均配送单量 4 万单，可实现已覆盖县域到货后 24 小时全域点对点配送能力②。

大力推进多式联运发展。西安市以中欧班列长安号为抓手，通过整合铁路、公路、航空、海运资源，将来自"一带一路"沿线国家和国内主要货源地的货物在这里集散分拨，有效推动了西安高效顺畅的多式联运体系。铁路枢纽方面，已建成西安铁路集装箱中心站、新筑铁路物流基地和新筑车站，与新丰编组站，构成了亚洲最大的铁路物流集散基地，全国首个铁路自动化码头已经建成；公路枢纽方面，包括中国邮政邮件处理中心、传化丝路公路港、圆通西北总部、卡行天下智能公路枢纽等公路港平台，已实现大件、邮件、快件的城际、区域配送全覆盖。依托中欧班列

---

①② 车辆后勤保障，永远在路上——带你走进辉煌物流车务部 [EB/OL]. 陕西辉煌物流公司，2018 - 7 - 16.

（长安号），以公铁联运为主，铁海联运为辅，西安面向中亚南亚西亚的国际物流通道已基本打通。西安港"一带一路"海陆空中转枢纽和中铁联集"陆海联动、多点协同"智能骨干网两个项目先后入选国家第二批、第三批示范工程建设，中外运物流西北有限公司入选首批省级多式联运示范工程，有力推动西安港集装箱吞吐量大幅增长，西安发布①于 2021 年 6 月 3 日《西安，发车!》一文中表示，2020 年 1～12 月，西安铁路集装箱中心站集装箱吞吐量达到 28.6 万标箱。

加大培育物流配送企业。推动引进和培育龙头物流配送企业，2022 年 3 月 19 日第 33 批 A 级物流企业评估名单发布，陕西省创建达标的国家 A 级物流企业总数量为：228 家，其中 5A 级物流企业 16 家、4A 级物流企业 51 家、3A 级物流企业 150 家、2A 级物流企业 9 家、1A 级物流企业 2 家②。近年来，本地的龙头企业正在迅速成长，西安国际陆港集团、陕西延长石油物流集团有限公司、陕西省物流集团等大型企业的业务范围和经营规模不断扩大，贝斯特、亚欧等综合型物流中心已成规模，以陕西大件物流、中储钢铁物流等为代表的细分市场领军企业发展迅速，陕西远行供应链管理公司、陕西商业储运等 7 家企业进入全国无车承运人第一批试点，西安远洋国际货运公司等企业进入全国甩挂运输试点。2018 年以来，国内大型龙头物流企业在西安集聚的步伐明显加快，京东全球物流总部、阿里巴巴西北总部、申通西北地区转运中心等在西安落户，圆通在西安布局航空、科技、跨境商贸及服务产业园等一大批物流项目，传化正在建设"一平台两中心"、打造生产性服务业整合平台，物流业集聚加速发展的态势已经显现。

18.2 宝鸡市城市绿色货运配送发展现状

通过调研，综合实地情况与《宝鸡市人民政府关于加快构建全国性综合交通枢纽的意见》《宝鸡市城市品质提升工作实施方案（2018－2020年)》《关中平原城市群发展规划》等文件，对宝鸡市交通基础设施进行梳

---

① 西安报业传媒集团（西安日报社）官方帐号。

② 全国第三十三批 A 级物流企业名单公示 [EB/OL]. 中国物流与采购网，2022－3－12.

理分析。同时对宝鸡阳平铁路综合物流基地、泰华物流中心和扶风县新贸物流园区等地进行实地考察,通过座谈会、问卷调查等方式了解其货运配送模式及各项数据,了解目前工作方向与目标,并且征求了政府部门对于示范工程创建工作意见和相关要求。

18.2.1　交通基础设施

1. 铁路交通网络

宝鸡铁路枢纽是通往中国西北、西南铁路交通的主要咽喉通道,是中国境内亚欧大陆桥上重要的铁路十字枢纽。据《宝鸡日报》2021年8月17日《宝鸡:大交通格局中的枢纽城市》一文报道,铁路方面,西宝、宝兰高铁贯通运营,形成了由陇海、徐兰、宝成、宝中、宝麟铁路构成的"两横三纵七辐射"铁路网,西法机城际铁路控制性工程基本建成,市域铁路营业里程达到597公里。宝鸡铁路布局为"两横三纵七辐射",其中"两横"即陇海铁路、徐兰客运专线;"三纵"即宝中铁路、宝成铁路和麟游运煤铁路专线;"七辐射"即陇海线东西两个方向、西宝高铁东西两个方向、宝成铁路向南、宝麟铁路向东北、宝中铁路向北形成七个方向的辐射。同时《宝鸡市人民政府关于加快构建全国性综合交通枢纽的意见》提出实施法门寺至机场、西安至法门寺、法门寺至宝鸡城际铁路,新增铁路里程150公里,总营业里程突破600公里。

2. 公路交通网络

截至2020年5月,宝鸡市公路总里程达到1.67万公里,路网密度达到92.2公里/百平方公里,其中高速公路里程313公里,二级以上公路里程1608公里。全市范围内铁路运营里程达到550公里,其中高速铁路116公里[①]。宝鸡市公路四通八达,以宝鸡市区为中心,以定汉高速、西宝高速为十字的高速公路网络全面建成。近几年宝鸡市建设速度、投资强度、推进力度、通达能力均实现大跨越,交通固定资产投资连年攀升,已连续

---

①　公路总里程达1.67万公里 交通为宝鸡发展"铺路"[EB/OL]. 宝鸡新闻网, 2020 – 5 – 28.

2 年突破百亿元，先后建成了宝天高速、宝平高速、绛法高速、西宝高速改扩建工程和连霍高速市区过境线等项目，形成了以 G30 为主轴，以干线公路为骨架、以县乡公路为脉络、以关中公路环线为连接的"三横五纵一环"公路网络（三横：G30、西宝南北线；五纵：乾县—法门寺—汤峪，麟游—益店—常兴—斜峪关—太白，麟游—凤翔—潘家湾—太白—浑水沟，周公庙—蔡家坡—五丈原，陇县—千阳—宝鸡—凤县；关中环线宝鸡段）。在此基础上，目前宝汉高速、太凤高速、旬凤高速、眉太高速等项目正在实施；关环高速、麟法高速也即将开工。

3. 城市道路网络

截至 2019 年，宝鸡城市道路网络增长至 500 余公里。受台塬地形影响，其城市道路网沿着渭河两岸展开并轴向延伸，属于典型的带状方格路网结构。2016 年，先后有 27 条市区道路进行提升改造，续建和新开工建设中山路中段、陈仓物流大道等主干道，加速建设玉涧东路、新福二路、龙丰苑南路等次干道，打通了宏文南路、陈仓区宝啤路等断头路[①]。《宝鸡市城市品质提升工作实施方案（2018 年 – 2020 年）》中提出将利用 3 年时间，对城市建成区范围内的主次干道、城市出入口、重要节点、道路交叉口、景观节点、河道沿线等城市道路、重要节点、重点部位实施品质提升行动。陈仓区南环路、渭滨区川陕路等城市地下综合管廊于 2020 年建成。

4. 航空交通网络

目前，宝鸡机场项目被列入《中国民用航空发展第"十三个"五年规划》《国家关中—天水经济区发展规划》《关中平原城市群发展规划》，已由省政府上报申请立项。项目位于凤翔区境内，将利用现有宝鸡军用机场改扩建为军民合用机场，项目设计跑道 3200 米，11 个停机位，航站楼14000 平方米，可起降 B737、A320 等机型。目前，机场前期准备工作正在有序进行，预计建成后年旅客吞吐量 110 万人次，飞机起降量 1 万余架次[②]。

---

① 公路总里程达 1.67 万公里 交通为宝鸡发展"铺路"［EB/OL］. 宝鸡新闻网，2020 – 5 – 28.
② 资料来源：宝鸡机场 2021 年建成通航［EB/OL］. 宝鸡日报微信公众号，2019 – 5 – 8.

宝鸡机场将是助力宝鸡经济腾飞的重要引擎，也将扩大航空运输服务覆盖面，疏解西安咸阳国际机场运营压力，打造空中对外开放新通道。另外，宝鸡将有序推进麟游、眉县、金台、凤县、陇县以及蟠龙新区等通用机场布局建设，推动运输机场开展通用航空服务，为宝鸡大开放大发展提供坚实的基础。

18.2.2　货运配送模式

宝鸡市通过"干支配"模式、产业集群共同配送模式和城乡共同配送模式大力推行现代物流产业发展措施，注重强化物流企业的管理创新、机制创新，形成了一系列物流发展的新业态、新模式。

1. "干支配"模式

宝鸡阳平铁路综合物流基地是以干支配业务为主的物流园区。其作为宝鸡市重要的货物集散地，集仓储配送、流通加工、展示交易、信息处理、物流金融和商业配套等功能于一体，为关中平原、陇南、天水、平凉等地区提供了优质的物流服务。目前已经完成的一期工程主要从事集装箱、快件、成件包装、冷链物资、特种货物、大型笨重货物的运输。

2. 产业集群共同配送模式

泰华物流中心是以产业集群共同配送业务为主的物流园区，其服务于吉利汽车整车、发动机项目的生产需求，提供面向汽车全产业链的汽车零部件生产、汽车零部件仓储、配送，商品车整车运输、汽车备件分拨、厂房租赁、商务酒店、综合加注站、汽车维修等业务。

3. 城乡共同配送模式

扶风县新贸物流园区是以城乡共同配送业务为主的物流园区，其依托现有乡镇商超网点与运配网络，可辐射扶风及周边县区，满足农产品上行和商贸产品下行的物流需求。园区配套建设物流信息平台，全面提升货物配送信息化服务和监管水平，着力打造以园区为载体的"物流园＋农村物流＋电子商务＋扶贫"的产业链条。

18.2.3 物流信息平台

调研发现，宝鸡市物流公共信息平台的不断搭建，为货运物流企业的信息化建设起到了很好的示范作用。

漕运长安智能供应链运输管理系统。漕运长安智能供应链运输管理系统可以有效整合交通、商务、邮政、公安、工商、税务等部门的政务信息，实现与各合作企业的有效对接，为企业和物流企业提供信息查询、车辆监管、交通诱导、数据分析等基本服务，满足政府对企业日常监管、绩效考核和政务信息服务等需求。该系统运用先进的分布式开发框架搭建，充分尊重货主、货代、车主的自由经营权和排他性结算特征，信息公开但又相对独立，运用互联网工具降低物流参与者沟通成本，构建诚信交易体系，通过北斗、历史交易量、信用评级等功能获得的数据综合分析获取满意度，为车后市场系列产品的推行提供基础数据。漕运长安联合中集集团、陕汽集团、传化公路港等公司，共同推出投放车辆金融模式。

陕西泰华物流中心。陕西泰华物流中心应用国内领先的物流信息技术管理业务流程（LES 供应链执行系统、WMS 仓储管理系统、TMS 运输管理系统），项目一期建成后，实现精细化仓库管理，通过订单物流执行过程管理、节点监控，达到业务全程可视化，提升客户服务品质。各项管理服务依靠信息化和智能化平台实现保障，现已上线运行 OA 协同办公系统、门户网站、安防监控系统等，助推公司各项经营和管理活动高效有序运转。

陕西西部物流有限公司信息系统。陕西西部物流有限公司信息系统覆盖了所有项目，除了在项目内部发挥作用外，各项目之间均能实现信息共享和交换。作为该工程子系统的西部物流信息平台和西部物流信息网站作用发挥明显，据西部物流信息平台官网显示，进入平台调度的车辆为 4800 台，西部物流信息网站自建成以来，共采集、发布信息近 10 万条。已形成了覆盖宝鸡地区和省内重点城市的信息网络，全网统一调度、合理配载，减少无效运输，大幅提高车辆实载率。

18.2.4　工作体制机制

为推动物流产业的发展，宝鸡市政府于 2013 年组建了宝鸡市物流发展协调领导小组，对物流行业的发展进行全面的协调和管理，制订战略规划、政策措施和年度计划，并对物流行业的发展进行监督和指导，对物流行业的发展起到了积极的作用。

近年来，围绕货运配送和快递车辆通行等领域，交通、公安、商务、工信、邮政等部门间的协同协作不断推进。《宝鸡市人民政府关于促进快递业发展的实施意见》提出，在快递车辆通行方面，公安及交通运输管理部门要为邮政快递车辆通行提供便利。在国家对电动车管理政策未出台前，邮政、快递企业要逐步规范揽投车辆准入条件，不再新增非法电动三轮车用于快递揽投业务，市邮政管理部门会同公安、交通部门共同研究出台我市快递车辆暂行管理办法。邮政快递企业鼓励使用"电牛一号"新能源轻型厢式货车。解决"最后一公里"问题，可采用两轮电动车。高效的协同沟通机制为推动绿色货运配送发展提供了制度保障。

18.3　安康市城市绿色货运配送发展现状

本次调研对安康市基础设施信息进行了收集分析，梳理安康市目前城市配送网络，剖析其发展总体情况及需求，并且同安康市交通支队、安康市邮政管理局开展座谈会，了解目前安康市为城配项目进行的车辆管控措施及成果。同时走访了部分安康物流企业，对其作业情况、市场规模进行了数据收集与分析。

18.3.1　交通基础设施

安康市的综合货运通道体系完备。安康作为陕西的第二大交通枢纽中心，具有承东启西、连接南北的区位和交通优势，是西安物流节点城市的重要支点城市，对于承接东西部产业转移和商贸流通发挥着非常重要的作用。安康市以汉滨区为中心"放射状"的高速公路、国道、省道为主骨架路网结构基本形成，包括4条高速、2条国道、4条省道（见表18-3）。

表18-3　　　　安康市境内高速、国道、省道公路主要情况

编号	公路名称	区段	技术等级	路面宽度（m）	设计时速（km/h）	里程（km）
G7011	十天高速	石泉县－白河	双向六车道高速	26	100	222
G65	包茂高速	镇旬界－陕川界	双向四车道高速	24.5	80	203
G5	京昆高速	崂峪－大河坝	双向四车道高速	21	60、120	91
G4213	麻安高速	麻城－安康	双向四车道高速	24.5	120	61
G316	316国道	陕鄂界－柳树垭	双车道	6	60	271
G210	210国道	柳树垭－大坪	双车道	6	40、60、80	209
S310	恒紫路	恒口镇－麻柳镇	双车道	7.5	60	154
S207	岚镇路	汉滨区－金岭	双车道	6	60、80	240
S308	平利－安康	汉滨区－吴家院	双车道	8	80	97
S102	镇旬路	旬阳区－茅坪镇	双车道	6.5	60	60
		广货街－沙洛	双车道	6	60	12

资料来源：安康交通［EB/OL］.安康市人民政府网，2022-4-20.

安康市的物流节点空间格局已初步建成。随着交通条件的改善，安康市确立了建设"区域商贸物流中心"的发展目标，鼓励新建了一批重点项目，如中国西北天贸国际物流城、中国生态富硒产品集散中心、石泉县大型农副产品集散交易中心、平利绞股蓝茶叶冷调保鲜库等物流园区和配送中心。目前，安康市共有物流园区（中心）51个，配送中心32个。

根据《安康综合交通枢纽和现代物流中心规划》，未来安康将整合现有物流节点设施资源，构建安康物流园区、三大专业物流中心、六大配送中心、五大专业市场、十大农产品批发市场、十一个冷链物流基地、六大专业特色物流企业、九县物流站场的物流节点空间格局，支撑安康市生产生活物资的内外集疏运、中转、仓储和流通加工等物流服务，为安康市物流业发展增添新的活力。

18.3.2　通行管控政策

近年来，随着电子商务不断发展，邮政快递行业也呈现出爆发式增长。据《安政通报第十二期》统计，2020 年全年完成邮政业务总量 5.54 亿元、同比增长 10.1%，实现收入 5.51 亿元、同比增长 16%；年处理快递业务总量 8575.82 万件、同比增长 24%，最高日处理量 44 万件，新增就业 500 余人[①]。伴随此增长规模，快递投递电动三轮车无牌、无证、随意违反交通规则的情况也日渐增多，为城市交通出行及安全管理带来了诸多隐患。对此情况，安康市交通支队、安康市邮政管理局联合印发了《规范全市快递专用电动三轮车通行管理的实施意见》，对寄递企业和快递三轮车建立了台账并登记造册，实行统一备案管理。市邮政管理局采取"过渡保障+逐步淘汰+计划管理"的实施方案，以保障行业的稳定运行。对新增车辆实行计划管理，对各寄递企业因业务发展确需新增快递电动三轮车的，将于每年 12 月份上报下一年度车辆新增购置计划，经市邮政管理局、公安交警部门会商审定后执行。

18.3.3　物流信息水平

目前，安康市的企业信息化水平正在不断提高。安康市物流企业注重信息化建设，近一半的物流企业建立了内部物流管理网络系统，九州物流等企业投入大量资金建设物流信息系统，物流实现了供应、生产、销售环节紧密衔接，物流效率和管理质量显著提高。GPS、条形码技术、EDI（电子数据交换）、ASS（自动分拣系统）、RFID（射频识别）、无线手持终端等技术得到广泛应用，极大提高了物流作业效率。

安康市公共信息平台也在不断完善。安康市委办公室发布文件《安康市支持民营经济高质量发展若干政策措施》，安康市将建立资源共享的物流公共信息服务平台，支持物流中转仓项目建设，构建高质量物流基础设施网络体系，制定物流企业扶持政策。目前，由安康市交通建设投资有限

---

① 资料来源：安康市人民政府官网。

公司编制的《2020 – 2021 年度安康市智能物流信息平台建设意向书》已正式报送行业主管部门认真研究。

18.3.4 城配市场主体

安康市的物流配送、电子商务、连锁经营等业务出现了积极的发展势头，各大中型超市、专卖店、连锁店、便利店等新的组织形式和服务方式蓬勃兴起，全市已发展快递45 家、配送中心32 个、市县连锁超市网点近百个，具体如表18 – 4 所示。物流服务方式已经由传统的仓储、运输业转型向专业化服务延伸，专业化物流服务能力不断增强，形成了不同经营规模和多种服务模式构成的具有行业特色的物流企业群体。

表 18 – 4　　　　　　　　　安康市物流企业概况

分类项目	分类明细（元）	户数（家）
注册资本	5000 万以上	5
	1000 万 ~ 5000 万	28
	1000 万以下	35
总投资	1 亿以上	14
	5000 万 ~ 1 亿	27
	1000 万 ~ 5000 万	19
年营业收入	1000 万以下	8
	1 亿以上	5
	5000 万 ~ 1 亿	3
	1000 万 ~ 5000 万	13
	1000 万以下	47
物流企业类型	农副产品加工及配送	35
	建材物流	14
	冷链物流	6
	其他	13

资料来源：安康市现代物流业发展情况调研报告［EB/OL］. 安康市人民政府网，2021 – 1 – 13.

18.3.5 工作体制机制

2017 年，为破解安康治理快递专用电动三轮车存在的突出问题，规范快递三轮车管理，维护道路交通和运输秩序，安康市邮政管理局、安康市交通警察支队联合印发了《规范全市快递专用电动三轮车通行管理的实施意见》的通知。安康市邮政管理部门和公安机关交通管理部门建立监督管理联席制度，对寄递企业和快递三轮车进行不定期联合抽查，检查快递三轮车违规使用情况和交通违法情况，并逐步建立完善快递三轮车违法情况抄告制度。同时两部门加强协作，加大对快递从业人员交通安全教育培训力度，每年对快递电动三轮车驾驶人开展一次交通安全法律法规教育培训活动，增强驾驶人交通安全意识，在全市构建安全、文明、和谐、高效的投递环境。

18.4　城市绿色货运配送发展存在的问题

近年来，陕西省物流业发展呈现高速增长态势，以西安市为中心的物流枢纽正在加速形成，城市货运配送发展初具规模，但也暴露了城市末端配送基础设施不足、城市货运配送运力未能有效整合、城市货运配送通行难、停靠难、装卸难等尚待解决的问题，对推进城市绿色货运配送发展形成一定阻碍。其中，西安市政府在推进城市绿色货运配送工作方面较为稳健，宝鸡市、安康市则相对滞后。在现状调研基础上，结合入选"第一批城市绿色货运配送示范工程"城市的先进发展经验，对三个城市推动配送绿色高质量发展过程中普遍存在的问题进行系统梳理。

18.4.1　部门间常态化协同机制有待革新

目前，城市绿色货运配送建设、规划、管理涉及发改委、公安、交通、邮政、资源规划等政府部门，城市配送管理涉及面广、管理职责交叉、协调管理难度较大、管理手段不足、目标任务难分工、工作协同难度大、信息数据难共享等问题突出。出台的货运配送相关政策相对独立，且对货运配送节能减排、环境保护重视程度不够，制约了城市绿色货运配送发展。现行货运配送管理模式、标准规范、考核机制等不能满足城市绿色货运配送新业态、新模式发展需求，不利于引导城市配送整体效率的提升。多部门任务交叉，积极性不高，实施难以推行，且任务划分不明确，协调较为困难。

18.4.2　城市配送车辆通行政策有待创新

西安市、宝鸡市及安康市执行对重中型货运车辆实行限时限区域通行的政策，但对保障城市基本运转的其他城市运输车辆，尤其是绿色能源和新能源配送车辆交通便利政策较为单一，需进一步完善创新。为进一步保障城市正常生产、生活秩序，可根据载重等级、货物类别、地域范围、通行时段等进一步细化城市配送车辆通行管理政策。对城市绿色货运配送工作具体如何有效开展还缺少清晰的流程和工作经验，市级各牵头部门对其牵头工作任务在各区县的开展还未有明确的指导。目前，虽然已经针对城市货运配送出台了一系列的支持政策及保障措施，但是相关政策措施对城市绿色货运配送车辆的通行便利性、分区域管控及停靠等问题涉及不多，尚需进一步完善创新。

18.4.3　新能源车辆的更新力度有待加强

当前，由于新能源汽车在产品性能上尚未完全成熟，仍有故障率高、续航里程短、电池衰减严重等问题，使大多数物流公司都在观望，使用的积极性不高。其次新能源汽车的补贴逐渐退坡，以及地方政府对新能源车的补助力度相对薄弱，导致了新能源货车的普及率偏低，以及城市运输的绿色发展水平不高。短期内充电设施供给与新能源配送车辆充电需求仍不匹配。虽然西安市、安康市及宝鸡市新能源汽车制造基础较好，陕汽、通家等制造厂在三市生产的新能源商用车已经在全省乃至全国市场上占据一定份额，但由于目前车辆购置成本较高以及已建成充电设施不足等问题，陕西省内物流企业利用新能源货车替代传统燃油型货车的动力不足，传统燃油型货车占比仍然过高，推广应用新能源汽车仍以财政补贴驱动为主，综合运用优先路权、通行管控、车辆停靠、电费优惠等手段不足。

18.4.4 城市配送配套设施服务有待提升

目前新能源、充电桩企业与大型商业综合体的对接尚未完善，充电桩基础设施服务能力还无法保障物流运输车辆需求。且主要商业聚集区配套基础设施依然欠缺，存在总量不足、供需空间不匹配、站点标识不清晰、停靠与装卸功能不协调等问题。停车设施利用效率有待进一步提升。由于道路资源紧张，通行压力巨大，因此在增加货运车辆停靠点时，需要充分考虑资源限制。下一步需要将结合城区总体规划和道路条件确定货运车辆临时停车泊位和末端公共配送站选址工作。同时持续推进城市配送车辆分时、错时和分类停车模式，鼓励大型商超、零售卖场、工业园区等主要货物集散装卸区资源适度开放共享，进一步提高现有道路资源和停车设施利用率。

第 **19** 章

陕西城市绿色货运配送高效
发展绿色度评价

本部分对相关城市绿色货运配送示范工程创建城市进行调研分析，采用灰色综合评价法、熵值法等定量方法，对其绿色度水平发展的影响因素进行分析，确定并评价影响城市配送绿色度的关键因素，再进行对比分析，量化描述陕西省城市与其他城市绿色发展水平的差异，得到影响陕西城市绿色货运配送高效发展的关键因素。

19.1　对比城市选择

2018 年 6 月 22 日，交通运输部发布的《关于公布城市绿色货运配送示范工程创建城市的通知》，确定天津、石家庄、邯郸、衡水、鄂尔多斯、苏州、厦门、青岛、许昌、安阳、襄阳、十堰、长沙、广州、深圳、成都、泸州、铜仁、兰州、银川、太原、大同 22 个城市为城市绿色货运配送示范工程创建城市。

为了更好地分析出不同地区城市与陕西省城市的异同，本章节选取首批城市绿色货运配送示范工程创建城市中代表性较高的部分省会城市进行比较，分别为深圳、厦门、广州、成都、苏州、兰州、青岛、长沙、天津 9 座城市。

19.2　评价方法选择

目前，国内外学者在城市物流绿色度的评价方法方面进行了诸多探索与研究。张林强（2017）以河南省为研究对象，运用 AHP 和因子分析法对城市物流绿色度进行了评价。张雪（2019）以我国 30 个省份为研究对象，采用非径向 SBM－DEA 模型从经济发展和环境与能源两个维度综合评价了我国物流绿色度。兰兰（2018）将 TOPSIS 与灰色关联分析法相结合对东北三省绿色物流能力进行了评价研究。姜月娜（2017）将模糊灰色预测法和主成分分析法进行了结合，并参照具体数据，通过实证分析对北京低碳物流的水平进行了评价。郑浩昊和陈丽（2016）则综合了层次分析法和模糊综合评价法的优势，利用层次分析法来建立指标体系和确定权重，再结合模糊综合评价法进行评价。目前用于城市物流绿色度评价的方法较多，还有突变级数法、FCE－DEA－AHP 方法、灰色关联度法等，对经常选用的各类方法进行整理和总结，可得到表 19－1。

表 19－1　　　　　　　　　　绿色度评价常用方法总结

评价方法	方法说明	优点	缺点
突变级数法	对研究对象进行多层次分解，逐级分解总指标获得可量化的最终层指标。再根据模糊数学法和突变理论，得到最终的隶属函数，并将隶属函数按大小进行排序	不用对评价指标的权重进行计算，且衡量了指标之间的相对重要程度，简单易操作	要求分解的指标不超过 4 个
FCE－DEA－AHP 方法	利用 AHP 方法对研究对象进行分解，运用 DEA 和 FCE 方法对单因素的指标隶属度进行计算，将隶属度与指标权重结合得到多对象的综合评价结果	集合了三种模型的优点，能够对多指标的复杂系统进行评价	DEA 和 FCE 两方法对指标的依赖性较高，评价结果的精确度和可靠性易受权重影响
逼近理想解排序（TOPSIS）法	计算当前方案与最优方案的相似性程度，据此评价各方案的优劣	容易理解，真实客观	确定各方案的指标权重具有主观性，且计算复杂

续表

评价方法	方法说明	优点	缺点
灰色关联度法	通过比较数列和参考数列的曲线相似度来判断关联的紧密程度	对数据要求较低，操作简单，且适用于动态分析	难以解决指标间相关关系导致的信息重复问题
熵值法	根据指标变异的相对大小来计算各指标的权重	客观性强，可信度和精确度较高	权重和预期可能差别较大，存在失真的可能性

通过分析已有学者对城市物流绿色度相关研究，对比分析各方法的独特性和局限性。突变级数法用于城市物流这种复杂多变的系统，评价指标较窄。FCE－DEA－AHP方法对模型构造要求较高，需要较为全面的指标体系才能保证评价的精确度，而城市物流绿色度作为一个新兴的理念，指标体系仍在不断开发，因此实际操作存在一定难度。另有一部分学者对模糊综合评判法进行改进以评价城市物流绿色度，但此方法偏重主观评价，缺乏客观性，不适用于影响因素众多的城市物流系统。

根据以上分析，考虑城市物流绿色化发展及绿色度的特征，并结合本书研究目标——通过评价确定影响城市物流绿色度的关键因素，本书选取灰色斜率关联度方法并对其进行相应的改进，来进行城市物流绿色度评价。灰色关联度方法可对系统不同时间的发展态势进行动态分析，且这一方法适用于任何简单和复杂的系统，且斜率关联度方法可计算各指标的关联度值并加以比较，从而确定最重要的影响因素。最后采取熵值法对西安市和其他9个城市的绿色度水平进行比对分析，通过打分得出10个城市排名，并结合已得结论，提出陕西省提高绿色度水平的措施。

19.3　影响因素分析

评价城市物流的绿色度，首先要剖析其发展环境，了解其主要影响因素，从而明确评价内容。众多学者对城市物流绿色度的影响因素进行了分析，刘承良和管明明（2017）引入了产业环境和物流政策作为影响因素。杨国川（2010）认为城市物流的绿色度受思想认识与观念、政策法规和行业制度、信息化水平、物流基础设施的绿色化水平、物流人才等因素影响。程艳等（2021）结合河南省绿色物流发展现状，归纳总结出河南省绿色物流发展主要受政策法律因素、技术因素、社会文化因素 3 个方面的制约。张珊珊和张孝远（2010）认为物流系统的绿色度主要受其环境性能、资源性能、经济性能、技术性能的影响。

从共性上来看，学者们均认为经济水平和技术是重要影响因素，而在其他因素的选择上各抒己见。综合以上诸多学者的研究经验，并考虑到城市物流业作为城市的基础服务行业，同时涉及商业、交通运输和居民生活等多个领域，本书从多个方面进行综合考虑，认为影响城市绿色度水平的因素主要有城市整体经济运行情况、城市物流发展水平等经济指标、资源投入情况、物流信息技术和物流管理能力、以及物流政策规划等方面。

19.3.1 城市物流绿色化发展经济水平

城市的经济发展能力是影响城市物流发展的重要因素，而良好的经济环境则是促进城市绿色发展的重要因素。提高物流的绿色程度，则需要综合考虑物流成本、运营效益、年货运能力等诸多因素。

城市发展的规模与水平决定了城市物流的绿色发展水平。随着城市经济的不断发展，城市的整体规模不断扩大，对物流的需求量也逐步增加，这对于实现城市物流的规模效益和绿色发展具有重要意义。相反，由于需求的增长，使得物流需求的类型变得更为复杂，而在规划中所涉及的要素也随之增多，对城市物流绿色化提出了更高的要求。城市物流运营的经济效益也会对其绿色程度产生影响，所以需要综合考虑物流系统的运营费用和效益。另外，由于城市货物运输量、城市物流增加值等因素的影响，污染治理成本、污染排放费用、报废处理产品成本以及物流总收益都会发生波动，从而对城市物流的绿色程度造成一定的影响。

19.3.2 城市物流绿色化发展资源禀赋

影响绿色物流发展的资源特征主要有交通运输基础设施的投资与建设

情况和人力资源状况。城市完善的基础设施、投入资源的量、丰富的人力资源，将会对城市物流的高效有序进行起到积极的推动作用，进而促进城市物流的绿色发展。交通运输线路总里程、专业人才状况等是推动城市物流整体效率和环境发展的重要基础。近几年，O2O 等新型的购物方式也对城市物流的发展起到了推动作用，因此城市网络设施的建设也是城市物流绿色化必须考虑的重要因素。

网络资源的提升，可以便利城市居民进行网上购物和获取交通服务，提高了货物运输的需求量。互联网的快速发展，也为物联网的发展奠定了坚实的基础，它可以加速物流需求方与供应商的响应、反应速度，提高运输效率、节约成本、节约资源，促进绿色物流的发展。

19.3.3　城市物流绿色化发展环境保护

城市环境是城市物流运作的基础，两者相互作用，相互影响。一方面，城市物流对城市的友好性，即在城市的物流活动中产生的污染总量和对其进行的无害化处理，将对城市的环境产生很大的影响。通过对垃圾的治理，提高垃圾处理率，可以有效地减少城市物流对城市环境的负面影响。另一方面，城市环境质量的优劣又会对城市的物流活动产生直接的支撑和制约作用。因此，要充分考虑绿色发展的环境特征，就需要从环境污染、绿化和环境保护等角度来考虑。

19.3.4　城市物流绿色化发展技术能力

网络技术、信息技术、智能技术等新技术的出现，极大地促进了各个领域的发展。技术特征是评价城市物流的绿色度时必须考虑的一个重要因素，可以从城市的科研投入、有效发明专利数量等角度来衡量。随着科研投入和发明专利的增加，城市物流技术创新能力逐渐增强。同时，由于TQM、EDI、RF、GPS、ERP 等技术在城市物流中的广泛应用，使得不同的物流机构、企业、部门之间信息互通、资源共享等方面的作用得以改善，从而可以实现信息交流，降低城市物流成本，提高城市物流运行效率，降低物流过程中的资源消耗和环境污染。

19.3.5　城市物流绿色化发展政策支持

城市各有关部门通过建立完善的物流管理体系，完善进入退出机制和市场竞争秩序，确保城市物流的正常运行。为了推动物流业的发展，各大城市制定了相应的政策，包括建立物流公共网络平台，支持高端技术应用，保障新兴企业的发展，引导和支持物流业的健康、绿色发展。同时，政府也在积极推进物流与城市规划、交通、土地等方面的有效整合，鼓励省内物流企业采用环保材料，提高设备利用率，运用现代科技，促进绿色物流的发展。通过积极的财政补贴和税收激励措施，更新物流企业的经营管理，以提高其经营效益。

19.4　城市物流绿色度评价指标模型构建

19.4.1　评价指标选取原则

城市物流绿色度评价是站在城市物流战略发展的角度评价城市物流的绿色化水平，一方面是对之前发展状况的检验，另一方面是为之后的发展方向和发展重点提供指引。因此，在选择评价指标的过程中必须要客观、真实。徐宏进（2021）从系统性原则、科学性原则、真实可操作性原则、实时可比性原则、高频权威性原则 5 个方面来进行指标的选取。赵蕾（2020）在构建指标体系时从综合系统性原则、科学合理性原则、真实可操作性原则、定性与定量相结合的分析原则、动态可比性原则五个方面进行了考虑。兰兰（2018）建立了区域绿色物流能力评价指标体系的四个核心原则，分别为：综合性、可比较性、可操作性和科学性。本书综合各学者的已有研究成果，将城市物流绿色度评价指标模型的构建原则定为以下 5 个方面。

1. 科学合理性原则

城市物流系统是一个复杂的体系，在选择评价指标时，要遵循客观、科学化的原则，同时要适应现实，以反映现实情况。

2. 真实可操作性原则

在确保科学、合理的前提下，要根据实际情况，充分考虑到指标的采集与获取的可操作性，使得设计指标易于收集，并尽可能地避免使用难以测量的指标。对一些有价值但又很难量化的指标，要运用有关的方法进行定性的分析，以增强其可操作性。

3. 灵活通用性原则

城市物流是一个不断变化的体系，其物流因地域、经济、文化等因素的不同而呈现出不同的特征。所以，要灵活地制定指标体系，使每个城市都能根据自己的特点进行调整和应用。

4. 定量性原则

在本书所选择的评估方法中，大多数的指标选择都是量化的，而对于一些定性的，则要先对其内涵进行界定，然后再按一定的标准进行分配，适当地转化为量化的指标，并将其纳入可量化的评估指标系统中。

5. 动态可比性原则

城市物流是一个不断演变的体系，要衡量一个城市的物流绿色程度，就必须在时间和空间上对其进行动态的对比。因此，在建立评价指标的过程中，要充分考虑到指标的时效性，以保证指标的动态可比性。

19.4.2 评价指标体系确定

1. 指标初选

目前，众多学者对城市物流绿色度评价指标进行了研究。金桢炜（2011）

基于模糊综合分析法，对杭州市物流系统的绿色度进行评价，分别从经济、社会、生态和政策 4 个方面进行了考虑，并依此建立了两级的城市物流绿色度评价指标体系。马金麟（2012）基于 FCE – DEA – AHP 方法对城市物流绿色度进行了研究，认为城市物流的绿色化包括物流作业环节和物流管理全流程，并将评价城市物流绿色度的主要指标分为集约资源、绿色运输、绿色仓储、逆向仓储 4 类。张珊珊和张孝远（2010）在物流系统绿色度评价指标体系一文中认为指标体系主要分为 4 个层次，包括环境性能、资源性能、经济性能、技术性能 4 个一级指标，大气污染物、固体废弃物、废液污染物、噪声污染、原料资源等 12 个二级指标和 38 个三级指标。任泽宏（2014）认为城市物流绿色度水平应当从城市规划、政府政策、集约资源、绿色仓储、绿色运输、逆向物流 6 个方面进行评价，并进一步将一级指标分为基础设施规划、城市布局规划、绿色政策立法、整合社会资源等 17 个二级指标。

结合学者已有研究和各省市相关资料数据，并对本书 19.3 节中影响城市物流绿色度的因素进行分析，综合考虑数据的可得性和相关性，本书初步选定环境特性指标、经济特性指标、资源特性指标、技术特性指标和政策特性指标 5 个城市物流绿色度评价一级初选指标，并对 5 个一级初选指标进一步逐层分解得到相应的 9 个二级指标和 16 个三级指标，最终所获得的初选指标具体情况如表 19 – 2 所示。

表 19 – 2　　　　　　　　城市物流绿色度初选评价指标体系

一级指标	二级指标	三级指标
经济特性	城市发展竞争力	城市 GDP
		社会消费总额
	物流发展竞争力	城市物流增加量
		货物运输总量
资源特性	物流基础设施	交通运输线路总里程
		交通基础设施建设投资
	人力资源	物流从业人员
	网络设施	城市互联网普及率

续表

一级指标	二级指标	三级指标
环境特性	环境保护	城区绿化率
		运输噪声污染
		包装废弃物无害化处理
		环保资金投入
技术特性	创新能力	物流科研经费投入
		发明专利数
政策特性	财政支出	交通运输财政支出
	物流政策	物流绿色化政策

2. 相关指标确定

为保证能够准确获取各个指标数据，本书对省市统计年鉴等统计学资料进行分析，对无法准确获取的指标进行了修改和更换，并排除不相关因素，确定了城市物流绿色度评价的指标体系，如表19-3所示。

表19-3　　　　　　　城市物流绿色度评价指标体系

一级指标	二级指标	三级指标	
经济特性	城市发展竞争力	国内生产总值GDP	X1
		社会消费总额	X2
	物流发展竞争力	货物运输总量	Y
资源特性	物流基础设施	交通运输线路（公路、铁路、水路）总里程	X3
	人力资源	交通运输、仓储及邮政业从业人员	X4
环境特性	环境保护	道路交通噪声平均值	X5
		空气质量达标天数	X6
		全社会用于环境保护资金投入	X7
政策特性	财政支出	交通运输支出	X8

19.4.3　基于灰色斜率关联度评价方法

1. 确定参考序列和比较数列

将反映系统行为特征的数据序列称为参考数列，衡量城市物流综合能力的数据指标主要为年货物运输总量（Y），其能够从数据上展现城市物流运营规模，故选为参考数列。比较数列是指影响系统行为的因素组成的数据序列，城市国内生产总值（X1）、城市社会消费总额（X2）、交通运输线路（公路、铁路、水路）总里程（X3）、交通运输、仓储及邮政业从业人员（X4）、道路交通噪声平均值（X5）、空气质量达标天数（X6）、全社会用于环境保护资金投入（X7）、交通运输支出（X8）都与城市物流绿色发展密切相关，故选为比较数列。

2. 数据标准化处理

由于涉及多种数据类型，且不同的数据类型在计量单位与数量级方面都会存在一定的差异，因此需对数据进行标准化处理，即去除量纲，这里采用均值化方法进行处理：

$$Xi = \frac{Xi(j)}{\frac{1}{m}\sum_{j=1}^{m}Xi(j)}(i = 1,2,\cdots,n; j = 1,2,\cdots,m) \quad (19.1)$$

3. 计算关联系数

首先求出各比较数列与参考数列在同一时期的绝对差值，求出相应的最大值 $\Delta(max)$ 与最小值 $\Delta(mix)$，并表示为差序列：

$$\Delta_i(j) = |Xi(j) - Yi(j)| \quad (19.2)$$

用几何法直观呈现关联程度的关系，可通过曲线间差值的大小来表示。而在时间序列上，对于一个参考序列 Y，有 n 个比较数列 X1，…，Xn，与之形成关联关系，因此在某个特定时刻下，对于每一个比较数列 Xi 都有对应的关联系数，表示其与指定参考序列 Y 的关联程度，ρ 是指分辨系数，在这里我们取其通常值0.5。其公式如下：

$$\xi_i(j) = \frac{\Delta(min) + \rho\Delta(max)}{\Delta_i(j) + \rho\Delta(max)} \quad (19.3)$$

4. 计算关联度

关联系数是时间序列中各指标与参考数列的关联程度，各关联系数值相互分散，无法直接集中地反映两目标间的相互关系，因此需进行预处理，即求各年关联系数的平均值。对于各比较数列与参考数列之间的关联度，其值越接近1说明相关性更好，公式如下：

$$r_i = \frac{1}{m}\sum_{j=1}^{m}\xi_i(j) \qquad (19.4)$$

5. 关联度排序

将各指标关联度按大小顺序排列起来，通过比较各关联度的大小来判断待识别对象对研究对象的影响程度。

19.5 各城市绿色度模型对比分析

19.5.1 天津城市物流绿色发展影响因素

依据天津市统计年鉴数据，采用灰色斜率关联度法对天津市城市物流绿色发展的影响因素进行分析，其分析结果如表19-4所示。

表 19-4 天津城市物流绿色发展的影响因素

关联度	货物运输总量 （万吨） Y	国内生产总值GDP （万元） X1	社会消费总额 （万元） X2	交通运输线路(公路、铁路、水路)总里程 X3	交通运输、仓储及邮政业从业人员 X4	道路交通噪声平均值(分贝) X5	空气质量达标天数 X6	全社会用于环境保护资金投入（万元） X7	交通运输支出（万元） X8
平均	-	0.84679	0.94953	0.94512	0.95714	0.81381	0.92835	0.62723	0.82054
标准误差	-	0.03685	0.01306	0.02089	0.01249	0.0196	0.01492	0.09555	0.03892
中位数	-	0.8562	0.95069	0.95913	0.97357	0.79215	0.93239	0.59863	0.84613
标准差	-	0.08239	0.0292	0.04671	0.02793	0.04383	0.03336	0.21365	0.08703
方差	-	0.00679	0.00085	0.00218	0.00078	0.00192	0.00111	0.04565	0.00757
峰度	-	2.53948	-0.4289	-2.58129	-0.3862	-2.56207	1.2044	2.27217	-1.49282
偏度	-	-1.12756	-0.51009	-0.42029	-1.04505	0.2928	-1.12238	0.8056	-0.29717
最大值	-	0.95124	0.98627	0.9947	0.98455	0.87007	0.9641	1	0.93565
最小值	-	0.69821	0.90288	0.8798	0.91001	0.75826	0.8694	0.33357	0.69382
求和	-	4.8904	2.8935	0.84695	2.43523	1.03038	3.82566	5.99203	1.63968
排序	-	2	4	8	5	7	3	1	6

第一是全社会用于环境保护资金投入，关联度值为 0.62723 ± 0.21365，反映了全社会用于环境保护的资金投入是影响天津城市物流绿色化的最关键因素。由此得出全社会用于环境保护资金的投入对天津城市绿色货运配送发展有极大的促进作用。

第二是国内生产总值，关联度值为 0.84679 ± 0.08239，反映了国内生产总值是影响天津城市物流绿色化发展的次关键因素。天津国内生产总值增长促进了城市绿色货运配送需求增长，保障、带动了城市绿色货运配送的发展。

第三是空气质量达标天数，关联度值为 0.92835 ± 0.03336，反映了空气质量达标天数是影响天津城市物流绿色化的关键因素。由此得出空气质量达标天数与天津城市绿色货运配送发展息息相关。

19.5.2　青岛城市物流绿色发展影响因素

依据青岛市统计年鉴数据，采用灰色斜率关联度法对青岛市城市物流绿色发展的影响因素进行分析，其分析结果如表 19 - 5 所示。

表 19 - 5　　　　青岛城市物流绿色发展的影响因素

关联度	货物运输总量（万吨）Y	国内生产总值 GDP（万元）X1	社会消费总额（万元）X2	交通运输线路(公路、铁路、水路)总里程 X3	交通运输、仓储及邮政业从业人员 X4	道路交通噪声平均值(分贝) X5	空气质量达标天数 X6	全社会用于环境保护资金投入（万元）X7	交通运输支出（万元）X8
平均	–	0.84901	0.91688	0.68853	0.64048	0.70438	0.68199	0.54557	0.49160
标准误差	–	0.03321	0.02665	0.06400	0.08766	0.06721	0.04057	0.06329	0.05573
中位数	–	0.82541	0.92616	0.75076	0.60867	0.65482	0.71229	0.54291	0.46318
标准差	–	0.07427	0.05959	0.14310	0.19602	0.15029	0.09071	0.14152	0.12462
方差	–	0.00552	0.00355	0.02048	0.03842	0.02259	0.00823	0.02003	0.01553
峰度	–	1.21117	- 1.51952	2.44254	1.46364	4.35609	3.42639	0.81406	1.59856
偏度	–	1.21165	- 0.43324	- 1.44596	0.34049	2.05525	- 1.66251	0.99379	0.98673
最大值	–	0.98102	0.98799	0.84300	0.96043	1.00000	0.77766	0.79132	0.71022
最小值	–	0.77074	0.82670	0.42438	0.35153	0.59690	0.50973	0.39440	0.33555
求和	–	5.96200	1.79476	3.93083	4.68735	9.60753	4.58504	4.30688	4.78171
排序	–	2	8	7	4	1	5	6	3

第一是道路交通噪声平均值，关联度值为 0.70438±0.15029，反映了道路交通噪声平均值是影响青岛城市物流绿色化的最关键因素。由此得出道路交通噪声平均值与青岛城市绿色货运配送发展关联度较高。

第二是国内生产总值，关联度值为 0.84901±0.07427，反映了国内生产总值是影响青岛城市物流绿色化发展的次关键因素。青岛国内生产总值促进了城市绿色货运配送需求增长，保障、带动了城市绿色货运配送的发展。

第三是交通运输支出，关联度值为 0.49160±0.12462，反映了交通运输支出是影响青岛城市物流绿色化的关键因素。交通运输支出的逐年增长，为城市绿色货运配送的发展提供了财力保障。

19.5.3　兰州城市物流绿色发展影响因素

依据兰州市统计年鉴数据，采用灰色斜率关联度法对兰州市城市物流绿色发展的影响因素进行分析，其分析结果如表 19-6 所示。

表 19-6　　　　　　　兰州城市物流绿色发展的影响因素

关联度	货物运输总量（万吨）Y	国内生产总值 GDP（万元）X1	社会消费总额（万元）X2	交通运输线路(公路、铁路、水路)总里程 X3	交通运输、仓储及邮政业从业人员 X4	道路交通噪声平均值(分贝) X5	空气质量达标天数 X6	全社会用于环境保护资金投入（万元）X7	交通运输支出（万元）X8
平均	–	0.91501	0.88350	0.90271	0.60698	0.87230	0.84352	0.61117	0.80615
标准误差	–	0.02232	0.04157	0.02143	0.06652	0.03065	0.05419	0.09903	0.08160
中位数	–	0.90476	0.87676	0.90217	0.65372	0.87685	0.81423	0.59558	0.93534
标准差	–	0.04991	0.09295	0.04793	0.14874	0.06854	0.12118	0.22143	0.18247
方差	–	0.00249	0.00864	0.00230	0.02212	0.00470	0.01469	0.04903	0.03330
峰度	–	-1.36712	-0.15521	0.05488	2.24922	1.08343	-0.43965	-0.00370	-3.08691
偏度	–	0.30091	-0.53550	-0.51471	-1.38796	1.06143	-0.39256	0.79708	-0.62532
最大值	–	0.98870	1.00000	0.96515	0.76853	0.99268	0.99813	0.98161	0.97402
最小值	–	0.84942	0.73295	0.82505	0.33430	0.80088	0.65175	0.36827	0.55794
求和	–	2.66641	2.94566	3.20692	3.46219	5.79146	2.66547	3.71949	-0.14141
排序	–	6	5	4	3	1	7	2	8

第一是道路交通噪声平均值，关联度值为 0.87230 ± 0.06854，反映了道路交通噪声平均值是影响兰州城市物流绿色化的最关键因素。由此得出道路交通噪声平均值与兰州城市绿色货运配送发展关联度最高。

第二是全社会用于环境保护资金投入，关联度值为 0.61117 ± 0.22143，反映了全社会用于环境保护的资金投入是影响兰州城市物流绿色化的次关键因素。由此得出全社会用于环境保护的资金投入对兰州城市绿色货运配送发展有极大的促进作用。

第三是交通运输、仓储及邮政业从业人员，关联度值为 0.60698 ± 0.14874，反映了交通运输、仓储及邮政业从业人员是影响兰州城市物流绿色化的关键因素。从业人员的逐年增长，为城市绿色货运配送的发展提供了劳动力保障。

19.5.4 成都城市物流绿色发展影响因素

依据成都市统计年鉴数据，采用灰色斜率关联度法对成都市城市物流绿色发展的影响因素进行分析，其分析结果如表 19 – 7 所示。

表 19 – 7　　　　　　成都城市物流绿色发展的影响因素

关联度	货物运输总量（万吨）Y	国内生产总值 GDP（万元）X1	社会消费总额（万元）X2	交通运输线路(公路、铁路、水路)总里程 X3	交通运输、仓储及邮政业从业人员 X4	道路交通噪声平均值（分贝）X5	空气质量达标天数 X6	全社会用于环境保护资金投入（万元）X7	交通运输支出（万元）X8
平均	–	0.85401	0.89358	0.91783	0.89436	0.92752	0.90808	0.83222	0.65209
标准误差	–	0.03335	0.02938	0.01897	0.03781	0.02703	0.02744	0.04450	0.10783
中位数	–	0.86858	0.91684	0.93510	0.92289	0.93688	0.95432	0.88957	0.67726
标准差	–	0.07457	0.06570	0.04242	0.08455	0.06045	0.06136	0.09951	0.24113
方差	–	0.00556	0.00432	0.00180	0.00715	0.00365	0.00377	0.00990	0.05814
峰度	–	0.01803	2.33852	1.75690	2.06593	– 1.28913	– 2.38665	– 2.84819	– 2.61468
偏度	–	– 0.90254	– 1.26919	– 1.44493	– 1.08671	– 0.55970	– 0.76563	– 0.50138	– 0.13101
最大值	–	0.93173	0.97121	0.95482	1.00000	0.99342	0.96084	0.94320	0.94747
最小值	–	0.72810	0.77411	0.84033	0.74356	0.83318	0.81586	0.69792	0.33835
求和	–	2.61138	4.72446	4.02325	4.66954	1.93331	0.57938	0.16726	0.27658
排序	–	4	1	3	2	5	6	8	7

第一是社会消费总额，关联度值为 0.89358 ± 0.06570，反映了社会消费总额是影响成都城市物流绿色化发展的最关键因素。居民消费能力的大大提升，促进了商品流动以及城市绿色货运配送的发展。

第二是交通运输、仓储及邮政业从业人员，关联度值为 0.89436 ± 0.08455，反映了交通运输、仓储及邮政业从业人员是影响成都城市物流绿色化的次关键因素。从业人员的逐年增长，为城市绿色货运配送的发展提供了劳动力保障。

第三是交通运输线路总里程，关联度值为 0.91783 ± 0.04242，反映了交通运输线路总里程是影响成都城市物流绿色化的关键因素。交通运输线路总里程的不断增长为城市绿色货运配送的发展创造了良好的条件。

19.5.5　长沙城市物流绿色发展影响因素

依据长沙市统计年鉴数据，采用灰色斜率关联度法对长沙市城市物流绿色发展的影响因素进行分析，其分析结果如表 19−8 所示。

表 19−8　　　　长沙城市物流绿色发展的影响因素

关联度	货物运输总量（万吨）Y	国内生产总值 GDP（万元）X1	社会消费总额（万元）X2	交通运输线路（公路、铁路、水路）总里程 X3	交通运输、仓储及邮政业从业人员 X4	道路交通噪声平均值（分贝）X5	空气质量达标天数 X6	全社会用于环境保护资金投入（万元）X7	交通运输支出（万元）X8
平均	–	0.97729	0.95461	0.80505	0.73408	0.80136	0.84718	0.46104	0.92106
标准误差	–	0.00935	0.01013	0.03290	0.04231	0.03641	0.03842	0.07557	0.02368
中位数	–	0.98662	0.96255	0.80196	0.72151	0.80966	0.83926	0.40415	0.93901
标准差	–	0.02091	0.02264	0.07357	0.09460	0.08142	0.08591	0.16898	0.05295
方差	–	0.00044	0.00051	0.00541	0.00895	0.00663	0.00738	0.02855	0.00280
峰度	–	2.35822	3.69108	0.70345	2.89970	−0.09290	1.24520	4.50433	−1.62026
偏度	–	−1.42157	−1.82364	0.92787	1.55223	0.63609	1.13478	2.09084	−0.63226
最大值	–	1.00000	0.97592	0.93166	0.91128	0.93523	0.99931	0.79460	0.97863
最小值	–	0.93881	0.91102	0.72187	0.63585	0.70523	0.75675	0.33464	0.83934
求和	–	4.87006	5.70481	5.00373	7.60051	3.91912	5.95419	8.86269	1.50495
排序	–	6	4	5	2	7	3	1	8

第一是全社会用于环境保护资金投入，关联度值为 0.46104 ± 0.16898，反映了全社会用于环境保护的资金投入是影响长沙城市物流绿色化的最关键因素。由此得出全社会用于环境保护的资金投入对长沙市城市绿色货运配送发展有着极大的促进作用。

第二是交通运输、仓储及邮政业从业人员，关联度值为 0.73408 ± 0.09460，反映了交通运输、仓储及邮政业从业人员是影响长沙城市物流绿色化的次关键因素。从业人员的逐年增长，为城市绿色货运配送的发展提供了劳动力保障。

第三是空气质量达标天数，关联度值为 0.84718 ± 0.08591，反映了空气质量达标天数是影响长沙城市物流绿色化的关键因素。由此来看空气质量达标天数与长沙城市绿色货运配送发展关联度较高。

19.5.6 苏州城市物流绿色发展影响因素

依据苏州市统计年鉴数据，采用灰色斜率关联度法对苏州市城市物流绿色发展的影响因素进行分析，其分析结果如表 19-9 所示。

表 19-9　　　　　　苏州城市物流绿色发展的影响因素

关联度	货物运输总量（万吨）Y	国内生产总值 GDP（万元）X1	社会消费总额（万元）X2	交通运输线路（公路、铁路、水路）总里程 X3	交通运输、仓储及邮政业从业人员 X4	道路交通噪声平均值（分贝）X5	空气质量达标天数 X6	全社会用于环境保护资金投入（万元）X7	交通运输支出（万元）X8
平均	–	0.94496	0.87987	0.55750	0.52331	0.60148	0.63955	0.71211	0.59790
标准误差	–	0.01296	0.03896	0.09766	0.07012	0.09273	0.05405	0.05327	0.08124
中位数	–	0.92972	0.90646	0.47689	0.45421	0.53457	0.62922	0.72122	0.51813
标准差	–	0.02899	0.08712	0.21838	0.15679	0.20735	0.12087	0.11911	0.18165
方差	–	0.00084	0.00759	0.04769	0.02458	0.04299	0.01461	0.01419	0.03300
峰度	–	2.94429	3.60281	3.83564	1.41578	3.46039	0.51378	-2.97043	1.21969
偏度	–	1.75191	-1.81734	1.91177	1.13135	1.80545	0.51542	-0.07629	1.28174
最大值	–	1.00000	0.95938	0.98096	0.80083	0.99919	0.83701	0.85083	0.92247
最小值	–	0.92304	0.71236	0.37647	0.34020	0.42156	0.47561	0.57573	0.41325
求和	–	8.53672	5.37722	8.50296	4.91717	8.16572	3.80011	-0.00027	5.24907
排序	–	1	4	2	6	3	7	8	5

第一是国内生产总值，关联度值为 0.94496 ± 0.02899，反映了国内生产总值是影响苏州城市物流绿色化发展的最关键因素。一直以来，苏州国内生产总值增长促进城市绿色货运配送需求增加，保障、带动了城市绿色货运配送的发展。

第二是交通运输线路总里程，关联度值为 0.55750 ± 0.21838，反映了交通运输线路总里程是影响苏州城市物流绿色化的次关键因素。交通运输线路总里程的不断增长为城市绿色货运配送的发展创造了良好的条件。

第三是道路交通噪声平均值，关联度值为 0.60148 ± 0.20735，反映了道路交通噪声平均值是影响苏州城市物流绿色化的关键因素。由此得出道路交通噪声平均值与苏州城市绿色货运配送发展息息相关。

19.5.7 深圳城市物流绿色发展影响因素

依据深圳市统计年鉴数据，采用灰色斜率关联度法对深圳市城市物流绿色发展的影响因素进行分析，其分析结果如表 19 - 10 所示。

表 19 - 10　　　　　　　深圳城市物流绿色发展的影响因素

关联度	货物运输总量（万吨）Y	国内生产总值 GDP（万元）X1	社会消费总额（万元）X2	交通运输线路(公路、铁路、水路)总里程 X3	交通运输、仓储及邮政业从业人员 X4	道路交通噪声平均值(分贝) X5	空气质量达标天数 X6	全社会用于环境保护资金投入（万元）X7	交通运输支出（万元）X8
平均	–	0.88191	0.89031	0.66314	0.96922	0.96723	0.95532	0.70631	0.60769
标准误差	–	0.02790	0.02766	0.02063	0.00957	0.01101	0.02054	0.06091	0.08699
中位数	–	0.87948	0.88694	0.68311	0.96836	0.97730	0.98593	0.66628	0.59355
标准差	–	0.06238	0.06184	0.04612	0.02139	0.02462	0.04593	0.13620	0.19452
方差	–	0.00389	0.00382	0.00213	0.00046	0.00061	0.00211	0.01855	0.03784
峰度	–	- 0.59541	- 0.59791	- 2.71448	- 0.50212	- 2.36075	- 3.22568	- 0.90000	- 0.75552
偏度	–	- 0.28886	0.23610	- 0.52696	- 0.58621	- 0.16839	- 0.58135	0.23184	0.12621
最大值	–	0.96546	0.98429	0.70853	0.99372	1.00000	0.99899	0.90792	0.89498
最小值	–	0.78574	0.80512	0.59843	0.93463	0.93659	0.89603	0.51718	0.33333
求和	–	2.72249	3.29818	- 0.51936	2.80901	1.38821	0.09782	2.34517	2.11958
排序	–	3	1	8	2	6	7	4	5

第一是社会消费总额，关联度值为 0.89031 ± 0.06184，反映了社会消费总额是影响深圳城市物流绿色化发展的最关键因素。居民消费能力的大大提升，促进了商品流动以及城市绿色货运配送的发展。

第二是交通运输、仓储及邮政业从业人员，关联度值为 0.96922 ± 0.02139，反映了交通运输、仓储及邮政业从业人员是影响深圳城市物流绿色化的次关键因素。从业人员的逐年增长，为城市绿色货运配送的发展提供了劳动力保障。

第三是国内生产总值，关联度值为 0.88191 ± 0.06238，反映了国内生产总值是影响深圳城市物流绿色化发展的关键因素。深圳国内生产总值增加促进了城市绿色货运配送需求增长，保障、带动了城市绿色货运配送的发展。

19.5.8　广州城市物流绿色发展影响因素

依据广州市统计年鉴数据，采用灰色斜率关联度法对广州市城市物流绿色发展的影响因素进行分析，其分析结果如表 19-11 所示。

表 19-11　　　　　　　　　广州城市物流绿色发展的影响因素

关联度	货物运输总量（万吨）Y	国内生产总值 GDP（万元）X1	社会消费总额（万元）X2	交通运输线路（公路、铁路、水路）总里程 X3	交通运输、仓储及邮政业从业人员 X4	道路交通噪声平均值（分贝）X5	空气质量达标天数 X6	全社会用于环境保护资金投入（万元）X7	交通运输支出（万元）X8
平均	—	0.97594	0.91747	0.86836	0.94780	0.87405	0.84293	0.66621	0.65891
标准误差	—	0.00782	0.01049	0.02463	0.01182	0.03183	0.03363	0.12282	0.07346
中位数	—	0.98063	0.92351	0.87848	0.93624	0.87994	0.84389	0.55568	0.62745
标准差	—	0.01749	0.02345	0.05508	0.02644	0.07117	0.07520	0.27464	0.16426
方差	—	0.00031	0.00055	0.00303	0.00070	0.00506	0.00566	0.07543	0.02698
峰度	—	0.80604	3.63587	-1.27540	4.52403	0.97540	1.08160	-2.86821	3.28902
偏度	—	-1.13738	-1.72289	0.16398	2.09241	1.04116	1.07625	0.31626	1.74348
最大值	—	0.99342	0.94183	0.95026	1.00000	0.99861	0.97517	0.99177	0.97215
最小值	—	0.94526	0.87264	0.79726	0.92738	0.80385	0.76605	0.33471	0.51607
求和	—	3.58952	5.60291	2.46569	10.46681	5.68106	5.70038	0.46931	8.07179
排序	—	6	5	7	1	4	3	8	2

第一是交通运输、仓储及邮政业从业人员，关联度值为 0.94780 ± 0.02644，反映了交通运输、仓储及邮政业从业人员是影响广州城市物流绿色化的最关键因素。从业人员的逐年增长，为城市绿色货运配送的发展提供了劳动力保障。

第二是交通运输支出，关联度值为 0.65891 ± 0.16426，反映了交通运输支出是影响广州城市物流绿色化的次关键因素。交通运输支出的逐年增长，为城市绿色货运配送的发展提供了财力保障。

第三是空气质量达标天数，关联度值为 0.84293 ± 0.07520，反映了空气质量达标天数是影响广州城市物流绿色化的关键因素。空气质量达标天数与广州城市绿色货运配送发展息息相关。

19.5.9　厦门城市物流绿色发展影响因素

依据厦门市统计年鉴数据，采用灰色斜率关联度法对厦门市城市物流绿色发展的影响因素进行分析，其分析结果如表 19－12 所示。

表 19－12　　　　　　　　厦门城市物流绿色发展的影响因素

关联度	货物运输总量（万吨）Y	国内生产总值 GDP（万元）X1	社会消费总额（万元）X2	交通运输线路(公路、铁路、水路)总里程X3	交通运输、仓储及邮政业从业人员X4	道路交通噪声平均值(分贝)X5	空气质量达标天数X6	全社会用于环境保护资金投入（万元）X7	交通运输支出（万元）X8
平均	–	0.84178	0.88231	0.79515	0.69053	0.77102	0.76183	0.52715	0.44652
标准误差	–	0.03487	0.05345	0.06571	0.05938	0.05465	0.05697	0.04461	0.05214
中位数	–	0.83822	0.93491	0.84521	0.68209	0.83878	0.82222	0.50883	0.37530
标准差	–	0.07797	0.11952	0.14693	0.13277	0.12220	0.12738	0.09976	0.11660
方差	–	0.00608	0.01428	0.02159	0.01763	0.01493	0.01623	0.00995	0.01359
峰度	–	− 2.05732	− 2.57581	− 2.46482	− 0.30873	− 2.57569	− 2.37901	0.91074	− 0.79908
偏度	–	0.25320	− 0.56006	− 0.49108	− 0.57593	− 0.51403	− 0.32210	0.96226	0.99910
最大值	–	0.95377	1.00000	0.94411	0.84957	0.91010	0.92302	0.69971	0.63999
最小值	–	0.75064	0.71112	0.58467	0.47510	0.59964	0.59031	0.40927	0.33708
求和	–	1.69922	0.57973	0.44746	2.02242	0.22161	0.59683	4.17227	2.18125
排序	–	4	6	7	3	8	5	1	2

第一是全社会用于环境保护资金投入，关联度值为 0.52715 ± 0.09976，反映了全社会用于环境保护的资金投入是影响厦门城市物流绿色化发展的最关键因素。全社会用于环境保护的资金投入逐步增加，促进了城市绿色货运配送的发展。

第二是交通运输支出，关联度值为 0.44652 ± 0.11660，反映了交通运输支出是影响厦门城市物流绿色化的次关键因素。交通运输支出的逐年增长，为城市绿色货运配送的发展提供了财力保障。

第三是交通运输、仓储及邮政业从业人员，关联度值为 0.69053 ± 0.13277，反映了交通运输、仓储及邮政业从业人员是影响厦门城市物流绿色化的关键因素。从业人员的逐年增长，为城市绿色货运配送的发展提供了劳动力保障。

19.5.10 陕西城市物流绿色发展影响因素

依据陕西省统计年鉴数据，采用灰色斜率关联度法对陕西省城市物流绿色发展的影响因素进行分析，其分析结果如表 19 - 13 所示。

表 19 - 13　　　　陕西城市物流绿色发展的影响因素

关联度	货物运输总量（万吨）Y	国内生产总值 GDP（万元）X1	社会消费总额（万元）X2	交通运输线路(公路、铁路、水路)总里程（万元）X3	交通运输、仓储及邮政业从业人员 X4	道路交通噪声平均值（分贝）X5	空气质量达标天数 X6	全社会用于环境保护资金投入（万元）X7	交通运输支出（万元）X8
平均	–	0.76153	0.76656	0.79861	0.74304	0.82051	0.77493	0.62316	0.71124
标准误差	–	0.06755	0.07196	0.02790	0.03680	0.04123	0.06510	0.08526	0.08830
中位数	–	0.74657	0.78786	0.79642	0.74148	0.87429	0.80318	0.68263	0.72172
标准差	–	0.15106	0.16091	0.06238	0.08230	0.09220	0.14558	0.19065	0.19745
方差	–	0.02282	0.02589	0.00389	0.00677	0.00850	0.02119	0.03635	0.03899
峰度	–	1.56848	0.07358	1.44250	1.12766	-2.66711	-2.34850	-0.50883	-1.94869
偏度	–	-0.20932	-0.17465	-0.56101	0.43514	-0.51263	-0.32959	-0.28258	-0.23615
最大值	–	0.98980	1.00000	0.88598	0.87811	0.92484	0.94240	0.88904	0.95260
最小值	–	0.51817	0.51991	0.69398	0.62591	0.69262	0.56990	0.33335	0.42760
求和	–	4.61666	3.23203	4.15065	4.67721	0.27446	0.64419	2.04903	0.95306
排序	–	2	4	3	1	7	8	5	6

第一是交通运输、仓储及邮政业从业人员，关联度值为 0.74304 ± 0.08230，反映了交通运输、仓储及邮政业从业人员是影响陕西城市物流绿色化的最关键因素。从业人员的逐年增长，为城市绿色货运配送的发展提供了劳动力保障。

第二是国内生产总值，关联度值为 0.76153 ± 0.15106，反映了国内生产总值是影响陕西城市物流绿色化发展的次关键因素。陕西国内生产总值增长促进了城市绿色货运配送需求增加，保障、带动了城市绿色货运配送的发展。

第三是交通运输线路总里程，关联度值为 0.79861 ± 0.06238，反映了交通运输线路总里程是影响陕西城市物流绿色化的关键因素。交通运输线路总里程的不断增长为城市绿色货运配送的发展创造了良好的条件。

整理上述各城市物流绿色发展影响因素可以得出交通运输、仓储及邮政业从业人员、国内生产总值 GDP（万元）、交通运输支出（万元）依次为影响能力前三的影响因素。

19.6　各城市绿色水平评价

从上节可知每个城市关联度最高的因素，本章节主要对比各个城市的绿色度发展水平，因上述城市都是一线城市或者省会城市，为了比较更加准确，选取西安市的数据与其他城市进行对比，采用熵值法。

熵值法通过比较指标变异的相对大小来计算不同指标的权重，对于变异程度越大的指标，其信息含量越大，因此指标权重也就越大，进而可避免主观上的偏差。采用熵值法来进行绿色经济发展综合评价，具体步骤如下：n 个样本，m 个指标，X_{ij} 为第 i 个样本的第 j 个指标的数值（i = 1，…，n；j = 1，…，m）。

（1）对指标进行标准归一法处理：采取不同的计算方法来计算正负指标，从而避免负值的出现。

① 对正向指标处理方法。

$$X_{ij} = \frac{x_{ij} - \min(x_{1j}x_{2j}\cdots x_{ij})}{\max(x_{1j}x_{2j}\cdots x_{ij}) - \min(x_{1j}x_{2j}\cdots x_{ij})} \tag{19.5}$$

② 对负向指标处理方法：

$$X_{ij} = \frac{\min(x_{1j}x_{2j}\cdots x_{ij}) - x_{ij}}{\max(x_{1j}x_{2j}\cdots x_{ij}) - \min(x_{1j}x_{2j}\cdots x_{ij})} \tag{19.6}$$

（2）计算第 j 项指标下第 i 个样本值占该指标的比重。

$$p_{ij} = \frac{x_{ij}}{\sum_{i=1}^{n} x_{ij}} \tag{19.7}$$

（i = 1, …, n; j = 1, …, m）

（3）计算第 j 项指标的熵值。

$$e_j = -\frac{1}{\ln m} \sum_{i=1}^{n} p_{ij} \ln(p_{ij}) \tag{19.8}$$

（j = 1, 2, …, m）

（4）计算信息熵冗余度（差异系数）。

$$d_j = 1 - e_j \tag{19.9}$$

（j = 1, 2, …, m）

（5）计算各项指标权重。

$$w_j = \frac{d_j}{\sum_{i=1}^{n} x_j} \tag{19.10}$$

（j = 1, 2, …, m）

（6）计算样本的综合得分。

$$S = \sum_{i=1}^{n} x_{ij} w_j \tag{19.11}$$

（i = 1, …, n）

资料来源于《中国城市统计年鉴（2013—2019 年）》、各省（市）的统计年鉴（2015—2019 年）以及国民经济统计公报。将 2016～2019 年数据平均值汇总到表 19－14。

表 19－14　　　　各城市 2016～2019 年各指标平均值

地区	货物运输总量（万吨）Y	国内生产总值 GDP（万元）X1	社会消费总额（万元）X2	交通运输线路(公路、铁路、水路)总里程 X3	交通运输、仓储及邮政业从业人员 X4	道路交通噪声平均值(分贝) X5	空气质量达标天数 X6	全社会用于环境保护资金投入（万元）X7	交通运输支出（万元）X8
广州	117892.4	20081	8980	10310.8	505816.8	69.04	300.6	2031457.4	676825.8
苏州	14970.8	16882	6717.48624	15405.3038	95094	67.58	267.6	6453980	674114.4

续表

地区	货物运输总量（万吨）Y	国内生产总值 GDP（万元）X1	社会消费总额（万元）X2	交通运输线路(公路、铁路、水路)总里程 X3	交通运输、仓储及邮政业从业人员 X4	道路交通噪声平均值(分贝)X5	空气质量达标天数 X6	全社会用于环境保护资金投入（万元）X7	交通运输支出（万元）X8
成都	28312.4	13843	6325	26258.8	40228	68.28	238.2	11559858.4	417733.2
深圳	32578.2	22919	7775	1275.8	431145	69.52	342.8	5583440	4338046.2
厦门	29060	47992914.2	1852	2172.54	82379.6	67.42	360.4	387797.2	556136.2
西安	29860.2	7513.572	4338.338	13635	76432.2	67.92	207.2	462324.6	228209.2
青岛	32304.2	10638	4465	45916.94	12560	68.32	309.022	452441.6	5720120
兰州	12905.138	2436	1359	23455.18	9628	68.76	251	111657.6	127876
长沙	40419	10142.116	4473.548	16181.2	44573	69.64	271.6	268176.2	541992.4
天津	53648.022	17184.576	5633.94	16795	534560	59.7	216.2	1115400	923860

用熵值法计算权重，并将结果汇总可得表 19-15，由表 19-14 可知 10 个城市内不同指标的权重有明显的差异。利用指标权重结果进一步计算各指标评价值得到 10 个城市绿色发展水平综合得分，如表 19-16 所示。

表 19-15　　　　　　　　熵值法计算权重结果汇总

项	信息熵值	信息效用值
货物运输总量（万吨）Y	0.204968947	0.079174979
国内生产总值 GDP（万元）	0.991732188	0.383084248
社会消费总额（万元）	0.102307724	0.039519215
交通运输线路（公路、铁路、水路）总里程	0.140430075	0.054245037
交通运输、仓储及邮政业从业人员（万人）	0.291921032	0.112762649
道路交通噪声平均值	0.047347798	0.018289409
空气质量达标天数	0.127631486	0.049301225
全社会用于环境保护资金投入（万元）	0.339717831	0.131225497
交通运输支出（万元）	0.342752546	0.132397741

表 19-16　　　　　　　　绿色发展水平综合得分

城市	绿色发展水平综合得分	排名
广州	0.098586182	3
苏州	0.058833719	7

续表

城市	绿色发展水平综合得分	排名
成都	0.082547196	5
深圳	0.121416532	2
厦门	0.411096736	1
西安	0.021394683	9
青岛	0.092719695	4
兰州	0.012794875	10
长沙	0.030798607	8
天津	0.069812774	6

对各城市绿色货运配送示范工程创建城市 10 个指标进行绿色度评价，得出 10 个城市的绿色度排名，其中，西安位居第 9 名。结合前几节各城市的绿色度对比，分析各城市发展的差异性，从而总结陕西省绿色发展路径。

从整体来看，南方沿海地区绿色发展水平较高，如厦门、深圳及广州等，与其他地区存在一定的差异，其中厦门高于深圳，深圳高于广州。排名第一的为厦门，其余依次为深圳、广州、青岛、成都、天津、苏州、长沙、西安、兰州。可以得出，西安排名较为落后，主要原因在于其他城市为第一批城市绿色货运配送示范性工程创建城市，而西安则为第二批，绿色度水平相对较低，兰州虽是第一批，但因其处于黄土高坡，受到地理环境限制，故绿色度水平较低。从经济发展水平来看，厦门优于广州，广州优于天津，西安经济发展水平位于第 9 名；从空气质量来看，最好的 3 个城市依次为厦门、青岛及广州，西安位于末尾；从生态环境治理能力来看，成都好于广州，可以看出，西安环境治理投入相对较低。

19.7　结果分析

与上章节排名较高的厦门、深圳、广州城市进行比对，西安市城市绿色货运配送示范工程创建城市在绿色发展水平方面与之存在一定差距，主要体现在经济发展水平、物流基础建设、交通运输支出3个方面。通过分析以上城市关联度最高的因素，可归纳出影响绿色度水平发展的关键因素，其中与厦门市关联度最高的3个因素为全社会用于环境保护资金投入、交通运输支出和交通运输、仓储及邮政业从业人员，与深圳市关联度最高的3个因素是社会消费总额、交通运输、仓储及邮政业从业人员、国内生产总值，与广州市关联度最高的3个因素是交通运输、仓储及邮政业从业人员、交通运输支出、空气质量达标天数。可以看出，影响绿色度水平发展关键因素为交通运输支出、交通运输、仓储及邮政业从业人员、国内生产总值等，而陕西关联度最高的3个因素分别是交通运输、仓储及邮政业从业人员、国内生产总值、交通运输线路总里程。通过分析得出，交通运输支出对排名较高的城市影响较大，但与陕西省关联度却较低，因此，陕西省需要采取提高交通运输支出等措施来缩小与绿色度水平较高城市之间的差距，促进绿色经济协同发展，推动陕西省城市绿色货运配送的高效发展。

（1）推进城市配送物流基础设施建设，给予一定的资金支持。城市物流配送基础设施的建设情况在很大程度上会影响其城市物流的绿色度水平，具体包括配送通道、网络体系、公共信息平台等方面，可从这些方面进行改进，从而实现货物快速高效运输；推动形成层次分明、功能清晰、有机衔接、协同配套的城市货运配送节点网络体系；实现车货匹配，强化行业监管、信息服务、大数据交易等城市配送管理功能。强化陕西省政府对基础设施的宏观调控，改善现有的物流基础设施，优化现有的规划布局，有效整合现有的资源，促进经济和环境的协调发展，从而促进陕西省的绿色发展。

（2）加速西安高新技术产业转移步伐，发挥西安市带头作用。陕西工业以重工业化结构为主要特征，而重工业发展导致西安市绿色经济发展水平较低。因此，应加速陕西省高新技术产业转移步伐，提倡生态优先、绿色发展的理念。在资源利用方面，则应推动资源的科学配置、循环利用、科学配置与总量管理，从资源配置、使用、管理等方面优化资源结构，协同推进经济高质量发展和生态环境高水平保护，优化陕西省产业结构，促进陕西省发展均衡化。同时，还需要推进全省其他城市的建设，弥补宝鸡、安康等地区发展的薄弱环节，推动陕西省发展绿色物流，并借鉴厦门的发展经验，促进绿色物流的发展。

（3）提高交通运输支出，增加城市配送方面财政补贴，促进交通运输的发展。通过提高交通运输支出，可为城市绿色货运配送发展提供财力保障，为城市配送物流基础设施建设、先进物流技术装备研发助力。此外，可对应用新能源车辆的企业给予一定的优惠政策，以推动新能源车辆进一步迈向市场，为推进西安市、宝鸡市及安康市城市配送的绿色高效发展打下良好基础。

第 *20* 章

陕西城市绿色货运配送高效发展路径和具体措施

为促进陕西省绿色货运配送高质量发展，进一步落实新发展理念，促进城市可持续发展，降低物流成本，解决"三难"问题，本文针对陕西城市绿色货运配送示范工程建设的需求，针对目前陕西城市绿色物流配送体系建设中的突出问题，按照城市绿色货运配送的验收标准，为陕西省西安市、宝鸡市、安康市政府指出了一条切实可行的道路并提出了具体的对策。

20.1 陕西城市绿色货运配送高效发展路径

目前诸多政策文件和学者的研究均为城市绿色货运配送高效发展路径提供了指导。赵胜男（2022）提出可通过构建三级节点网络、提高共同配送水平、推广使用新能源货运配送车辆、培育绿色货运配送市场主体、推动城市货运配送信息交互共享等举措来促进城市绿色货运配送体系的高效发展。宋佳晋（2022）认为可通过倡导绿色物流发展理念、制定绿色物流制度、加强行业引导、推动企业积极进行物流转型等方法来实现城市绿色货运配送的高效发展。陈琦（2010）从制定政策法规、引导企业经营战略与环境保护结合、开发绿色物流技术、实施绿色营销战略、加强绿色物流人才的培养等方面，提出了推动城市绿色货运配送发展的相关建议。

姜晓茹（2021）提出可通过完善绿色物流法律建设、加大绿色物流技术开发、推进绿色物流健康运营、培养绿色物流创新人才等路径来完善城市绿色货运配送的发展。靳豪（2022）认为发展城市绿色货运配送应当从建立绿色物流源头、完善交通运输体系、共建物流信息数据库等方面着手考虑。任倩（2021）则提出应当加强对消费者的正确引导，推动物流的绿色化、常态化、持续化发展，同时按照相关管理制度的要求，积极培养和引进专业的物流管理人才，并通过构建绿色资源数据库，提供可靠的技术支持，推动降本增效，为城市绿色货运配送提供更广阔的发展空间。

从总体上看，学者们大多从政策支持、基础设施建设、运输工具改善等方面提出了改善意见，本书综合考虑学者的已有研究，并依据首批城市绿色货运配送示范城市创建的工作经验，从统筹规划城市货运配送枢纽设施、制定城市配送企业考核管理办法、进一步优化配送车辆通行管控政策、搭建城市货运配送公共信息平台、推广适应高质量发展的城市绿色货运配送组织模式、支持新能源车辆的更新改造等方面制定了城市绿色货运配送高效发展路径。

20.1.1　发展思路

结合前述陕西城市绿色货运配送高效发展存在的主要问题，总结得出陕西省推进城市绿色货运配送高效发展存在部门间常态化协同机制有待加强、城市配送车辆通行政策有待创新、新能源配送车辆优化及推广力度有待加强、城市配送配套设施服务有待提升4个方面的问题。协同共享可有效加强部门间常态化机制协同，便于进行部门管理和考核，政策创新可为城市绿色货运配送发展提供重要保障，低碳运输可在运输工具上进行改善，推进新能源配送车辆的更新改造，体系优化可从整体上对城市配送的配套设施进行优化和重新规划。因此，为实现陕西城市绿色货运配送高效发展，有针对性地解决陕西城市配送发展短板，在陕西省政府的指导下，陕西省西安市、宝鸡市、安康市政府可以从以下4个方面着手，陕西城市绿色货运配送高效发展路径如图20-1所示。

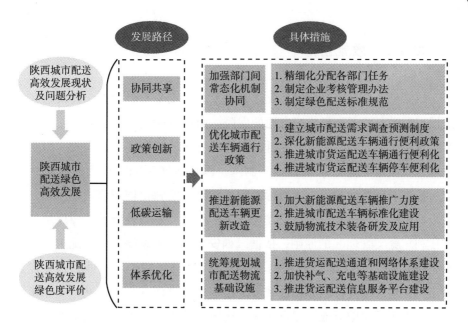

图 20-1　陕西城市绿色货运配送高效发展实现路径

20.1.2　协同共享

协同共享是城市绿色货运配送高效发展的重要体现，其目的在于加强部门间常态化机制协同，因此需从部门分工、标准规范、加强合作等方面进行考虑。一是加强多部门的通力合作，依据《西安市创建国家绿色货运配送示范城市工作方案》，可由政府部门成立"绿色城市配送发展领导小组"，研究部署示范工程创建工作事项，从而监督示范工程创建工作有序推进。二是制定并实施城市配送企业考核管理办法，依据交通运输部办公厅、公安部办公厅、商务部办公厅《关于加强城市绿色货运配送示范工程动态管理工作的通知》，组织开展多种形式的督导检查，做好定期或不定期的考核督导工作，保障各项任务的高质量完成。三是落实《陕西省人民政府办公厅关于进一步推进物流降本增效促进实体经济发展的实施意见》的文件精神，推进货运车辆标准化，通过加快制定城市配送车辆管理规范，规范配送企业运营和配送车辆操作行为，制定城市配送企业运营服务规范，强化配送各环节的监管和责任界定，从而提升城市配送服务水平。

20.1.3　政策创新

政策创新是城市绿色货运配送高效发展的重要发展动力，其目的在于为城市配送车辆通行提供多方面的保障，而城市配送车辆的通行便利性与车辆管控政策、限行政策、通行时间和通行区域规划等密切相关，因此可采取建立城市配送需求调查预测制度、深化新能源配送车辆通行便利政策、推进城市货运配送车辆通行便利化和停车便利化创新政策等措施，来实现城市绿色货运配送的高效发展。一是按照"总量控制、保障民生、通行便利、分类管理"的原则，依据《西安市创建国家绿色货运配送示范城市工作方案》，建立科学合理的城市配送车辆通行管控政策体系，并优化城市配送运力结构，从而推进城市配送运输需求调查。二是进一步深化新能源配送车辆少限行或不限行政策，按照《关于优化和改进城市配送货车通行管理工作的指导意见》，激励物流企业选购新能源车辆进行城市配送。三是切实推进配送车辆通行便利化，依据《推进运输结构调整三年行动计划（2018－2020年）》，优化城市配送车辆通行区域，合理规范配送车辆的通行时间，优化便利配送车辆通行政策。四是落实《关于优化和改进城市配送货车通行管理工作的指导意见》的文件精神，推进配送车辆停车便利化和装卸便利化，从而减少车辆寻找停车设施和装卸的时间。

20.1.4　低碳运输

低碳运输是城市绿色货运配送高效发展的重要举措，低碳运输主要需做好新能源汽车的推广和更新工作，因此可采取加大新能源配送车辆推广力度、推进城市配送车辆标准化建设、鼓励先进物流技术装备研发及应用等措施，来推动城市绿色货运配送的发展。一是依据《关于2022年新能源汽车推广应用财政补贴政策的通知》，从建立城市配送燃油货车的退出机制、完善对新能源城配物流车的补贴政策、加大新能源配送车辆投入3方面加快新能源城市配送营运车辆的推广。二是落实《陕西省人民政府办公厅关于进一步推进物流降本增效促进实体经济发展的实施意见》的文件精神，推进货运车辆标准化，建立以标准化城市配送车辆为主体的城市货运车辆体系，更新一批标准化、专业化、环保型运输与物流装备，健全城市配送车辆标准体系，统一城市配送车辆的外观标识，统一配送车辆环保标准。三是按照《新能源汽车产业发展规划（2021—2035 年)》，通过支持新能源配送车辆的研发制造，提升技术创新能力，从而推进新型物流配送设施设备的商业化应用。

20.1.5 体系优化

体系优化是城市绿色货运配送高效发展的重要任务，体系优化与货运配送运输通道和网络体系、基础设施、信息平台建设等密切相关，因此可采取推进货运配送通道和网络体系建设、加快基础设施建设、推进货运配送信息服务平台建设等措施，来推动体系优化进程。一是依据《营造良好市场环境推动交通物流融合发展实施方案》，推进货运配送通道建设，推进三级网络节点建设。二是推进规划布局，落实《陕西省"十四五"综合交通运输发展规划》中"加快新能源汽车的推广应用及 LNG 加气站和充电桩等配套设施建设"的文件精神，加快新能源物流车辆配套基础设施建设。三是依据陕西省人民政府《加快建立健全绿色低碳循环发展经济体系若干措施》，引导货运配送公共信息服务平台建设，建设具备城市绿色货运配送运行监测功能的服务平台，提高充电设施信息化水平，对新能源汽车及充电设施进行集中动态化管理，推动开展充换电设施互联互通工作，协助主管部门开展场站验收、车辆抽检、资质审核等工作。

20.2 陕西城市绿色货运配送高效发展具体措施

在推动城市绿色货运配送高效发展方面，相关学者进行了诸多研究并取得了显著成果。钱寒峰（2021）就推动城市绿色货运配送发展，提出可通过提升城市货运配送基础设施保障能力、强化货运配送运输市场管理、优化货运配送车辆通行管控措施、加大货运配送市场执法监督力度、加快货运配送领域科技推广应用等措施来推动城市绿色货运配送的高效发展。刘博和黄鹤翔（2020）认为可从加大政策支持、加快技术研发和完善基础设施建设、加强新能源物流车与快递等企业的联系、推广并创新新能源物流车运营模式等方面做出改善。程雪颖（2017）对绿色货运配送提出了四点对策，分别是重视政策引导、完善物流基础设施和物流中心建设、加快搭建物流信息化平台、促进城市绿色化建设与城市配送协调发展。蔡敏（2022）就促进绿色物流体系发展问题，提出可通过完善相关政策法规、优化绿色物流基础设施、加强专业人才引进与合作培养来推动绿色物流的发展。孙丽萍和周圣洁（2022）认为可从以下几方面进行改善，分别为发挥经济优势、大力培养复合型物流人才、加大政策扶持力度、整合资源促进物流信息化4个方面。

从共性上看，学者们大多从政策保障、人才保障、经济保障、新能源汽车应用、基础设施保障等方面进行建议，本书结合学者已有建议和前述陕西城市绿色货运配送高效发展存在的主要问题，并针对每个问题提出具体解决措施，总结得出加强部门间常态化机制协同、优化城市配送车辆通行政策、推进新能源车辆的更新改造、规划城市配送物流基础设施4项主要措施。

20.2.1 加强部门间常态化机制协同

加强部门协同需从加强合作、明确部门任务、制定标准规范等方面进行考虑。城市绿色货运配送示范工程涉及多个部门，各部门间分工合作，通过精细化分配各部门任务，有利于推动示范工程高效发展。合理的企业考核管理方法可为各部门和企业提供管理参考，便于其进行对照与改进，推动项目目标的实现。统一的标准规范有利于稳定城市配送的服务水平，提高绿色配送的发展水平，推动绿色配送工程的发展。因此，可通过精细化分配各部门任务、制定企业考核管理办法、制定绿色配送标准规范3类措施来加强部门间常态化机制协同。

1. 精细化分配各部门任务

推动城市绿色货运配送示范工程各部门精细化分工如表20-1所示。依据《西安市创建国家绿色货运配送示范城市工作方案》，组建专门的项目领导小组，有利于集中各类有效资源，从整体上对项目进行规划、指导与监督，因此可由各市发展和改革委员会、市国土资源局、市交通运输局、市邮政管理局、市招商局、市网络信息办公室、市工信局、市商务局、市税务局、市公安局等部门人员组成城市绿色货运配送示范工程专项工作小组。为推进城市绿色货运配送示范工程的创建工作，可由工作小组负责制定工作方案，明确任务分工，定期组织召开城市绿色货运配送示范工程创建工作专题例会，协调解决城市绿色货运配送体系建设中遇到的重大问题，着力发挥政府在城市绿色货运配送示范工程创建工作中的规划、政策、标准等方面的引领作用，督促各项任务、指标完成。为吸引更多的行业巨头和核心企业向陕西聚集，领导小组可负责在硬件和软件方面制定出优惠政策，吸引行业巨头将他们的区域总部或职能中心和大型第三方物流企业的区域集散、分拨中心落户陕西，使其产生磁吸效应，承接生产和制造企业向陕西聚集。

表 20 - 1 城市绿色货运配送示范工程各部门分工

序号	指标分类	指标内容	牵头单位	责任单位
1	城市货运配送枢纽设施的规划建设	推进货运配送通道建设	市资源规划局	市住建局、市交通局、市财政局、相关区政府及开发区管委会
		干支衔接型货运枢纽（物流园区）	市发改委、市交通局	市商务局、市邮政局、市住建局、市资源规划局、相关区政府及开发区管委会
		公共配送中心	市发改委、市商务局	市住建局、市资源规划局、相关区政府及开发区管委会
		末端公共配送站	市商务局、市城管局、市邮政管理局	市公安局、市住建局、市资源规划局、相关区政府及开发区管委会
2	优化配送车辆通行管控政策	深化新能源配送车辆少限行或不限行政策	市公安局	市城管局、市交通局、市商务局、市住建局、市邮政管理局
		优化城市配送运力结构	市商务局、市邮政管理局、市生态环境局、市公安局、市工信局	市统计局、市公安局、市交通局、市发改委、市商务局、市邮政管理局、相关区政府及开发区管委会
		促进快递电动三轮车规范运行	市公安局、市邮政管理局	市城管局、相关区政府及开发区管委会
		推进配送车辆的停车便利化和装卸便利化	市城管局、市商务局	市公安局、市邮政管理局、相关区政府及开发区管委会

续表

序号	指标分类	指标内容	牵头单位	责任单位
3	促进标准化新能源车辆更新改造	提高新能源车辆更新改造	市工信局	市商务局、市公安局、市交通局、市邮政管理局、相关区政府及开发区管委会
		加快配套基础设施建设	市发改委、市工信局	市住建局、市资源规划局、市商务局、市城管局、相关区政府及开发区管委会
4	推进货运配送公共信息服务平台建设	搭建公共信息服务平台	市发改委、市交通局	市商务局、市邮政管理局、市工信局、市公安局、市大数据局（新增）、相关区政府及开发区管委会
5	创新发展城市货运配送组织模式	加快发展城市共同配送模式	市商务局、市邮政管理局	市交通局、相关区政府及开发区管委会
		大力推进多式联运发展	市交通局	市发改委、市商务局、市邮政管理局、市统计局、相关区政府及开发区管委会
		积极打造城乡一体化配送模式	市商务局	市交通局、市邮政管理局、相关区政府及开发区管委会
		创新发展城市冷链配送模式	市商务局	市交通局、相关区政府及开发区管委会
		加大市场主体培育	市发改委	市商务局、市交通局、市邮政管理局、市财政局、相关区政府及开发区管委会
6	完善考核机制和标准法规	制定考核管理办法	专门工作小组办公室	市发改委、市商务局、市交通局、市邮政管理局
		建立快递车辆规范管理制度	市公安局、市邮政管理局	市城管局、相关区政府及开发区管委会

2. 制定企业考核管理办法

关于商贸、邮政、运输等配送相关行业，主管部门应依据职责，依据交通运输部办公厅、公安部办公厅、商务部办公厅《关于加强城市绿色货运配送示范工程动态管理工作的通知》，制定完善本行业企业考核管理办法，明确考核评价的内容、标准、方法及周期等。同时，各市城市绿色货运配送示范工程创建工作的已有分工也可为陕西各城市示范工程的分工提供参考。为加强工程不同主体间的沟通与合作，专门工作小组办公室要以城市为组织主体，制定实施城市配送考核督导方案，按照各项任务的阶段目标和具体工作任务，组织开展多种形式的督导检查，做好定期或不定期的考核督导工作，各相关行业主管部门应周期性将考核资料报送至专项工作小组办公室，确保各项任务高标准完成。

3. 制定绿色配送标准规范

（1）完善绿色配送标准规范。落实《绿色交通"十四五"发展规划》的文件思想，通过引导企业制定配送服务的标准规范，具体包括仓储、包装、加工、运输等环节的各个方面，规范配送企业运营和配送车辆操作行为，从而提升城市绿色货运配送服务质量。推进企业活动的标准化水平，限制交通量、控制交通流。推动企业建立绿色物流配送标准规范，包括配送排放标准和产品标准等，明确货物包装材料的标准和包装循环利用的规范。

（2）制定城市配送车辆管理规范。依据《交通运输部 公安部 商务部关于加强城市配送运输与车辆通行管理工作的通知》，对城市配送车辆进行规范化管理，有利于提高车辆管理的有效性，改善车辆管理不规范的现状，具体包括企业车辆操作行为、运力配送需求管理、能源供应设施配置、车辆通行与停放的规范化等方面。规范配送企业车辆的操作行为，可在一定程度上提升城市绿色货运配送的服务质量。为规范化城市配送运力的需求管理，应对城市配送车辆的通行管控进行优化，并为城市配送车辆停靠提供便利化设施。此外，应针对新能源汽车的能源供应设施（加气站、充电桩等），制定有关设计和安全配置等的规范标准。优化城市配送车辆通行与停车管理，出台城市配送车辆分时、错时、分类通行与停放的调整措施，如科学、合理制定货运配送车辆禁止或限制通行的区域和时间，明确城市配送车辆通行证的发放规定以及办理通行证需满足的条件和程序等。

（3）制定城市配送企业运营服务规范。企业运营服务的水平，也将对城市配送的发展产生重要影响。可参照其他城市绿色货运配送示范工程的建设经验，通过发布城市配送企业在各个环节的运营服务规范、车辆操作规范、配送场所标准化建设基本要求等服务标准规范，明确示范城市配送企业服务的基本要求、服务标准、质量保障、安全配置要求等，强化配送各环节的监管和责任界定，从而提升城市配送服务水平。通过培养行业示范企业，鼓励其他企业向示范企业学习，从而维护市场秩序。此外，可按照车型、载重及运输体积，制定标准的运价，有效杜绝坐地起价等扰乱市场秩序的行为，引导城市绿色货运配送业务朝着规范化、标准化的方向发展。

20.2.2　优化城市配送车辆通行政策

城市配送车辆的通行便捷性，在很大程度上会影响城市配送的发展水平。为保障车辆的便捷通行，应在通行政策方面做出改善。城市配送需求调查预测制度直接影响物流量的预测和企业物流计划的规划，通过建立合理的城市配送需求调查预测制度，可有效缩小物流量的预测偏差，有利于相关企业和政府更好地进行物流规划与协调。新能源车辆作为城市绿色货运配送的重要组成部分，应完善其通行政策，并采取相关激励措施鼓励物流企业在城市配送中选购新能源车辆。其他城市货运配送车辆的通行时间、通行区域、通行政策也对城市配送发展水平产生了重大影响，应当为城市货运配送车辆的通行提供更多便利设施。此外，城市配送车辆的停车便利性也需得到妥善解决，通过推进城市货运配送车辆停车便利化，可提高停车设施的使用率，有效改善城市货运配送的效率。因此，优化城市配送车辆通行政策可从建立城市配送需求调查预测制度、深化新能源配送车辆通行便利政策、推进城市货运配送车辆通行便利化、推进城市货运配送车辆停车便利化四个方面进行考虑。

1. 建立城市配送需求调查预测制度

西安市商务局、市邮政管理局积极开展城市货运配送情况调查，以此建立城市货运配送需求调查预测制度，这一方法值得陕西省其他城市借鉴。在调查过程中需结合城市配送发展的实际情况，开展城市配送需求调查预测工作，通过调查问卷、实地调查、电话访谈等多种方式进行市场调查。重点了解物流配送企业的车辆、设备的配置情况、生产制造企业的物流配送量、大型商城的物流配送情况和物流园区的物流配送业务开展情况，充分掌握城市配送的发展现状。依据调查结果，对未来城市配送需求进行科学合理的预测，为城市配送政策的制定和物流基础设施的规划提供数据支持。

2. 深化新能源配送车辆通行便利政策

由市公安局牵头落实《国务院办公厅关于加快新能源汽车推广应用的指导意见》中"有关地区为缓解交通拥堵采取机动车限购、限行措施时，应当对新能源汽车给予优惠和便利"、《交通运输部关于加快推进新能源汽车在交通运输行业推广应用的实施意见》中"对新能源汽车不限行、不限购"以及《陕西省促进道路货运行业健康稳定发展实施方案（2017 - 2020 年)》中"对于符合标准的新能源配送车辆给予通行便利"的内容，继续执行悬挂新能源专用号牌的新能源汽车不限行、允许新能源汽车在市内公交专用道通行、新能源汽车停车费率优惠等政策，以此激励物流企业选购新能源车辆进行城市配送。

3. 推进城市货运配送车辆通行便利化

（1）优化城市配送车辆通行区域。依据相关调查，城市货运配送车辆的通行路径，与城市货运配送的效率和发展水平密切相关。车辆的通行路径受不同时期路况与城市规划的影响，需灵活调整，因此可推进交通管理、城市建设等部门和物流企业的信息互联互通，建立城市配送车辆通行区域的动态调整机制，科学合理地设定限行时段和路段。另外，为保障日常物流经营活动的正常开展，可考虑在物流园区、工业园区、大型商场等配送密集区域设置城市配送专用通道，优先保证日常物流经营活动，尽量减少限行干扰。

（2）合理规范配送车辆的通行时间。相关数据显示，配送车辆的通行时间，将直接影响城市配送的整体效率。为落实《关于进一步规范和优化城市配送车辆通行管理的通知》的文件精神，可根据城市配送规律特点，结合实时交通状况，探索配送车辆分种类、分时段的配送策略。研究分时配送、共同配送、夜间配送等模式，推动客货运车辆错峰使用道路资源，提高基础设施的利用率，对开展"菜篮子工程"的城市货运配送车辆，应发放"全天候"通行证。

（3）优化便利配送车辆通行政策。配送车辆的通行，涉及多个部门的管理，其流程复杂，存在较大优化空间。通过简化行政流程，可为物流行业发展提供便利。此外，还可通过建立多个部门协同合作的工作机制，制定出城市配送车辆通行证发放管理制度，从而保障医药、粮油等生活物资配送车辆在高峰时期不受限行政策的影响。随着快递服务车辆的逐步增多，应当制定相关政策规范快递服务车辆的运营管理，例如出台快递专用电动三轮车通行管理办法。在"双11""618"等快递配送量较大的时期，为从事快递服务的车辆提供通行便利。

4. 推进城市货运配送车辆停车便利化

依据相关调查，城市货运配送车辆的停车便利性，也直接关系到城市货运配送的发展水平。可由各市城管局、市商务局布局规划物流配送车辆停车设施，推动在城市道路、街区、中心城区等货流密集地区以及具备建设条件的城市范围内建设城市配送车辆的临时停车泊位。在城市发展规划中考虑物流临时停车场所的发展规划，为停车场所的建设预留建设用地。对于在超市、产业园等场所自行建设停车设施的物流配送企业，应给予用地优惠。根据城市配送需求调查结果和行业发展趋势，科学制定配送车辆分时、错时停放措施。鼓励距离相近的企业共同使用配送车辆停车装卸场地，提高停车设施的利用率。

20.2.3　推进新能源车辆的更新改造

新能源配送车辆作为城市绿色配送的主要运输工具之一，其应用仍有一些不完善之处，需进一步对其进行更新改造。一方面，加大新能源配送车辆应用的推广力度和范围，进而提高配送市场上新能源配送车辆的使用率，提升城市配送的绿色化水平。另一方面，从标准规范方面着手，对新能源配送车辆进行统一管控，通过发布统一的车辆标准，从而扩大新能源汽车的应用范围并推动城市绿色货运配送的发展。因此，推进新能源车辆的更新改造可从加大新能源配送车辆的推广力度和推进城市配送车辆标准化建设两方面进行考虑。

1. 加大新能源配送车辆推广力度

（1）给予新能源配送车辆政策支持。新能源配送车辆的发展需投入大量资金，因此应为新能源城市配送车辆提供相关专项资金，改进政府对新能源汽车的补贴政策。一方面，可研究购车贷款利率减低、车辆限行减免、企业税收优惠等政策，通过贷款优惠、购车补贴、优惠通行、减免税费等措施，引导企业加快新能源汽车改造的步伐。另一方面，还可以在城区内寻找适合新能源汽车使用的示范商圈，对其用户给予特殊通行政策、电价、税收支持等优惠条件，向城区内民生物资、快消品、商超配送等适合新能源汽车特性的行业普及使用新能源汽车，从而使城区内的机动车尾气排放得到有效遏制。

（2）鼓励更新新能源配送车辆。在有效推动和鼓励城市新能源配送车辆更新方面，西安市为陕西省其他城市的发展提供了一些思路。依据《西安市创建国家绿色货运配送示范城市工作方案》，市工信局利用政策引导，支持在干线运输、城市配送、场站作业等领域推广使用新能源车辆。鼓励新能源车辆生产企业、销售企业对更换新能源车辆的物流企业给予购车优惠。通过对购买新能源汽车的物流配送企业免征车辆购置税、放宽新能源车辆道路通行权等新能源车辆推广政策，从而支持配送企业购置、更新新能源车辆。为提高城市配送绿色化水平，应当加大对物流配送企业车辆排放量的审核力度，淘汰不满足绿色货运要求的高排放老旧车辆。对于淘汰车辆的企业给予一定程度的补助，引导企业进行配送车辆的升级改造。

（3）推进城市货运配送车辆升级。根据国家《关于调整完善新能源汽车推广应用财政补贴政策的通知》《关于进一步完善新能源汽车推广应用财政补贴政策的通知》《陕西省"十四五"综合交通运输发展规划》中"加快新能源汽车的推广应用"的要求，由市发改委、市工信局推进城市货运配送车辆升级，落实新能源汽车推广应用优惠政策，支持新能源配送车辆的研发制造，鼓励金融机构等针对物流企业车辆更新给予一定优惠；另外，需进一步完善城市配送车辆环保标准体系，提升新能源车辆比例，城市新增新能源城市配送营运车辆数量应不少于城市新能源配送车辆保有量的20%。

2. 推进城市配送车辆标准化建设

各地级市、各有关单位在省政府的规划政策引导下，应积极推进配送车辆标准化和配套基础设施建设。

（1）健全城市配送车辆标准体系。一方面，落实《陕西省人民政府办公厅关于进一步推进物流降本增效促进实体经济发展的实施意见》的文件精神，推进货运车辆标准化。另一方面，依据《城市物流配送汽车选型技术要求（GB/T 29912—2013）》，结合城市交通和货运配送实际，规定配送车辆的使用环境、主要分类参数、技术要求、车载储能装置要求、标识、安全要求等相关内容，推动城市货运配送车辆向标准化、专业化方向发展，鼓励快递企业采用中小型新能源厢式货车实施末端配送。

（2）统一城市配送车辆的外观标识。落实《国务院办公厅关于促进内贸流通健康发展的若干意见》的文件精神，推动城市配送车辆统一标识管理，推进城市货运配送车辆的规范化管理。

（3）统一配送车辆环保标准。落实《陕西省人民政府办公厅关于促进物流业健康发展的实施意见》的要求，推进城市配送车辆标准的确定。依据《载货汽车运行燃料消耗量》（GB/T4352）、《营运车辆燃料消耗量限值及测量方法》（JT/719—2008）等有关标准，确定城市配送车辆排放量限制。加强运输行业环保监管，推进环保部门和交通主管部门在尾气超标车辆监测信息和修理信息方面的互联互通，加快运输行业的节能减排统计监测和考核体系建设。加大环保宣传力度，积极引导企业按照绿色货运要求进行配送车辆的更新改造。

20.2.4 规划城市配送物流基础设施

城市配送物流基础设施的建设情况，对城市配送的发展水平有着重大影响。合理的配送通道和网络体系可有效促进城市配送的发展，补气、充电等基础设施则从能源补给上为配送车辆提供了保障，有利于保障城市配送活动的有序进行，货运配送信息服务平台从信息共享、订单获得等方面推动了城市配送的发展。因此，规划城市配送物流基础设施可从推进货运配送通道和网络体系建设、加快补气、充电等基础设施建设、推进货运配送信息服务平台建设3方面进行考虑。

1. 推进货运配送通道和网络体系建设

在推进货运配送通道和网络体系的建设中，西安市通过市发改委与市交通局等政府部门引导、社会资本参与，实现配送需求密集区域末端网点的布局建设和原有网点的升级改造。根据城市总体规划和现有的交通基础设施状况，对城市道路网络、公路网络进行优化，并根据运输配送的需要，推进市政道路、城市快速路和城市道路的建设。陕西省其他城市在发展城市绿色货运配送时可以以西安为模板，推进货运配送通道和网络体系建设。

（1）推进货运配送通道建设。

快速货运通道主要承担市内的货物运输需求，通过城市环路、快速路和城市干路连接货物仓储设施和配送中心，实现货物快速高效地运输。集散配送通道主要承担从配送中心到末端配送网点的需求，通过城市次干路、城市支路、乡村公路等集散道路，保障货物的快速集散。通过改善道路通行情况，增加优质道路资源供给，可进一步强化和提升货运配送通道的通行能力。

在集散配送通道方面，加快完善道路骨架网络体系，加快次干路、支路网的改造，打通"断头路"，增加路网密度，改善运输车辆的通行能力。加快县乡公路等级较低、交通条件较差的瓶颈路段改造，提高乡镇与县城、乡镇与乡镇之间、乡镇与主干道之间的县乡公路技术等级，便于建设交通运输经济主干道。

（2）推进网络体系建设。

充分利用已有城市道路体系，推动形成层次分明、功能明确、有机衔接、协同配合的城市物流配送网络。根据物流园区内的工业布局及物流运输需要，结合现有物流园区，统筹规划建设干支联运中心、公共配送中心、末端公共配送站（货物装卸点）等城市货运配送基础设施三级网络节点，具体建设如下：

① 干支衔接型货运枢纽（物流园区）。以主枢纽为核心，建设干支衔接型货运枢纽（物流园区），满足地区间甩挂运输、多式联运、仓储集散等物流服务需求，推动铁路、航空、公路等多种干线运输方式与城市配送之间的快速衔接。支持现有物流园配送功能的升级改造，建设标准化仓储设施和新能源车辆的充电设施，打造绿色货运枢纽。规划建设高标仓，推进物流大数据技术、物流机器人、自动分拣设备等智能装备在新建园区的使用。

② 公共配送中心。根据城市产业布局，以目前的物流配送中心为基础，针对不同行业的具体需要，规划专业化的公共配送中心，进行运输、仓储、包装加工等物流服务。支持现有物流分拨中心不断提升自身服务能力，推动分拨中心规模化、专业化、集约化的发展，满足生鲜、商超等行业专业化的配送需要。

③ 末端公共配送站。依托现有末端共同配送网点，如快递自提点、邮政网点等，结合城市总体规划，统筹布局货运配送网络的三级节点，满足社区、高校、商务区等主体的配送需求。加快公共自助提货柜的布局与规划，鼓励菜鸟、丰巢等快递公司，在快递收发密集区如居民小区、高效、办公楼、政府办公场所等建设公共自助提货柜。鼓励小黄狗等回收企业在较大的社区设置快递包装箱回收设施，实现与菜鸟、速递易、丰巢等智能快件箱企业的强强联合。加快推进电商与快递物流协同发展，完善农村配送网络节点布局和基础设施的升级改造，满足农村配送的需求。鼓励进行末端配送合作，加快"互联网＋自建门店＋合作便利店"建设，在充分利用现有设施的基础上，提高末端配送网点密度。

2. 加快补气、充电等基础设施建设

（1）推进规划布局。依托各市物流节点运量强度与城市配送车辆分布特征，组织开展补气、充电等基础设施布局规划研究，研究确定补气、充电设施的建设规模、服务半径、技术特征、设计模式等关键技术标准。将补气、充换电设施建设、电网建设、改造等纳入到城市规划中，实现补气、充换电设施建设、电网建设、城市规划等方面的有机结合。加快制定充电设施专项规划，把新能源汽车的充换电站、充电桩等基础设施纳入规划，统筹安排，留出一定的空间。

（2）支持设施建设。落实《陕西省"十四五"综合交通运输发展规划》中"加快新能源汽车的推广应用及 LNG 加气站和充电桩等配套设施建设"的文件精神，加快新能源物流车辆配套基础设施建设。积极引导各方参与补气、充（换）电设施的建设、运行和维修，并在此基础上，创新建立以政府投资为主要手段的投融资架构。在物流园区、配送中心等园区，增加充电桩、加气站等配套设施，提高纯电动货车、插电式混合动力货车、燃料电池货车等新能源汽车的比例。加强充电设施的信息化建设，加强新能源车辆和充电设施的动态管理，推进充换电设施的互联互通，优化新能源汽车使用环境，加快新能源汽车推广应用，推动更多新能源车辆和充电设施与平台对接，协助主管部门开展场站验收、车辆抽检、资质审核等工作。

3. 推进货运配送信息服务平台建设

加强各市交通运输主管部门、发改委与货运配送公共信息服务平台相关负责人的有效沟通，推动货运配送公共信息服务平台的建设工作，促进城市货运配送货源、车源等信息共享，实现车货匹配，强化行业监管、信息服务、大数据交易等城市配送管理功能，构建具有城市绿色物流配送运营监控功能的服务平台，逐步实现绿色物流与物流资源的集约整合，激发市场活力，提高城市配送效率。以陕西物流大数据综合服务平台、交通运输物流公共信息平台、陕西省公共信用平台为基础，实现跨部门、跨行业物流数据的公开与共享。在整合交通、公安、商务等部门政务信息的基础

上，积极推进和"微货通""货拉拉""快狗打车"等陕西现有互联网物流配送平台的信息对接，打造具有区域影响力的物流配送公共信息服务平台。

20.3　陕西城市绿色货运配送相关政策建议

　　针对城市绿色货运配送的政策方面，众多学者也提出了自己的见解。魏倩（2014）建议建立绿色物流的统一规划和评价标准，建立完善的政府监督与激励机制，制订统一的绿色物流发展计划和实施细则，明确各个部门的责任，积极制订和推广"绿色标准"。郑莉（2016）认为可通过加快建设绿色物流基础设施、提升绿色物流标准化程度、积极完善法律法规政策体系等举措，来实现城市绿色货运配送的高效发展。刘妍（2022）指出了政府的政策导向和支持对于促进绿色物流的发展至关重要，为了增强绿色物流的发展动力，应对绿色物流企业实施税收优惠，完善相关财政补贴，推动物流企业加速使用清洁能源、低污染车辆，加快改造和升级物流仓储设施，实现降污染设备配置。夏馥（2022）提出政府应当充分发挥其职能作用，积极引导企业从自用车运输转向更加环保的货运车运输，在物流中心建设过程中，政府部门也应当积极统筹安排，将现代信息化技术进行充分运用，提升物流的效率。陆雪缘（2022）提出了加强绿色物流的政策环境与基础设施建设，完善与之配套的立法，细化宏观的抽象的政策目标，确立清晰的定量指标，建立跟踪评价体系和动态调节机制，并在此基础上对新旧的物流设施进行统筹规划、功能整合，以提升其运行的效率。孙鑫（2021）提出可通过加强建设基础设施条件，完善技术漏洞，并制定绿色物流产业规划及标准，以此推动城市绿色货运配送的高效发展。

　　从总体上看，学者们对于城市绿色货运配送高效发展的政策建议，可分为两个方面，分别是完善行业标准及政策保障和推动基础设施建设。本书参照学者们的已有研究成果，并结合陕西省城市具体现状，从加强部门间机制协同、优化城市配送车辆通行政策、推进城市配送物流基础设施建设、推进城市配送物流基础设施建设等方面提出了相关的政策建议。

20.3.1 陕西城市绿色货运配送高效发展政策建议

充分考虑陕西城市货运配送的实际情况，针对陕西城市绿色货运配送示范城市建设中存在的问题及挑战，制定适合陕西城市绿色货运配送高效发展的有效途径，提出相应的政策建议。城市绿色货运配送涉及多个部门，各部门间职能相互交融，为明确各部门的职责与合作方式，应当加强部门间机制协同。城市配送车辆通行的通畅度，与城市绿色货运配送高效发展的水平密切相关，通过优化城市配送车辆通行政策，可提高城市配送的配送效率。新能源配送车辆作为绿色配送的重要运输工具，亟须进行进一步的更新与改造。城市配送物流基础设施的建设情况，对城市配送的发展水平有着重大影响，合理的基础设施建设，可有效改善城市配送的发展现状。因此，推动陕西城市绿色货运配送高效发展可从以下四个方面进行考虑。

1. 加强部门间机制协同

市发展和改革委员会、国土资源局、交通运输局、邮政管理局、招商局、网络信息办公室、工信局、商务局、税务局、公安局等部门人员组成城市绿色货运配送发展领导小组，制定优惠政策，从而吸引行业巨头将区域总部、职能中心及第三方物流企业的区域集散、分拨中心落户陕西，承接生产和制造企业向陕西聚集；建立专项工作小组，促进城市配送绿色发展，制订考核管理制度和标准，以城市为主要单位，制订城市配送工作考核督导方案，定期或不定期进行考核、督导；市公安局、邮政管理局要进一步强化对快递车辆的管理，深化对快递车辆的数量控制和统一管理，建立快递车辆安全行驶保障机制，制定城市配送企业运营服务规范，加大对快递企业及从业人员违法违规行为的惩戒力度，制定城市配送车辆管理规范，从而规范配送企业车辆操作行为。

2. 优化城市配送车辆通行政策

根据各城市配送发展的统计数据，进行城市配送需求调查预测，掌握城市货运配送需求分布特征，科学预测城市未来配送需求，编制城市货运配送需求现状及未来发展分析报告；市公安局可从政策落实方面，推动城市配送绿色化进程，进一步落实关于新能源汽车不限行、允许新能源汽车在市内公交专用道通行、新能源汽车停车费率优惠等政策，激励物流企业选购新能源车辆；市发改委、公安交警部门可出台保障绿色物流转运中心项目周边交通便利性的政策性文件，制定便利的配送车辆通行管控政策，对从事城市配送的新能源物流车给予通行便利，不受市区道路限时限行的交通管理措施，制定城市配送车辆通行证发放管理制度，适度放开重点项目货运车辆通行审批条件，重点支持疫苗、急抢救药品、冷链货品等特殊物资运输；为提高配送车辆的停车便利性，市城管局、市商务局可布局规划物流配送车辆停车设施，推动在城市道路、街区、中心城区等货流密集地区或者具备条件的道路范围内规划建设配送车辆的临时停车泊位，在城市发展规划中考虑物流临时停车场所的发展规划，根据城市配送需求的调查结果和行业发展趋势，科学制定配送车辆分时、错时停放措施。

3. 推进新能源配送车辆更新改造

按照铁腕治霾、绿色生态等政策要求，市发改委、工信、环保、商务、公安（交警）、交通运输等部门按照各自职责，继续落实《陕西省柴油货车污染治理攻坚战实施方案》的文件精神，持续引导物流配送企业对不符合城市配送车辆技术规范、车辆技术状况不良好、高排放老旧机动车辆进行更新淘汰；市工信局应利用政策引导，支持在干线运输、城市配送、场站作业等领域推广使用新能源车辆；市发改委、市工信局应落实新能源汽车推广应用优惠政策，推进城市货运配送车辆升级，支持新能源配送车辆的研发制造。

4. 推进城市配送物流基础设施建设

市发改委与市交通局应在政府引导、社会资本参与下，在有密集配送需求的区域进行末端网点的布局建设和原有网点的升级改造，依据城市总体规划和当前物流设施情况，对市政道路网和公路网进行优化，结合货运配送需求，推进市政道路、城市快速路及市域内国家公路网建设；市发改委、市工信局应加快新能源配套设施建设，提高充电设施覆盖率，在物流园区、配送中心等物流场所规划建设更多满足新能源物流车辆的充电桩、加气站等配套设施；市发改委、市交通局提高充电设施信息化水平，结合云计算、大数据、物联网、电子支付等技术，为新能源汽车车主提供"查、找、充、付"跨平台一站式充电服务。

20.3.2　陕西城市绿色货运配送高效发展保障措施

结合陕西城市绿色货运配送示范工程推进进展，在陕西城市绿色货运配送高效发展的政策建议的基础上，陕西省交通运输主管部门还需从以下方面进行考虑。为保障各部门能明确自身职责并积极落实自身任务，从而为工作考核提供参考依据，应当落实工作责任，细化考核指标与任务。为深化新能源配送车辆少限行或不限行政策，应进一步落实新能源配送车辆的推广计划，从政策上为新能源配送车辆的推广提供支持。为充分利用城市配送的资源与运力，应从宏观上对城市配送的运力结构进行优化，为城市绿色货运配送高效发展提供运力支持。为避免不必要的操作和流程，应建立健全工作机制并在日常工作中为各项工作提供参考规范。为给市场带来更多的发展动力，推动市场的和谐发展，应加大市场主体培育。为保障各项工作的圆满完成，陕西省交通运输主管部门应当监督考核管理的执行情况，确保各项任务达标完成。另外，为保障陕西城市绿色货运配送高效发展具备重组的发展动力，应当加强其资金支持，采取合理的优惠和补助政策来推动陕西城市配送的绿色高效发展。陕西城市绿色货运配送高效发展的具体保障措施如下。

（1）落实工作责任。按照各自的分工，认真组织、周密部署，建立和完善组织结构、制订实施方案，分工、细化考核指标、重点任务，明确工作计划和支持保障措施，密切配合、协调联动，共同推进示范工程创建工作。

（2）深化新能源配送车辆少限行或不限行政策。按照现行的相关法律、法规和上级文件的精神，参照各市的配送需要和行业发展趋势，制定和完善绿色配送车辆分时、错时、禁止、限制、分类通行和停放措施。

（3）优化城市配送运力结构。做好城市配送需求量调查预测工作。继续落实《陕西省柴油货车污染治理攻坚战实施方案》的文件精神，引导企业更新节能、新能源汽车。制定相关政策，引导有实力的城市商贸、货运配送企业、个体工商户加快淘汰非标准车辆；引导大、中型城市配送企业通过兼并重组、挂靠个体经营户等方式，共同利用资源，提高运输资源的利用效率，逐步淘汰排放和能耗不合格的货运配送车辆。

（4）建立健全工作机制。省交通厅每年组织一次推进会，研究部署示范项目建设中存在的问题，并定期对全市交通管理机构的工作进行检查和考评。要健全沟通协调、工作报告、资料报送等工作机制，确保各项工作的顺利进行。

（5）加大市场主体培育。积极引进国内外资本和企业共同参与物流配送企业的改制重组和兼并联合，对现有商业、运输、货代、联运、物资、仓储等行业的物流资源进行整合。

（6）监督考核管理执行。监督各城市配送考核督导计划的执行情况，并对其进行定期或不定期的评估和督导。推动商贸、邮政、物流等行业的主管部门按照各自的职责，制订和完善本行业的考核管理办法，并进行备案；在评价工作中，要对评价内容、评价标准、评价方法、评价周期等进行规定。要求各地交通主管部门每年定期向省交通厅提交考评数据。

（7）加强资金支持。给予城市绿色货运配送示范工程情况优良的各市交通主管部门资金支持，根据有关政策，在物流枢纽建设、基础设施建设、企业引进、推广新能源汽车、招商引资、铁路、航空运输等领域给予扶持，促进城市绿色货运配送高效发展。

参 考 文 献

[1] 白平, 陈俊俊, 刘芳琴. 陕西航空枢纽经济发展的现状问题及对策 [J]. 现代企业, 2021 (8): 77 - 78.

[2] 毕妤. 中欧班列 (长安号) 优化发展初探 [J]. 交通企业管理, 2022, 37 (1): 24 - 26.

[3] 蔡敏. 区域经济一体化视域下的长三角绿色物流发展研究 [J]. 物流工程与管理, 2022, 44 (7): 31 - 33.

[4] 蔡晓华, 张红珍, 张贵彬. 陕西自贸区建设中西咸空港物流转运中心的构建研究 [J]. 企业改革与管理, 2018 (7): 200 - 201.

[5] 钞小静, 惠康. 中国经济增长质量的测度 [J]. 数量经济技术经济研究, 2009, 26 (6): 75 - 86.

[6] 钞小静, 任保平. 中国经济增长质量的时序变化与地区差异分析 [J]. 经济研究, 2011, 46 (4): 26 - 40.

[7] 陈昌兵. 新时代我国经济高质量发展动力转换研究 [J]. 上海经济研究, 2018 (5): 16 - 24.

[8] 陈方. 陕西省农产品电商流通领域问题研究 [J]. 物流工程与管理, 2019, 41 (12): 21 - 23, 30.

[9] 陈方健. 也谈推进我国物流业高质量发展 [J]. 物流技术, 2019, 38 (7): 1 - 4, 88.

[10] 陈海. 基于信息技术的物流创新路径研究 [J]. 物流工程与管理, 2015 (3): 101 - 104.

[11] 陈良云. 福建省农村物流发展的影响因子分析 [J]. 物流工程与管理, 2019, 41 (8): 26 - 28, 23.

［12］陈亮东，胡东伟．试论"一带一路"背景下我国的海陆联运建设［J］．中国市场，2017（12）：40－41．

［13］陈绮．浅谈我国绿色物流发展战略［J］．黑龙江对外经贸，2010（4）：51－52．

［14］陈强．"一带一路"战略下的新疆国际贸易与国际物流协同分析［J］．金融理论与教学，2017（1）：5．

［15］陈诗一，陈登科．雾霾污染、政府治理与经济高质量发展［J］．经济研究，2018，53（2）：20－34．

［16］程雪颖．城市绿色物流配送综合评价研究［D］．湖南工业大学，2017．

［17］程艳，杨院丽，赵居峰．基于层次分析法的河南省绿色物流发展影响因素研究［J］．中国储运，2021（10）：149－150．

［18］戴盼倩．农村物流发展对城乡一体化的作用研究［D］．江苏大学，2015．

［19］戴小廷，陈娅楠．交通运输和邮政快递深度融合的农村物流共同配送模式与利益分配模型研究［J］．电子科技大学学报（社会科学版），2022，24（4）：65－74．

［20］邓小燕．我国多式联运探析［J］．商业文化，2020（21）：78－79．

［21］邓一凡．推进农村物流高质量发展的对策研究［J］．物流工程与管理，2021，43（4）：81－82，80．

［22］丁建岚．"一带一路"战略下西安国际港务区物流业发展研究［J］．商业经济研究，2017（1）：88－89．

［23］丁乔颖，邓砚方，安新磊．乡村振兴视角下农村物流与农村经济协同发展［J］．商业经济研究，2021（7）：134－137．

［24］丁宇航，齐冰．河南省立体化多式联运高质量发展对策研究［J］．物流工程与管理，2020，42（8）：41－43．

［25］董慧丽，梁红艳．我国五大城市群物流业发展的空间差异及影响因素研究［J］．武汉理工大学学报（信息与管理工程版），2018，40（1）：48－54．

［26］董千里，董展．物流高级化的低碳物流运作理论与策略研究

[J]. 中国软科学, 2010 (S2): 326 - 332.

[27] 董千里, 闫柏睿. 物流业高质量发展机制的集成场认识 [J]. 中国流通经济, 2020, 34 (5): 8 - 21.

[28] 杜宏. 我国农村物流发展策略研究 [J]. 物流科技, 2017, 40 (2): 96 - 97.

[29] 樊蓉. 经济新常态下我国农业政策转型研究 [J]. 农业经济, 2019 (6): 6 - 8.

[30] 樊一江, 谢雨蓉, 汪鸣. 我国多式联运系统建设的思路与任务 [J]. 宏观经济研究, 2017 (7): 158 - 165, 191.

[31] 范丽君, 孙丽, 刘洪冰. 基于农业供给侧改革的农村电商双向物流模式设计 [J]. 乡村论丛, 2021 (1): 93 - 101.

[32] 范振宇, 杜江涛, 林坦. 加快发展多式联运: 美国的经验启示 [J]. 综合运输, 2015, 37 (4): 53 - 58.

[33] 方奕. 德国铁路高速货运产品设计和实践经验 [J]. 中国铁路, 2018 (1): 86 - 91.

[34] 甘卫华, 谌志鹏, 王陌语, 李大媛. 基于熵权 TOPSIS 中部六省物流高质量发展综合评价研究 [J]. 物流工程与管理, 2020, 42 (3): 11 - 14, 6.

[35] 高培勇. 理解、把握和推动经济高质量发展 [J]. 经济学动态, 2019 (8): 3 - 9.

[36] 葛金田. 跨区域物流网络体系构建与物流大通道建设研究 [J]. 东岳论丛, 2017, 38 (12): 102 - 107.

[37] 龚苗苗, 罗定提. 基于 DEA 的中部六省物流产业效率分析 [J]. 湖南工业大学学报, 2017, 31 (6): 78 - 82.

[38] 构建农产品物流新体系 推动农产品流通现代化 [N]. 山西政协报, 2020 - 10 - 21 (003).

[39] 关于公布首批农村物流服务品牌并组织开展第二批农村物流服务品牌申报工作的通知 [C] //2021 年中国仓储配送行业发展报告 (蓝皮书), 2021: 346 - 350.

[40] 郭凯凯, 高启杰. 农村电商高质量发展机遇、挑战及对策研究

［J］. 现代经济探讨, 2022 (2): 103 – 111.

［41］郭子微. 我国省际物流产业高质量发展的效率测度 ［D］. 山西大学, 2021.

［42］郝国旗. 加拿大多式联运的发展及对我国铁路的启示 ［J］. 铁道货运, 2003 (4): 9 – 12, 1.

［43］贺晓宇, 沈坤荣. 现代化经济体系、全要素生产率与高质量发展 ［J］. 上海经济研究, 2018 (6): 25 – 34.

［44］侯祥鹏. 中国城市群高质量发展测度与比较 ［J］. 现代经济探讨, 2021 (2): 9 – 18.

［45］胡海, 王军丽, 王遥飞, 胡晓佳. 基于指标比较分析的武汉物流高质量发展策略研究 ［J］. 物流工程与管理, 2020, 42 (1): 6 – 8, 3.

［46］胡慧慧. 城市物流绿色度评价研究 ［D］. 合肥工业大学, 2016.

［47］胡云超, 申金升, 黄爱玲. 城市绿色物流配送体系构建研究 ［J］. 物流技术, 2012, 31 (15): 56 – 59.

［48］黄福华, 龚瑞风, 蒋雪林. 农村电商与农村物流协同发展模式研究——以湖南省为例 ［J］. 商业经济研究, 2017 (22): 3.

［49］黄群慧. 从三个层面提高实体经济供给质量 ［J］. 中国经贸导刊, 2018 (3): 60 – 61.

［50］黄新宇. 乡村振兴背景下农村客货邮融合发展研究——基于湖南省的实践探索 ［J/OL］. 价格理论与实践, 2022 – 8 – 23.

［51］加快推进多式联运高质量发展 构建现代综合交通运输体系 ［N］. 中国交通报, 2021 – 06 – 18 (002).

［52］简新华, 聂长飞. 中国高质量发展的测度: 1978—2018 ［J］. 经济学家, 2020 (6): 49 – 58.

［53］姜辉. 城乡融合视域下农村绿色物流高质量发展研究 ［J］. 通化师范学院学报, 2020, 41 (7): 30 – 34.

［54］姜晓茹. 我国绿色物流的发展路径与对策研究 ［J］. 物流工程与管理, 2021, 43 (11): 16 – 18.

［55］姜月娜. 北京市低碳物流发展研究 ［J］. 物流技术, 2017, 36 (4): 5 – 9.

[56] 蒋鹏，刘广东．绿色物流发展的关键因素——基于辽宁省的实证研究［J］．生态经济，2018，34（7）：137-142，161.

[57] 金碚．关于"高质量发展"的经济学研究［J］．中国工业经济，2018（4）：5-18.

[58] 金桢炜．基于模糊综合分析法的杭州市物流系统绿色度评价［J］．物流技术，2011，30（5）：100-102.

[59] 靳豪．绿色物流体系构建及路径探索［J］．中国物流与采购，2022（4）：116.

[60] 柯美胜．信息时代背景下的经济高质量发展新策略［J］．科学与财富，2019（32）：28.

[61] 孔继利，朱翔宇．物流业高质量发展路径探索研究［J］．物流研究，2021（2）：66-79.

[62] 兰兰．区域绿色物流能力评介研究［D］．大连理工大学，2018.

[63] 李金昌，史龙梅，徐蔼婷．高质量发展评价指标体系探讨［J］．统计研究，2019，36（1）：4-14.

[64] 李连成．交通强国的内涵及评价指标体系［J］．北京交通大学学报：社会科学版，2020，19（2）：8.

[65] 李玲．城市物流绿色度评价——以重庆市为例［J］．物流科技，2015，38（5）：20-22.

[66] 李梦欣，任保平．新时代中国高质量发展的综合评价及其路径选择［J］．财经科学，2019（5）：26-40.

[67] 李梦欣，任欣怡．中国省域经济增长质量的测度、评价及其路径设计［J］．统计与信息论坛，2020，35（4）：61-73.

[68] 李平，付一夫，张艳芳．生产性服务业能成为中国经济高质量增长新动能吗［J］．中国工业经济，2017（12）：5-21.

[69] 李伟．推动中国经济稳步迈向高质量发展［J］．智慧中国，2018（1）：14-17.

[70] 李晓丹．我国物流高质量发展的路径选择［J］．物流工程与管理，2018，40（12）：11-13.

[71] 李洋，凡新凯．国际多式联运在我国的发展趋势及策略［J］．

物流工程与管理，2018，40（7）：29 - 31.

[72] 李银秀. 陕西农村电商发展探析 [J]. 中国集体经济，2019（19）：20 - 21.

[73] 李裕瑞，潘玮，王婧，等. 中国地级区域高质量发展格局与影响因素 [J]. 生态学报，2022，42（6）：2306 - 2320.

[74] 李云汉. 推进多式联运发展顶层设计 [J]. 中国投资（中英文），2019（21）：79 - 81.

[75] 梁仁鸿，刘颖，闫超，胡铁钧. 大同市物流业发展现状、问题及规划方案研究 [J]. 中国物流与采购，2021（8）：35 - 36.

[76] 梁正，陈森发. 我国城市物流绿色化发展对策 [J]. 商场现代化，2006（19）：136 - 137.

[77] 林俊杰，杨涵惠，江凤香. 乡村振兴战略下陕西省农村的人才资源开发途径 [J]. 乡村科技，2019（11）：33 - 34.

[78] 林珊珊，徐康宁. 中国高质量发展的测度评价：地区差异与动态演进 [J]. 现代经济探讨，2022（2）：33 - 43.

[79] 林双娇，王健. 中国物流业高质量发展水平测度及其收敛性研究 [J]. 统计与决策，2021，37（8）：9 - 14.

[80] 林兆木. 关于我国经济高质量发展的几点认识 [J]. 冶金企业文化，2018（1）：26 - 28.

[81] 刘伯超. 基于绿色供应链的企业绿色度评价研究 [J]. 物流技术，2012，31（23）：402 - 404.

[82] 刘博，黄鹤翔. 郑州市绿色货运配送发展的问题及对策研究 [J]. 漯河职业技术学院学报，2020，19（6）：62 - 64.

[83] 刘承良，管明明. 低碳约束下中国物流业效率的空间演化及影响因素 [J]. 地理科学，2017，37（12）：1805 - 1814.

[84] 刘亚雪，田成诗，程立燕. 世界经济高质量发展水平的测度及比较 [J]. 经济学家，2020（5）：69 - 78.

[85] 刘妍. 基于 PEST - AHP 模型的江苏绿色物流发展策略研究 [J]. 物流工程与管理，2022，44（2）：17 - 19.

[86] 刘志彪，凌永辉. 结构转换、全要素生产率与高质量发展 [J].

管理世界，2020，36（7）：15－29.

［87］刘志彪. 理解高质量发展：基本特征、支撑要素与当前重点问题［J］. 学术月刊，2018，50（7）：39－45，59.

［88］柳建波，熊万红，王伟龙，乔朋. 我国铁路多式联运发展对策探讨［J］. 铁道运输与经济，2017，39（12）：96－99.

［89］鲁邦克，邢茂源，杨青龙. 中国经济高质量发展水平的测度与时空差异分析［J］. 统计与决策，2019，35（21）：113－117.

［90］陆克久，张新强. 城市物流绿色化发展的动因与对策研究［J］. 物流经济，2008（6）：62－63.

［91］陆雪缘，高婷，耿利敏. 我国绿色物流发展战略的PEST嵌入式SWOT分析［J］. 物流工程与管理，2022，44（1）：30－33.

［92］路日亮，袁一平，康高磊. 绿色发展的必然性及其发展范式转型［J］. 北京交通大学学报：社会科学版，2018，17（1）：8.

［93］路征，黄伟儒，何汁. 中国农村物流发展水平评价及地区差异分析——基于28个省级行政区数据［J］. 重庆工商大学学报（社会科学版），2021，38（4）：36－45.

［94］吕灿，杨应策. 理解经济高质量发展的新视角——基于产品空间理论的解释［J］. 西南民族大学学报（人文社会科学版），2022，43（6）：150－157.

［95］吕祥伟，辛波. 人力资本促进经济高质量发展的空间效应及其溢出效应研究［J］. 广东财经大学学报，2020，35（4）：34－47.

［96］马斌. 中欧班列的发展现状、问题与应对［J］. 国际问题研究，2018（6）：72－86.

［97］马金麟，陈龙. 基于FCE－DEA－AHP的城市物流绿色度评价研究［J］. 武汉理工大学学报（交通科学与工程版），2012，36（3）：583－586.

［98］马茹，罗晖，王宏伟，等. 中国区域经济高质量发展评价指标体系及测度研究［J］. 中国软科学，2019（7）：60－67.

［99］马晓倩. 我国物流业发展现状及实证分析［J］. 物流科技，2017，40（7）：31－34.

[100] 麦茵华，缪立新，李春海．公路运输企业绿色度的综合评价 [J]．北京交通大学学报（社会科学版），2007（3）：21–24.

[101] 毛凤霞，景新，郝北平．陕西省农产品物流发展的现状、问题与对策 [J]．技术与创新管理，2016，37（2）：214–217.

[102] 梅剑飞，吴琼．促进乡村振兴，农村物流"加把力" [N]．新华日报，2022–08–05（005）.

[103] 苗峻玮，冯华．区域高质量发展评价体系的构建与测度 [J]．经济问题，2020（11）：111–118.

[104] 穆晓央，王力，黄巧艺．基于耦合协调度模型的物流业高质量发展路径探讨——以新疆为例 [J]．价格月刊，2019（12）：55–63.

[105] 聂长飞．高质量发展研究综述与展望 [J]．湖南财政经济学院学报，2022，38（1）：34–43.

[106] 逄锦聚，林岗，杨瑞龙，等．促进经济高质量发展笔谈 [J]．经济学动态，2019（7）：3–19.

[107] 裴恺程，穆怀中．环境规制对物流业绿色发展的影响研究–来自京津冀地区的实证检验 [J]．工业技术经济，2021，40（5）：107–114.

[108] 漆瑞婷，王子航，梁博，夏梓博，徐宜河，韩先科．乡村振兴背景下农村交通发展对策综述 [J]．综合运输，2022，44（7）：58–62.

[109] 齐文浩，张越杰．以数字经济助推农村经济高质量发展 [J]．理论探索，2021（3）：93–99.

[110] 钱寒峰．衡水市绿色货运配送发展现状、问题和改善策略研究 [J]．科技创新与应用，2021，11（19）：119–121.

[111] 丘艳娟．新时代高质量发展的政治经济学解读 [J]．南昌大学学报（人文社会科学版），2020，51（5）：57–63.

[112] 人民日报社论．牢牢把握高质量发展这个根本要求 [J]．新湘评论，2018（1）：9–10.

[113] 任保平，何苗．十九大以来关于我国经济高质量发展若干研究观点的述评 [J]．渭南师范学院学报，2019，34（9）：25–33.

[114] 任保平，李禹墨．新时代我国经济从高速增长转向高质量发展的动力转换 [J]．经济与管理评论，2019，35（1）：5–12.

［115］任保平，李禹墨．新时代我国高质量发展评判体系的构建及其转型路径［J］．陕西师范大学学报（哲学社会科学版），2018，47（3）：105 – 113.

［116］任保平．经济增长质量：经济增长理论框架的扩展［J］．经济学动态，2013（11）：45 – 51.

［117］任保平．经济增长质量：理论阐释、基本命题与伦理原则［J］．学术月刊，2012，44（2）：63 – 70.

［118］任保平．新时代高质量发展的政治经济学理论逻辑及其现实性［J］．人文杂志，2018（2）：26 – 34.

［119］任倩．关于供应链管理背景下绿色物流发展［J］．中国储运，2021（11）：207 – 208.

［120］任泽宏．城市物流绿色化研究［D］．吉林大学，2014.

［121］上官绪明，葛斌华．科技创新、环境规制与经济高质量发展——来自中国278个地级及以上城市的经验证据［J］．中国人口·资源与环境，2020，30（6）：95 – 104.

［122］沈先陈，朱奎泽．新时代农村物流发展现状及策略探讨［J］．物流工程与管理，2020，42（11）：141 – 142，101.

［123］沈严航，安然，王亚楠．不同情景下农村物流与电子商务融合发展模式研究［J］．交通运输研究，2022，8（1）：51 – 58.

［124］师博，任保平．中国省际经济高质量发展的测度与分析［J］．经济问题，2018（4）：1 – 6.

［125］师博，张冰瑶．全国地级以上城市经济高质量发展测度与分析［J］．社会科学研究，2019（3）：19 – 27.

［126］师博，张冰瑶．新时代、新动能、新经济——当前中国经济高质量发展解析［J］．上海经济研究，2018（5）：25 – 33.

［127］师路路，万志鹏．电子商务视角下贵州省农产品物流模式构建［J］．物流工程与管理，2018，40（8）：21 – 23.

［128］史丹，李鹏．我国经济高质量发展测度与国际比较［J］．东南学术，2019（5）：169 – 180.

［129］史丽娜，唐根年．中国省际高质量发展时空特征及障碍因子分

析 [J]. 统计与决策, 2021, 37 (16): 114-118.

[130] 宋佳晋, 刘露, 刘铁民. 基于循环经济背景下的绿色物流发展对策研究 [J]. 中国市场, 2022 (7): 13-14.

[131] 孙丽萍, 周圣洁. 基于层次分析法的苏州市绿色物流发展策略研究 [J]. 中国水运, 2022 (7): 74-76.

[132] 孙伟, 朱艳艳, 管杜娟. 安徽省高质量发展协同度的测度及影响因素研究 [J]. 黑龙江工程学院学报, 2022, 36 (2): 45-52.

[133] 孙鑫. 绿色物流管理在物流业发展中存在的突出问题及解决对策 [J]. 中国储运, 2021 (11): 167-168.

[134] 孙彦波. 我国省域经济高质量发展测度研究 [D]. 辽宁大学, 2022.

[135] 谭崇台. 影响宏观经济发展质量的要素——基于发展经济学理论的历史考察 [J]. 宏观质量研究, 2014, 2 (1): 1-10.

[136] 唐汉. 乡村振兴战略背景下电商对农村经济发展的影响研究 [J]. 中国商论, 2022 (15): 155-157.

[137] 唐娟, 秦放鸣. 中国经济高质量发展水平测度及驱动因素分析 [J]. 统计与决策, 2022, 38 (7): 87-91.

[138] 唐晓彬, 王亚男, 唐孝文. 中国省域经济高质量发展评价研究 [J]. 科研管理, 2020, 41 (11): 44-55.

[139] 田秋生. 高质量发展的理论内涵和实践要求 [J]. 山东大学学报 (哲学社会科学版), 2018 (6): 1-8.

[140] 田治江. 让农村物流服务品牌的新路径更畅通 [N]. 现代物流报, 2020-06-10 (A02).

[141] 铁道部清华大学第一期工程硕士班学员赴加拿大考察学习代表团. 加拿大铁路运输的启示 [J]. 中国铁路, 2006 (11): 55-59.

[142] 佟孟华, 褚翠翠, 李洋. 中国经济高质量发展的分布动态、地区差异与收敛性研究 [J]. 数量经济技术经济研究, 2022, 39 (6): 3-22.

[143] 王虹宝. 东北三省经济高质量发展测度及影响因素研究 [D]. 哈尔滨商业大学, 2022.

[144] 王惠, 赵进, 乔茜. 泽被三秦 [J]. 中国公路, 2021 (17): 86-93.

[145] 王慧艳, 李新运, 徐银良. 科技创新驱动我国经济高质量发展绩效评价及影响因素研究 [J]. 经济学家, 2019 (11): 64-74.

[146] 王慧珍. 中欧班列 (长安号) 高质量发展路径探讨 [J]. 大陆桥视野, 2021 (11): 33-35, 38.

[147] 王娟. 供给侧改革背景下区域经济发展的机遇分析和对策探讨 [J]. 投资与创业, 2021, 32 (3): 42-44.

[148] 王凯, 王佳玲. 我国农村电子商务发展存在的问题及对策 [J]. 农村经济与科技, 2021, 32 (11): 144-145.

[149] 王琳, 马艳. 中国共产党百年经济发展质量思想的演进脉络与转换逻辑 [J]. 财经研究, 2021, 47 (10): 4-18.

[150] 王明文. 我国多式联运标准化现状及发展对策研究 [J]. 综合运输, 2017, 39 (6): 19-23.

[151] 王鹏, 张茹琪, 李彦. 长三角区域物流高质量发展的测度与评价——兼论疫后时期的物流新体系建设 [J]. 工业技术经济, 2021, 40 (3): 21-29.

[152] 王鹏飞, 邢文杰. 物流行业绿色转型路径分析 [J]. 物流科技, 2022, 45 (7): 47-49.

[153] 王青. 我国农村物流政策演进特征及规律研究 [D]. 浙江工商大学, 2022.

[154] 王微, 李汉卿. 多措并举推动物流高质量发展 [J]. 物流技术与应用, 2019 (4): 64-65.

[155] 王文举, 姚益家. 企业家精神、经济增长目标与经济高质量发展 [J]. 经济经纬, 2021, 38 (3): 86-94.

[156] 王小丽, 李昱彤. 河南省区域物流能力测评及实证研究——基于熵权模糊物元模型 [J]. 郑州航空工业管理学院学报, 2020, 38 (3): 54-66.

[157] 王晓晶. 区域物流创新影响因素分析 [J]. 长春大学学报, 2013, 23 (7): 5.

[158] 王晓星. 供应链管理体系下的物流创新研究 [J]. 科技信息, 2012 (33)：645, 779.

[159] 王旭, 杨明, 代应. 汽车回收企业绿色度评价应用研究 [J]. 现代制造工程, 2008 (6)：35－37, 82.

[160] 王雪峰, 曹昭乐. 我国经济高质量发展的内涵、特征及要求 [J]. 中国国情国力, 2020 (6)：14－17.

[161] 王杨堃. 现代多式联运的发展及其经济组织 [D]. 北京交通大学, 2010.

[162] 王一斐. 物流业高质量发展评价研究 [D]. 河南工业大学, 2020.

[163] 王一鸣. 百年大变局、高质量发展与构建新发展格局 [J]. 管理世界, 2020, 36 (12)：1－13.

[164] 王永昌, 尹江燕. 论经济高质量发展的基本内涵及趋向 [J]. 浙江学刊, 2019 (1)：91－95.

[165] 王育红, 钱吴永, 廖长华. 无锡市物流业高质量发展对策研究 [J]. 江南论坛, 2022 (7)：31－34.

[166] "网络＋" 助力决战决胜脱贫攻坚——网络扶贫案例精选 [J]. 大数据时代, 2020 (11)：58－63.

[167] 魏杰, 汪浩. 投资促进创新发展 激活经济一池春水 [J]. 经济, 2021 (5)：34－37.

[168] 魏敏, 李书昊. 新时代中国经济高质量发展水平的测度研究 [J]. 数量经济技术经济研究, 2018, 35 (11)：3－20.

[169] 魏倩. 我国绿色物流的发展演进、存在的问题及对策研究 [D]. 重庆交通大学, 2014.

[170] 魏蓉蓉. 金融资源配置对经济高质量发展的作用机理及空间溢出效应研究 [J]. 西南民族大学学报 (人文社科版), 2019, 40 (7)：116－123.

[171] 魏文江, 谢戈扬. 高质量发展理论综述及展望 [J]. 理论建设, 2021, 37 (6)：71－77.

[172] 武力超, 丛姗, 林澜, 李嘉欣. 出口对企业绿色技术创新的理

论与实证研究 [J]. 南方经济, 2022 (8): 52 - 72.

[173] 夏馥. 绿色物流理论及其发展路径探讨 [J]. 中国物流与采购, 2022 (2): 116.

[174] 肖建辉. 粤港澳大湾区物流业高质量发展的路径 [J]. 中国流通经济, 2020, 34 (3): 66 - 81.

[175] 谢泗薪, 王文峰. 绿色物流路径: 物流绿色化改造的战略选择 [J]. 中国流通经济, 2010, 24 (5): 15 - 18.

[176] 谢燮. 多式联运的制度构建及企业践行 [J]. 中国船检, 2017 (2): 24 - 27, 110 - 111.

[177] 徐宏进. 华东地区绿色物流绩效评价及其影响因素研究 [D]. 安徽理工大学, 2021.

[178] 徐君, 戈兴成. 我国分享经济产业高质量发展的驱动机制——基于 PSR 模型的研究 [J]. 经济体制改革, 2020 (1): 135 - 141.

[179] 徐康宁. 重要战略机遇期: 新形势与新内涵 [J]. 现代经济探讨, 2019 (5): 1 - 6.

[180] 徐现祥, 李书娟, 王贤彬, 等. 中国经济增长目标的选择: 以高质量发展终结 "崩溃论" [J]. 世界经济, 2018, 41 (10): 3 - 25.

[181] 许太衡, 许小苍, 何其超. 逆向物流系统绿色度评价研究 [J]. 商场现代化, 2009 (9): 150 - 151.

[182] 闫保权, 陈文. 农村电商与农村物流发展现状分析 [J]. 辽宁农业科学, 2018 (4): 4.

[183] 杨国川. 我国绿色物流发展中的制约因素及对策 [J]. 商业经济与管理, 2010 (2): 18 - 23.

[184] 杨守德. 技术创新驱动中国物流业跨越式高质量发展研究 [J]. 中国流通经济, 2019, 33 (3): 62 - 70.

[185] 杨伟. 新时代西部城市可持续发展——第三届中国西部城市可持续发展论坛综述 [J]. 中国西部, 2019 (1): 118 - 122.

[186] 杨耀武, 张平. 中国经济高质量发展的逻辑、测度与治理 [J]. 经济研究, 2021, 56 (1): 26 - 42.

[187] 杨寅根, 张晓锋. 中欧班列的作用、问题及应对 [J]. 中国经

贸导刊（中），2021（2）：31 – 33.

[188] 叶初升. 发展经济学视野中的经济增长质量 [J]. 天津社会科学，2014（2）：96 – 101.

[189] 庸佚名，杨祝华. 加拿大的物流法律体系研究及其启示 [J]. 物流技术，2010，29（13）：213 – 214，217.

[190] 于小燕. 新形势下我国农村电商物流遭遇的瓶颈及破解路径 [J]. 对外经贸实务，2018（6）：4.

[191] 于延良，郭鸿鹏，赵杨，鲁竞夫. 中心城市对区域电商发展的溢出效应分析 [J]. 统计与决策，2018，34（1）：106 – 108.

[192] 余泳泽，杨晓章，张少辉. 中国经济由高速增长向高质量发展的时空转换特征研究 [J]. 数量经济技术经济研究，2019，36（6）：3 – 21.

[193] 宇超逸，王雪标，孙光林. 数字金融与中国经济增长质量：内在机制与经验证据 [J]. 经济问题探索，2020（7）：1 – 14.

[194] 袁航. 新型农民正成为热门职业 [J]. 当代贵州，2018（9）：2.

[195] 袁艺，张文彬. 共同富裕视角下中国经济高质量发展：指标测度、跨区比较与结构分解 [J]. 宏观质量研究，2022，10（4）：95 – 106.

[196] 曾晓晴. 城市物流绿色配送的创新发展路径研究 [J]. 物流工程与管理，2021，43（10）：3.

[197] 曾颜柠. 习近平关于经济高质量发展重要论述研究 [D]. 闽南师范大学，2022.

[198] 张爱玲. 加快农村寄递物流体系建设研究 [J]. 新农业，2022（15）：101 – 103.

[199] 张博. 推动我国物流产业高质量发展的问题与路径探讨 [J]. 商业经济研究，2020（10）：103 – 105.

[200] 张超. 乡村振兴背景下农村电商高质量发展路径研究——以陕西省为例 [J]. 投资与创业，2021，32（20）：58 – 61.

[201] 张焕. 基于精准扶贫模式下陕西农村电子商务发展的实践研究 [J]. 热带农业科学，2020，40（4）：120 – 124.

[202] 张煌强. 物流业发展的宏观影响因素实证分析 [J]. 物流技术，2014，33（19）：209 – 211.

［203］张景波．科技创新对区域经济高质量发展的影响——基于中国城市的实证分析［J］．山东科技大学学报（社会科学版），2020，22（4）：88－95．

［204］张军扩，侯永志，刘培林，等．高质量发展的目标要求和战略路径［J］．管理世界，2019，35（7）：1－7．

［205］张俊山．对经济高质量发展的马克思主义政治经济学解析［J］．经济纵横，2019（1）：36－44．

［206］张利，赵守香，张铎．我国多式联运存在问题及发展策略［J］．现代管理科学，2020（2）：62－64．

［207］张林强．区域绿色物流绩效评价及影响因素分析［D］．江西财经大学，2017．

［208］张龙，池洁．城市物流绿色化对策分析［J］．重庆工商大学学报（自然科学版），2010，27（4）：390－393．

［209］张珊珊，张孝远．物流系统绿色度评价指标体系研究［J］．物流科技，2010，33（10）：67－69．

［210］张思远．"四好农村路"助力乡村振兴高质量发展思路与路径［J］．交通企业管理，2022，37（3）：34－36．

［211］张恬，杨宏翔．高质量发展水平测度、区域比较及共同富裕示范区建设路径——以浙江省绍兴市为例的研究［J］．绍兴文理学院学报（人文社会科学），2022，42（1）：5－18．

［212］张侠，高文武．经济高质量发展的测评与差异性分析［J］．经济问题探索，2020（4）：1－12．

［213］张晓林．乡村振兴战略下的农村物流发展路径研究［J］．当代经济管理，2019，41（4）：46－51．

［214］张雪．我国绿色物流绩效及其影响因素研究［D］．北京邮电大学，2019．

［215］张则强，程文明，吴晓，等．散装水泥的发展与绿色物流的建设［J］．生态经济，2004（S1）：169－171．

［216］张占斌，王海燕．新时代中国经济高质量发展若干问题研究［J］．北京工商大学学报（社会科学版），2022，37（3）：1－9．

[217] 张占斌，王学凯．中国式现代化：理论基础、思想演进与实践逻辑 [J]．行政管理改革，2021（8）：4–12.

[218] 张震，刘雪梦．新时代我国15个副省级城市经济高质量发展评价体系构建与测度 [J]．经济问题探索，2019（6）：20–31.

[219] 赵斌．农产品物流园区综合评价研究——以陕西省为例 [J]．中国经贸导刊，2020（20）：102–104.

[220] 赵光辉．综合运输视角下多式联运法规体系建设基本立场与发展展望 [J]．物流工程与管理，2016，38（3）：1–6.

[221] 赵剑波，史丹，邓洲．高质量发展的内涵研究 [J]．经济与管理研究，2019，40（11）：15–31.

[222] 赵蕾．区域绿色物流绩效评价及提升策略研究 [D]．山东理工大学，2020.

[223] 赵儒煜，常忠利．经济高质量发展的空间差异及影响因素识别 [J]．财经问题研究，2020（10）：22–29.

[224] 赵胜男，赵澳丽，周艳舒，张盈盈．南通市构建城市绿色货运配送体系的SWOT分析 [J]．物流科技，2022，45（6）：44–46.

[225] 郑浩昊，陈丽．区域绿色物流评价及其发展探讨 [J]．物流技术，2016，35（1）：98–101.

[226] 郑莉．湖南省绿色物流系统分析与发展对策研究 [D]．中南林业科技大学，2016.

[227] 中国多式联运深度研究报告 [J]．大陆桥视野，2017（3）：28–37.

[228] 周恩毅，余晶．乡村振兴背景下基层物流人才培养的问题与对策研究 [J]．物流工程与管理，2022，44（1）：24–26.

[229] 周黄连．"互联网＋农产品流通"融合发展研究 [J]．科学大众：科学教育，2020.

[230] 周文，李思思．高质量发展的政治经济学阐释 [J]．政治经济学评论，2019，10（4）：43–60.

[231] 周文，李思思．全面理解和把握好高质量发展：内涵特征与关

键问题 [J]. 天府新论，2021 (4): 109 - 117.

[232] 朱耿，朱占峰，杨玮蛟. 末端物流配送协同运作及管理分析 [J]. 郑州航空工业管理学院学报，2015，33 (4): 4.

[233] 朱耿，朱占峰，朱一青，等. 数字技术支撑下物流产业高质量发展模式研究 [J]. 物流工程与管理，2019，41 (10): 4 - 9.

[234] 朱莎莎. 强化物流体系建设 服务乡村振兴战略 [J]. 中国储运，2022 (8): 169 - 170.

[235] 朱煜. 基于政策工具的物流业高质量发展研究 [J]. 经济研究参考，2019 (13): 117 - 127.

[236] 诸葛恒英，齐向春，周浪雅. 美国铁路多式联运发展的启示 [J]. 铁道运输与经济，2016，38 (12): 69 - 73

[237] 庄河. 铁路货运高质量发展策略研究 [J]. 铁道运输与经济，2022，44 (1): 1 - 6.

[238] 邹庆，张成，程大千，翟江苏. 城市高效绿色货运配送发展水平分析与评价 [J]. 物流技术，2022，41 (6): 22 - 27, 109.

[239] D. W J, Z. G. The Explanation of Productivity Change [J]. The Review of Economic Studies, 1967, 34 (3).

[240] Kevin X. Li, Mengjie Jin, Guanqiu Qi, Wenming Shi, Adolf K. Y. Ng. Logistics as a driving force for development under the Belt and Road Initiative - the Chinese model for developing countries [J]. Transport Reviews, 2018, 38 (4).

[241] Legendre P. Spatial autocorrelation: tribe or new paradigm [J]. Ecology, 2004 (74): 1659 - 1673.

[242] Linhai M, Zhihao C. The Convergence Analysis of Regional Growth Differences in China: The Perspective of the Quality of Economic Growth * [J]. Journal of Service Science and Management, 2016, 9 (6).

[243] Liu J, Yuan C, Hafeez M, et al. The relationship between environment and logistics performance: Evidence from Asian countries [J]. Journal of Cleaner Production, 2018, 204 (PT. 1 - 1178): 282 - 291.

［244］Ni X，Song H．Human Capital，Innovation Capacity and Quality of Economic Growth—Based on Chinese Provincial Panel Data from 2000 to 2013 ［J］．2014．

［245］Robert M S．A Contribution to the Theory of Economic Growth ［J］．The Quarterly Journal of Economics，1956，70（1）．